Think Tank Aesthetics: Midcentury Modernism, the Cold War, and the Neoliberal Present

跨学科研究中的美学：
从世纪中叶的现代主义艺术到当下

[美]帕梅拉·M.李 著　　刘晨 叶诗盼 陈国森等 译　　　　　边界计划·批判或规训

中国美术学院出版社

边界计划·中国美术学院雕塑与公共艺术学院

学术顾问：高世名

主　　编：班陵生

副 主 编：郑　靖、余晨星

执行主编：张钟萄

编　　委：钱云可、黄　燕、张　润
　　　　　[英] 克莱尔·毕肖普（Claire Bishop）
　　　　　[荷] 马尔哈·毕吉特（Marga Bijvoet）
　　　　　[瑞士] 菲利克斯·斯塔尔德（Felix Stalder）
　　　　　[丹] 南娜·邦德·蒂尔斯特鲁普（Nanna Bonde Thylstrup）
　　　　　[葡] 丹妮拉·阿戈斯蒂纽（Daniela Agostinho）

致"边界"

高世名

"边界计划"试图展示的，是 20 世纪以来全球艺术界的多元实践与可能方向。自现代主义以来的艺术史证明了，"边界"存在的意义就是为了被超越，所以这个计划的名称本身就暗示了艺术这一实践是无界的。

这个出版计划中的大多数著作都出自我长期关注的作者。2010 年策划第八届上海双年展的时候，我曾经与他们分享过我对全球艺术界的一种观察：当代艺术已经陷入了一场全球性危机，这不是现代主义者那种创造性个体深处的精神危机，而是一种瘟疫般的世界性疲软，或者说，这是一种"系统病"—艺术体制的生产力远远大于个体的创造力，艺术家无法摆脱被艺术系统雇佣的感觉和"社会订件"的命运，在各类双年展、博览会上，到处是仿像和角色扮演。

当时，我希望追问的是：在当代艺术的政治经济学网络中，是什么在抑制着心灵的力量？是什么在阻挠解放的步伐？是艺术系统那只无所不在的"看不见的手"，还是国际艺术市场的"行情"？是千篇一律的国际大展，还是渗透到我们身体深处的大众文化？在现行的由国际话语、国际大展、博览会及跨国资本所构成的无限—无缝链接的艺术系统中，如何摆脱艺术创造之僵局？如何在这个被全球资本主义俘获的"艺术世界"中发现其内在边界？在美术馆和展览之外、在"体制批判"和"社会参与"之外，当代艺术实践是否能够开拓出一种新型的生产关系？

当然，这里还涉及更根本的问题—艺术家的创作究竟是导向个体之建构，还是引出公共领域之生产？艺术家的"工作"何以成为"作品"？又何以被视为一种"实践"，甚至"生产"？

在艺术史上，我们每每看到个体经由创作从海德格尔所说的常人（Das Man）中脱身而出，成就自我；同样，我们也确切地知道，艺术创造从来都是社会交往系统中的机制化实践；我们甚至被告知——以公共参与为己任的当代艺术竟然不断地被指责为缺乏公共性，正如所谓"机制批判"也早已成为一种机制化创作的套路。

如果果真如这套丛书的作者们所宣称的，艺术是一种"日常生活的实践"，是一种社会性的生产，是交互主体性偶遇、共享和普遍的连接，是以团体对抗大众，以邻里关系对抗宣传，以千变万化的"日常"对抗被媒体——体制定制和买办的已蜕化为意识形态的"大众文化"；那么，这里是否就蕴含着一种超越个体性与公共性、作者性与权威性的"艺术"实践之可能？

福柯曾经建议一个"匿名的年份"，让批评家面对无名氏的作品进行评判。这并不是为了寻求所谓批评的公正性。在他的著名论文《什么是作者？》中，福柯清晰地表达了他的意思："我们可以很容易地想象出一种文化，其中话语的流传根本不需要作者。不论话语具有什么地位、形式或价值，也不管我们如何处理它们，话语总会在大量无作者的情况下展开。""必须取消主体（及其替代）的创造作用，把它作为一种复杂多变的话语作用来分析。"自福柯看来，作者绝不是某种浪漫主义的创造性个体，也不只是可占有的著作权的承担者和享有者，作者作为书中不需要再现的自我，是符号、话语和意义运作的历史——社会机制中的一个功能性结构，是意义生产的承担者和媒介。与此同时，作者还往往被视为文本运作的暂行边界，一旦作者的概念被"谋杀"，作品的边界也就烟消云散。在萨德侯爵被承认为作者之前，他的文稿是什么呢？作品的边界又划定在哪里？

在卡尔维诺的《看不见的城市》中，马可波罗与忽必烈汗之间横亘着语言的山峦，未曾学会鞑靼语的旅行家只有通过身体、表情、声音，以及旅行包中的各种事物来表意，可汗看着这一切，就好像面对一个又一个沉默的徽章。对可汗来说，他越来越庞大的帝国已成为不可认知之物，只有通过旅行家的故事才能够了解。交流在沉默与猜测中进行，当可汗问道："一旦我认清了所有这些徽章，是否就真正掌握了我的帝国？"马可波罗说："不，陛下，那时，您就会消失在符码的国度之中。"两人的交流就如同在下棋，所有的一切都围绕棋盘—这个现实的仿像进行。在此，作为中介的仿像不仅是象征权力的交往空间，而且还是现实的真正承担者，对于现实的认知与作用都必须通过仿像这个意义摆渡者才能够进行。那么，对艺术家而言，美术馆—艺术系统是否如棋盘一样，可以成为现实与艺术、公共与个体、社会调查与艺术创造之间的一个中介、一个不及物的象征性交往空间？

此处涉及艺术家创作中的前台—后台的问题。艺术创作的后台一般是指艺术家面对社会现实建构起的自我参考体系，这个体系是艺术家的读本也是弹药库。而如果我们换一个角度看，社会本来就是一件作品，那么艺术家的工作无非就是针对社会这件"元作品"或者"潜在作品"加以注解和评论。于是，作者就是或首先是一个读者。我这么说并不是妄图颠覆艺术与现实的关系，事实上，在这里，我们与古老的模仿论如此接近，所异者，无非是阅读、观看的对象由自然变成了我们参与、纠缠于其中的社会，甚或因我们而建构、显象的现实。艺术家从来就是身处现实之内，艺术从来就是现实的一种。"参与"假设了我们"置身事外"，假设了艺术与社会之间存在一个边界，而实际上，我们的生命从来都被缠绕在社会现实之中，艺术家的工作与日常生活的实践从来无法分清。当然，我们不是在重提"为艺术而艺术""为人生而艺术"这些老话题，问题在于—人不能认识真实并同时成为真实。

"我愿我的作品成为像手术刀、燃烧瓶或地下通道一类的东西，我愿它们被用过之后像爆竹一样化为灰烬。"几乎所有作者都希望自己的作品能够历经千古，直至永恒，福柯显然表达了一种不同的意见——作品被视为一种起作用的装备，它们被用过之后就像爆竹一样化为灰烬。福柯的这一观点来自一种认识，现实永远比作品更加强悍、有力且深刻，而我们日常所谈论所针对的，只是连绵不断、广阔无边的现实中的一个个破碎分离的镜像，我们所要做的，是在融入、参与中重新组构现实。这种融入和参与不是 20 世纪 60 年代以来傲慢的拯救式的"行动主义"，不是法国理论家们所谓的"日常生活实践"，也不是我们所熟知却早已失却的"批判"或者"革命"，而是加入其中，纠缠进去，正如修真者的入世修行，入的是这个红尘俗世，进的是这个有情世界。

　　正如尼采所说："一个哲学家对自己最初和最终的要求是什么？是在自己身上克服他的时代，做到不受时代的限制。他凭借什么来征服这个最大的难题呢？凭借他身上让他成为时代产儿的东西。"

2021 年 7 月

序

班陵生

在中国近现代艺术实践和理论的研究与探索过程中,域外文本的翻译与引介,始终贯通其百年多来的历史进程。从20世纪前半叶对基础性西方艺术知识的引进,再到二十世纪五六十年代对苏联及东欧艺术思想与技术理论的吸收;从改革开放以来对西方现当代艺术讯息与思想的集中输入,到全球化时代对艺术学各学科著述的相关译介,无不在正面意义上为艺术各学科及其专业发展打开了视野,推动了中国艺术教育理论和学科的建设,铸就了中国当下艺术教育的价值链条。

然而,也正是此价值链的构建,让我们认识到,与其他学科相比,中国的艺术学在西学引介的经纬之构上还不够,仍有所欠缺。特别是在今日之"后全球化"及新科技时代,如何在接续与反思艺术历史的同时,从繁杂的思想碎片中构建起一种艺术的新视域或一种可被感知的价值期待,在一个更高的层面上睁眼看世界,引介之路仍需延伸和拓展。

由中国美术学院雕塑与公共艺术学院发起的"边界计划",正试图以此为导向,选择在全球当代艺术与批评研究颇受关注的作者著述,力图让我们在历史与批评的语境中感知雕塑与公共艺术发展的起承转合及其现象与意义的流变,呈现与艺术作为一个"形象"的文化和社会意义相关联的普遍性问题。然而,这里应强调的是,"边界计划"并不试图搭建一个史论话语,从而叠加一套纯然的研究理论,而是尝试提倡一种"阅读"的过程,让众多艺术的"形象"都被置入其中。在这个过程中,读者能感知到那些被提示的阅读语汇，以及它在一个更大的语境中的位置，从而使我们在睁眼看世界的同时，为中国艺术教育的研究、教学及社会参与等领域的弛展、拓新提供思想资源与动力，以有形的问题边界，演绎艺术实践的无界。

作为中国近百年现代美育的重要践行者，中国美术学院雕塑与公共艺术学院深信，在一个多维多层转型的时代接口，随着中国雕塑人放眼世界而积为精进，中国当代雕塑与公共艺术自主性的创造性发展值得期待。虽挂一漏万，然襟抱无垠。

2021 年 7 月

边界计划·批判或规训

张钟萄

"批判或规训"是"边界计划"的第三个方向。其第一个方向"雕塑与公共艺术"试图以特定视角,勾勒并补充艺术的当代图谱;"数字奠基"希望通过呈现现实生活的基本现象和数字时代经历的结构性转型,提供触发艺术创作的敏感力和想象力的智识条件;"批判或规训"则关注影响艺术至今的认识形式、现实关切和特殊土壤,特别是塑造了艺术却有待更严肃思考的结构性要素。例如新近的实践方法、创作的知识化取向,被认为在很大程度上决定了何为"艺术"的展示与筛选机制,乃至影响艺术演变的地缘政治因素等。它们是主导今日艺术形态的基本力量,也可能是潜在而又强大的束缚性框架,更是思考我们今天如何谈论艺术所不可或缺的视角。因此,"批判或规训"试图理解造就艺术图景之过去和现在的不同路径,但也是其未来和"边界计划"的自反性警示。

无论作为文化批判的艺术实践,或围绕"批判"这一行为、姿态和理论而搭建的"话语"体系,都不仅是确立复又打破艺术边界的关键,还或明或暗地铸造了断定艺术意义的结构,就像哲学家告诫的,"话语不是说出的东西;话语限定和保证了什么可以被说出。话语实践定义着何为有意义的陈述"。"边界计划"也不可避免地牵涉其中,但关注具体的艺术(家)和研究是有意或无意地加入其中不是重点,也没有意义,更非一套又一套丛书所能履行之责。

如果前述过程是一种策略和趋向,那么其重点则是笼罩着我们的创造力和想象力领域的"意缔牢结"（ideology）。它导致"批判"转成为"规训"，并以诸多正当之名画地为牢、铸造边界，最终束缚我们去感受乃至想象更多的可能性。它们也是堆砌"解释"的安全堡垒，是一种可能的矛盾。所以第三个方向的关键是"批判或规训"中的"或"，一种或然关系。

更具体而言，丛书涉及话语体系，艺术涉及物质状况。二者都是创作不可或缺的，也在过去百年表现出愈发明显的此消彼长之态，界定着有关艺术的界定——仿佛只能如此！但假如借用从事理论物理学和哲学研究的凯伦·巴拉德（Karen Barad）的观点看，那么话语实践是制订边界的实践，更准确地说，这种实践关乎物质，可对物质的理解在此有所不同：

> 话语实践不是基于人类的活动，而是世界的特定物质（再）配置，经由它，边界、特性与意义的局部固定性被差异化地操演。并且，物质并不是一种不变的本质属性；准确来说，物质是在其内活跃生成中的实质——不是事物而是一种作为（doings），一种能动性的凝结。

"批判或规训"想表达的，正是蕴藏在其或然关系中的能动的可选择性。换言之，除了已有的选项和视野，我们是否还能畅想在艺术话语和艺术物之外的艺术作为，畅想让"艺术"逍遥而游于有待与无待之间。

2024年4月

目 录

致"边界"　I

序　V

边界计划·批判或规训　VII

导　论　1

第一章　美学战略家：
阿尔伯特·沃尔斯泰特、迈耶·夏皮罗和世纪中叶的现代主义理论　53

第二章　大约1947年的模式识别　95

第三章　1973；或，新自由主义本原　139

第四章　公开的秘密：介于披露与编校之间的艺术作品　237

结　语　273

致　谢　285

图　版　293

导　论

相遇

到底是什么会让一名艺术家动了把一个人扔到海里去的念头？如果不是为了杀掉他——起码不完全是——那或许仅仅是为了给这位前国防部长造成某种严重的身体伤害？或者就是吓吓他？后者似乎比公开谋杀他要合理得多。当然，在发生这次相遇的那段晦暗的冷战岁月里，"理性"早已黯然失色，"思想"也成了彼时最不重要的东西。[1]

1972年9月29日傍晚，麦克纳马拉（McNamara）和我们提到的这位艺术家同在一艘前往马萨葡萄园岛的渡轮上。这位艺术家是一名画家，但直到现在，我们都没能得知他的确切身份。而与此同时，麦克纳马拉的身份则很容易就可以检索得到。他很年轻的时候就成了哈佛大学商学院的一位教授，第二次世界大战期间在柯蒂斯·李梅（Curtis Lemay）将军手下担任数据管理官员。其后，1946年，他被福特汽车公司以"精明小子"

---

[1] 关于本世纪中期工具理性的经典论述是马克斯·霍克海默和西奥多·W.阿多诺，*The Dialectic of Enlightenment* (Stanford, CA: Stanford University Press, 2007); 该书首次出版于1947年。另见 Max Horkheimer, *The Eclipse of Reason* (Eastford, CT: Martino Fine Books, 2013), 该书于1947出版，霍克海默在书中通过"手段和目的"的逻辑描述了围绕当代理性的种种现象。关于冷战时期对这一话题的当代研究，可见帕特里克·埃里克森 [Patrick Erickson] 和朱迪·L.克莱因 [Judy L. Klein] 编写的 *How Reason Almost Lost Its Mind: The Strange Career of Postwar Rationality* (Chicago: University of Chicago Press, 2015)。

（Whiz kid）项目引进，并在1960年达到事业巅峰，短暂地担任了该公司总裁。[2] 而就在掌控福特公司的领导权后不久，麦克纳马拉就被约翰·肯尼迪选中，对国防部进行革新。他在这一任上，为国防部带来了最新的管理方法以及以运筹学和系统分析（ORSA）为特点的军事逻辑，并且与名为兰德公司（RAND Corporation）的智库展开了许多合作。1968年，他离开林登·约翰逊的政府，成了世界银行的第五任行长。在这一任上，他将把全球金融转变为一个巨大的债务机器。而这台机器将会导致南半球那些在政治上威胁了现有世界秩序的发展中国家——破产。

但是此刻，在葡萄园海湾，"岛民"号如往常一样行驶在这段大约11公里长的通往麦克纳马拉避暑别墅的航程中。此刻，没有人会想着上面提到的那些。大约向西4828公里处，坐落着兰德公司的圣莫尼卡办公室，它是一组时髦、现代的建筑群，离熠熠生光的太平洋只有几步之遥。兰德公司被打造为一座铸造美国国家安全和公共政策研究的隐秘熔炉，也成了那些神秘的被称为"国防知识分子"的冷战人物的家乡。也就在这里，最创新的战争游戏、应用数学、计算机技术以及一系列相关的先锋学科被一一加以实验，并被冠以难以理解的名字：博弈论（game theory）、控制论（cybernetics）、系统分析、运筹学。而在其他的方向上，越南大概位于向东13840公里处，智利则位于8000多公里以外的南方。智利，一个从地理形状来看比越南还要狭长的国家——"一个由海浪、葡萄酒和白雪所组成的长长花瓣"——巴勃罗·聂鲁达曾经这样歌颂它。就在此时，世界银

---

[2] 罗伯特·麦克纳马拉的传记包括：Deborah Shapley, *Promise and Power: The Life and Times of Robert McNamara* (New York: Little, Brown, 1973); Paul Hendrickson, *The Living and the Dead: Robert McNamara and Five Lives of a Lost War* (New York: Vintage, 1997); 以及埃罗尔·莫里斯2003年拍摄的那部颇具影响的电影所依据的书：James G. Blight and Janet M. Lang, *The Fog of War* (New York: Rowman and Littlefield, 2007)。关于麦克纳马拉的圈子和"精明小子"的必读书目是 David Halberstam, *The Best and the Brightest* (New York: Ballantine Books, 1992)。关于麦克纳马拉自己战争期间的回忆录，以及他颇有争议的辩护性道歉，请看 Robert McNamara, *In Retrospect: The Tragedy and Lessons of Vietnam* (New York: Vintage, 1996)。

图 0.1 罗伯特·麦克纳马拉，日期和地点不详。照片由美国国会图书馆提供。

行正要在这里展示它强大的金融力量，它将拒绝向通过民主选举选出西半球第一位社会主义总统的国家提供信贷。[3]与此同时，推翻这位民选总统的秘密活动也正在酝酿中，在这背后无疑隐藏着美国中情局、芝加哥大学相关的自由市场经济学家骨干们，以及包括智库在内的各种机构的身影。即便如此，冷战所带来的这种混乱甚至危险的气息离麦克纳马拉和艺术家所在的这张甲板似乎相当遥远。

我们绝不能说艺术家**计划好了**要刺杀麦克纳马拉。在他整个行为的背后并没有什么策略和计算，甚至都没有理性的决策。我们找不到任何推动了这一行动的计划，也找不到合适的博弈论理论或是随机模型规划了他的

---

3 Pablo Neruda 引自 Peter Kornbluh, *The Pinochet Files: A Declassified Dossier on Atrocity and Accountability* (New York: New Press, 2003), xiii。科恩布鲁（84）描述了亨利·基辛格与世界银行之间的联系，并且在 1970 年 11 月参与推迟后者向智利提供贷款的种种工作。

这一行动；甚至我们也无法用任何数学公式或定量分析来理解他的行动。换句话说，这就是一起严重暴力事件，自发产生又未加制止。艺术家一时愤怒上头，揪住麦克纳马拉的衣领把他推到栏杆上，并试图把他扔到海里。而麦克纳马拉则通过某种办法坚持到了其他人跑过来加以制止。而就像这场转瞬即逝的刺杀一样，就在靠岸的过程中，麦克纳马拉迅速决定了不对这起刺杀未遂事件提起诉讼。

直到多年以后，记者保罗·亨德里克森（Paul Hendrickson）才发掘出了这一相遇中的种种细节，此时这些细节也早已经成为当地的传奇。我们正是仰仗着亨德里克森的宽容和严谨才得以了解这个故事。亨德里克森设法找到了这位艺术家，并获得了他的信任，最终在他那部关于这位国防部长的震撼人心的著作《生者与死者》(*The Living and The Dead*, 1996年)[4]中写下了整个事件的发展过程。根据亨德里克森的说法，这位艺术家在描述这一事件时表现出了不小的矛盾心理。艺术家在渡轮的酒吧里瞥见麦克纳马拉那一刻便匆忙构思了他的计划。他直接走到这位前政治家面前，告诉他他有一个电话，并问他是否可以跟自己到驾驶室去接听。在回忆这些细节的时候，这位艺术家坦言："我就这样勾起了他的兴趣。当时我其实怕得要死，不过同时我也觉得我相当清醒。你知道吗，我没有多说一句话，比如说为滚雷行动（Rolling Thunder）干杯，为北部湾干杯，或者你这个满嘴谎话的废物。没有，我什么都没说，就直接上手一把抓住了他的皮带和紧贴着喉咙的衬衫领子。然后我把他整个人翻了过去。他当时半个身子已经在甲板外面了。如果再晚几秒钟的话，他可能就被丢下去了。"[5]

这场艺术家和政治家之间的相遇就发生在东南亚那场灾难结束的三年

4　Paul Hendrickson, *The Living and the Dead*, 10.
5　Ibid.

前。它唤起了一个惊人却又熟悉的场景：理性与激情的斗争，"科学"与艺术的对抗，两种文化之间的对垒在这里演变成了血肉之躯的争斗和暴力。在这样的斗争中，一方的形象是个留着长发和胡须，穿着牛仔裤和网球鞋，据信是在抗议关闭某个裸体海滩的波希米亚青年；而另一方则是涂着百利（Brylcreem）牌发霜，戴着无框眼镜的书呆子——麦克纳马拉。在这两种形象之间的鲜明对比之下，后者曾潜藏在深渊之下的那种居高临下的傲慢被拉出了水面，经受起了严苛的检视。这个画面看起来几乎就像是一幅讽刺画。它唤起了人们记忆中六十年代的那些代际冲突场景，以及艺术家们参与的各种活动——其中有些是有组织的、有原则的，而有些则是个人的、鲁莽的——这些活动不仅抗议"美国战争"（麦克纳马拉战争），而且也抗议更广义的冷战精神，而越南则被视为这种精神最新的，或许也是最腐败的部分。

在艺术史的冷战文献中，反抗和工具理性是抹不掉并且相互关联的两个词语。它们是战后文化政治的象征，同时也是第一世界和第二世界之间小规模软实力冲突的象征，这些叙述围绕着充满激情的艺术战士和秘密的政府诡计展开，在二者间来回切换。这一时期，那些关于行动主义艺术家的重要著作是学生的必读书目；而关于如何将艺术变成一种宣传手段的形成性描述更是该领域的经典——琳琅满目的书目简直可以说是种信息军备。[6]在这一时期，间谍们就生活在艺术史学家的团体中；有关共产主义艺

---

[6] 关于1960年代的艺术活动，见 Julia Bryan-Wilson, *Art Workers: Radical Practice in the Vietnam War Era* (Berkeley: University of California Press, 2011); Francis Frascina, *Art, Politics and Dissent: Aspects of the Art Left in Sixties America* (Manchester, UK: Manchester University Press, 1999); 以及 Matthew Israel, *Kill for Peace: American Artists against the Vietnam War* (Austin: University of Texas Press, 2013). 关于世纪中叶的抽象是如何在冷战期间被利用的内容可以查看塞吉·居尔伯特（Serge Guilbaut）的文章：*On the uses of midcentury abstraction as propaganda during the Cold War, see,* among others, Serge Guilbaut, *How New York Stole the Idea of Modern Art* (Chicago: University of Chicago Press, 1985); Frances Stonor Saunders, *Who Paid the Piper? The CIA and the Cultural Cold War* (London: Granta, 2000); 另见 Max Kozloff and Eve Cockroft, among others, in Francis Frascina, ed., *Pollock and After: The Critical Debate* (London: Routledge, 2002)。

术的辩论会在参议院被加以讨论；马歇尔计划和洛克菲勒基金会将对饱受摧残的欧洲——如果不是整个已经在地缘上沦入"边缘"的欧洲的话——的文化命运发表意见。[7]在这一意义上，本书深化和拓宽了这一相遇被历史化、理论化和叙述的方式。我将证明这一时期理性与美学之间的相遇——就如开篇所暗示的那样，化身为艺术家和政治家在甲板上的斗争——唤起了许多其他强有力的联系，一些并没有被官方记录的联系。

本书追溯了由冷战时期的智库和与其同类的那些"思想团体"之间所建立的美学关联：换言之，他们精心制定的某些方法和研究协议是如何迁移到其围墙之外，造成了深远的影响的。本书的讨论所涉及的组织包括兰德公司，胡佛战争、革命与和平研究所（Hoover Institution on War, Revolution and Peace），朝圣山学社（Mont Pelerin Society）（这一社团本身不是智库，它的创始人经济学家弗里德里希·哈耶克称其为"研究小组"或思想团体），卡托研究所（Cato Institute），行为科学高级研究中心（Center for Advanced Study in the Behavioral Sciences）；以及互相内部关联着的"冷战大学"网络（包括但不限于麻省理工学院、哥伦比亚大学、凯斯西储大学、芝加哥大学、宾夕法尼亚大学、耶鲁大学、哈佛大学、约翰·霍普金斯大学、普林斯顿大学、斯坦福大学、加州大学伯克利分校、加州理工学院和伊利诺伊大学）[8]。上述这些机构和学校对这些军事

7　这里的例子就包括安东尼·布朗特爵士的故事，这位有影响力的艺术史学家曾在战前为苏联做间谍。见 Miranda Carter, *Anthony Blunt: His Lives* (London: Pan, 2002)。关于洛克菲勒基金会、泛美洲的发展以及拉丁美洲的战后文化，见 Claire F. Fox, *Making Art Panamerican: Cultural Policy and the Cold War* (Minneapolis: University of Minnesota Press, 2013)。

8　关于冷战大学见 Noam Chomsky et al., *The Cold War University: Toward an Intellectual History of the Postwar Years* (New York: New Press, 1998); 以及 Rebecca S. Lowen, *Creating the Cold War University: The Transformation of Stanford* (Berkeley: University of California Press, 1997)。关于各学科受冷战影响的批判性研究，可见 David H. Price, *Cold War Anthropology: The CIA, the Pentagon, and the Growth of Dual Use Anthropology* (Durham, NC: Duke University Press, 2016); 以及 George A. Reisch, *How the Cold War Transformed the Philosophy of Science* (Cambridge: Cambridge University Press, 2005)。

现象的协同研究，以及在这一过程中逐渐普及到整个文化的种种方法，都具体地体现在了麦克纳马拉丰富的职业生涯中：作为前陆军航空队军官，他将军队最具创新性的统计方法应用于战后的福特公司；作为前企业界的总裁，他将同样的方法应用于肯尼迪和约翰逊的国防部；作为前美国国防部长，他在掌舵世界银行的同时将全球经济变得**运筹化**（operationalizing）。而本书的主题则是：这些对军事、地缘政治、企业和社会现象的处理方法是如何与**美学**的旨趣相交会的。就这一主题，我将从世纪中叶的现代主义开始讨论，一直贯穿到现在的新自由主义。

本书推动了一种对现代主义的军事纠葛的新解读，并深深卷入了一段以跨学科思想为特点的历史之中。画家和国防部长之间的这场相遇为我们标示出了一种嵌套关系，这一嵌套关系勾连起了艺术、战略、经济、硬科学、社会科学乃至人文学科之间的种种利益。一位优秀的兰德公司国防战略家将会不折不扣地体验到一位杰出的艺术史学家的职业生涯，最终，他们各自岗位上那些彼此独立却又大相径庭的实践都是围绕着符号学展开的。举例来说，一位著名的人类学家，受兰德计划和哥伦比亚大学的委托，研究冷战时期的敌方行为。而在这一研究中，他则采用了创新的视觉辅助手段来对同时代纽约画派的激进抽象绘画进行回顾。同样地，一位英国管理控制论专家，与一位深受包豪斯、构成主义和混凝土（concrete）美学传统影响的现代主义设计师合作，为拉丁美洲的一个新诞生的社会主义政府设计了一间数字控制室。而发生这一切的时候，这个国家还远没有连通互联网。数十年后，他的这一实验将成为许多媒体艺术的灵感来源，唤醒人们对彼时紧张气氛的回忆，也启发人们去思考冷战期间历史是如何因种种目的而被利用的。而当代艺术家则会自己从冷战中发掘灵感——保密和删减的手法，这些恰恰与他们当下整体的策略相反的东西。

本书追踪了上述广泛分布的关联，追踪了美学和作为该时期特征的技术官僚理性之间的复杂动态关系，展开了国防战略家、计算机科学家、心理学家、人类学家、数学家、经济学家、设计师、艺术家和艺术史学家之间的独特网络。在这一过程中，本书还试图描绘出一段与艺术和视觉文化研究有关的不易察觉的跨学科思维历史脉络，并进一步延伸到目前大学中关于"人文学科危机"的辩论：即在当前这个日益倾向于通过实验方法来实现**跨学科**的制度文化中，如果不是出于STEM学科的兴趣，这些人文学科是否仍然得以持存。[9]简而言之，这本书试图讨论冷战时期智库的现代主义融合（imbrications）、推想、感受力和"想象"（也就是其美学）以及它们在当下的重现。我所关注的这段历史同样展现了这一时期那些基于军事需要的研究协议——特别是那些与系统理论、运筹学和控制论有关的协议——是如何为其在世纪中叶的现代主义转型铺平道路的。而这种现代主义的特定类型被科学史学家莎朗·加马里–塔布里齐称为"冷战先锋派"，她在提到兰德公司时使用了这个令人玩味的措辞。[10]

---

[9] 围绕着"人文学科危机"的言论争论不休，统计数据显示，文科专业的学位数量连续十年下降，人文学科的入学率直线下降。2015年，这类学位的数量创下了历史新低——低于12%——"这是自1987年有条件对人文科学学位完成情况进行完整统计以来的第一次"。见"Bachelors Degrees in the Humanities," in *Humanities Indicators: A Project of the American Academy of Arts and Sciences*, accessed November 12, 2017, https://www.humanitiesindicators.org/content/indicatordoc.aspx?i=34。这一现状伴随着政治家（以及公司）的呼吁，将高等教育的目标和兴趣从获得全面的文科教育转移到呼吁一些"更实用的学位"，以确保大学毕业后能够更容易获得有较好报酬的岗位，这些都是有记录的。例见 Gary Gutting, "The Real Humanities Crisis," New York Times, November 30, 2013, accessed March 17, 2017, https://opinionator.blogs.nytimes.com/2013/11/30/the-real-humanities-crisis/。还有一些人主张不要以过于宿命论和长远的历史角度来看待这场危机，见 Blaine Greteman, "It's the End of the Humanities as We Know It, and I Feel Fine," New Republic, June 13, 2014。然而，请注意，在这一点上，目前为止这些辩论的危机语言已经持续了几十年了。见 J. H. Plumb, ed., *Crisis in the Humanities* (New York: Penguin, 1964)。

[10] Sharon Ghamari-Tabrizi, *The Worlds of Herman Kahn: The Intuitive Science of Thermonuclear War* (Cambridge, MA: Harvard University Press, 2005).

智库是什么？兰德公司和冷战

> （兰德公司）一家非营利性公司，其成立的目的是促进和推动科学、教育和慈善事业，公司所做的一切都旨在提升美国的公共福利和安全。
>
> ——"公司章程"，1948 年[11]

乍一看来，作为冷战时期堪称最具影响力的智库，兰德公司的章程显得既迫切、紧急，却又出人意料的平淡。尽管本书的内容远不止兰德公司，但这个标志性的美国智库是我们主要的研究案例和历史出发点。1948年，美国的国家安全受到了直接威胁。两年前，铁幕刚刚落下。而就在其后一年，苏联在哈萨克苏维埃社会主义共和国引爆了其第一颗原子弹。而在美国国内，1947年，杜鲁门主义标志着地缘政治对弈在土耳其和希腊之间以代理人的形式展开。在这一背景下，该智库在1946年以"兰德计划"之名成立，两年后注册成为公司，在随后的几十年里，它在许多其他对抗中扮演了关键的推动者角色。就此而言，其成立章程（至少刚刚引用的那一部分）中这种读起来出奇平淡的风格正表明了典型的战后礼节中常见的那种谨慎言辞。事实上，这种书写方式与其核心使命是相得益彰的，越是在书写上感情平淡，其所承担的使命就越是严峻。这种方式既映衬出了科学的客观性又表明了世纪中叶自身的创新要求。

---

11 "公司章程"，印于 *The RAND Corporation: The First Fifteen Years* (Santa Monica, CA: RAND Corporation, 1963), frontispiece, n.p. 。关于兰德公司的主要历史的标准参考文本来自 Fred Kaplan, *The Wizards of Armageddon* (Stanford, CA: Stanford University Press, 1991)；另见 Alex Abella, *Soldiers of Reason: The RAND Corporation and the Rise of the American Empire* (New York: Harcourt, 2008)。关于兰德公司的学术论述包括：Martin J. Collins, *Cold War Laboratory: RAND, the Air Force and the American State, 1945–1950* (Washington, DC: Smithsonian Institution Press, 2012)；以及 David R. Jardini, *Thinking Through the Cold War: RAND, National Security and Domestic Policy* (Amazon Digital Services, LLC, Kindle edition, 2013)。

在深入研究这段历史之前，我们还需要处理一个基本问题：究竟什么是智库？无论是在冷战时期还是当代，这个名称的含义是什么？它与艺术有什么关系？是什么把这些完全不同的现象——一方面是通常被赋予表现性，甚至超越性特点的绘画和雕塑，另一方面则是华盛顿发布的政策简报中那些枯燥乏味的数据——联结在了一起？我们可能对什么是智库有一种**直觉**上的把握，但仅仅有直觉是不够的。我们可以说，正是这个术语的变幻莫测，也就是它那种不容易被界定、命名或合理地解释这样的特性，才成就了它敏锐的感受力和影响力。因此，对这个名词做一个初步的分析将为我们试图建立的这种看似不可能的联系奠定基础，并帮助读者理解构成本书的种种案例。

当我们想到"智库"这个词的时候，我们很可能并不会立即回想起冷战，更不用说美学了。而对于出生在那段时期（通常是指1947年到1989年[或1991年]）之后的人来说，"智库"这个词的含义已经泛化了，它在冷战时期与军事的紧密关联如今已经让位给了公共政策以及受制于当代媒体的制度性文化研究。我们可以在哈佛大学肯尼迪学院的网站上看到一个对智库的基本定义，"附属于大学、政府、宣传团体、基金会、非政府组织或企业的，从事公共政策研究、分析和活动的机构"[12]。而一个更加精确的表述或许会标示出这种研究是如何在一个看上去"自主"的环境中进行的：就其完全不受大学学术的种种客观性要求——无论这些要求有多么正当——而言，这些研究是"学术体系外的"，甚至是"准政治性的"。而**现实政治（Realpolitik）**则引入了一个更加偏狭的角度，将问题指向了党派和共谋、资金流向和工具理性：一项研究的目的是什么？又是谁在资助它？不难想象，一个亿万富翁可能会资助否认气候变化的"科学"研究；

---

[12] 可见 "Think Tank Search," Harvard Kennedy School, accessed August 17, 2017, https://guides.library.harvard.edu/hks/think_tank_search。

类似的，一份报告可能会尝试为警察使用种族定性（racial profiling）的做法辩护。[13] 还有一些智库可能会联合新当选的政治官员，为历史上的弱势群体如有色人种和妇女发声，为争取解放、民权和女权主义而斗争。

从法兰克福学派到冷战时期的智库，"理性"不只是一种意识形态上的构想。今天，大科学（big science）和共同毁灭原则（mutually assured destruction，缩写MAD）结成了奇怪却又必要的同盟，"理性"究竟意味着什么不断引起争议，我们接下来很快就会讨论到这个问题。然而现在，考虑一下"智库"这一术语与含义更宽泛的"理性"概念之间更日常的关联，仍是很有启发性的。这种考虑可以帮助我们还原出这些在大众想象中无处不在的机构，出现在有线电视新闻中的谈话者被认为来自布鲁金斯学会（Brookings Institution），或是传统基金会（American Heritage Foundation），或是美国进步中心（Center for American Progress），又或是信息技术与创新基金会（Information Technology and Innovation Foundation），或者任何以自由、进步、和平或美国式美德为名的机构。（请注意，虽然冷战时期的智库历史研究主要关注美国——其次是英国——但现在智库已经遍布全球。）当他们不在Fox、CNN或MSNBC上发言时，无论有无党籍，这些智库成员都会向国会发送政策简报。这些人有着高盛公共政策学院、肯尼迪学院、福特学院、伦敦政治经济学院或其他高等教育机构颁发的公共政策硕士或更高的学位；他们就医疗保险、公共教育、住房危机、人工智能、刑事司法改革、平权行动（affirmative action）、邮政系统或"智能设计"等问题发表意见。在国外事务方面，他们可能被召集来讨论中东问题，无论是约旦河西岸的定居点，还是难民危机，或是遏制

---

13 例如，卡托研究所和科赫兄弟的关系可见 Jane Meyer, *Dark Money: The Hidden History of the Billionaires behind the Rise of the Radical Right* (New York: Anchor, 2017)。另一方面，也可以考察一下政治和经济研究联合中心，该中心成立于1970年，随着20世纪60年代民权运动的兴起，该中心旨在为新的黑人民选官员制定政策。

恐怖主义暴乱，抑或是朝鲜的饥荒。屏幕上，一排排书籍像无名的哨兵一样排列在这些专家身后。不过，如果你看得足够仔细的话，或许就会发现这些本该厚重的书卷实际上只是印着书名的空壳子，它们被用来营造一种学问的幻象，以增加受邀演讲者的权威。一件海军西装外套有助于表现专业素养；一个附带的大学头衔更是一种背书。对他们中的很多人来说，在结束政府中的长期职业生涯后，智库可能是他们注定的归宿。

当然，考虑到如今太多政客胸无点墨的状态——越来越多的人明明自身**不够格**，却自以为是地管理着他们的领域——专家文化及置身其中的"活动家—专家"团体本身似乎也在日渐衰落。而另一方面，有许多政策专家参与到了高度媒体化的话语中，通过与当代智库联系在一起的电视评论（televisual punditry），我们可以窥见当前智库的影响力和被接受度。"智库"，当我们不是在一个自以为是的，或者讽刺或高度修辞化的意义上使用这个词的时候，它一般意味着"思想的会合"——既是会话，也是合作。你不必是一个书呆子或是黑客，也不必在杜邦环岛和托马斯环岛之间的马萨诸塞大道——即华盛顿所谓的"智库街"上工作，才能成为智库的一员。也许，就像千禧一代的行话所说的那样，你是在社交媒体上与其他有影响力的人一起工作的一个有影响力的人；或者说是一群志同道合的创造者或思想领袖中的一员，你们在一个灵活的空间里交换想法，"扰乱"了现状。你甚至可以是一个艺术家、活动家或艺术史学家，就"当代人"的利益展开辩论，或是对通常归于公共领域的政治理性争论一番。[14]这也就意味着，冷战以后智库的**激增**恰恰表明了它在全球的成功故事，无论是在市民社会、公共话语，或是任何需要"思想的会合"来进行头脑风暴和解决问题的情况下，故事中的这些组织都扮演起了越来越理所应当的角色。在成立于1989年的宾夕法尼亚大学的智库和市民社会项目中，全世界有至少6300个这样的机构被记录了下来。[15]

尽管人们已经习惯了在生活中随意地使用"智库"这个词，但学者们长期以来一直试图确定这一概念的历史脉络和界定标准。其中，一个关键的争论是：智库究竟是自主性的还是像堡垒一样封闭的（insular redoubt）。一个很矛盾的情况在于：表面上看来，智库所生产的内容应当具有相当的保密性，但另一方面，这些内容却作用于公共政策领域，并产生出显著的影响。这种影响被一位权威人士称为"第五阶层（the Fifth Estate）"[16]。正如"库"这个词所暗示的那样，智库似乎应该是一座封闭的智力堡垒，它与我们熟悉的这个世界相隔绝，并由其成员在暗中努力进行知识的生产和宣传。然而事实上，这种看似封闭的形象掩盖了智库的实际

---

[14] 艺术家安妮塔·格莱斯塔（Anita Glesta）是纽约视觉艺术学院的讲师，她创立了一个名为"重新配置场地"的项目，被描述为公共艺术的"智囊团"。见 Anita Glesta, "This Interdisciplinary Think Tank Pushes Public Art beyond the White Cube," Metropolis, August 16, 2013, http://www.metropolismag.com/ideas/artsculture/interdisciplinary-public-art-think-tank/。我们同样也可以看有由艺术史学家苏珊·哈德森（Suzanne Hudson）和乔舒亚·香浓（Joshua Shannon）共同创立的"当代艺术智库"（Contemporary Art Think Tank）。而对于共享问题的不同方法，可以考虑"芝加哥情感智库"（Feel Tank Chicago）的工作，这是一个由活动家和不同的学者共同组成的团体，将"公共领域是影响世界"（public spheres are affect worlds.）作为原则。它的创始人之一是劳伦·伯兰特（Lauren Berlant），著名的芝加哥大学学者和最重要的情感理论的思想家之一。关于 Feel Tank Chicago，见 http://feeltankchicago.net, accessed May 12, 2017。

[15] 亦可见宾夕法尼亚大学智库和公民社会项目的网站，http://repository.upenn.edu/think_tanks/。

[16] 见宾夕法尼亚大学智库和公民社会项目主任詹姆斯·G. 麦克盖恩（James G. McGann）的工作，*The Fifth Estate: Think Tanks, Public Policy and Governance* (Washington, DC: Brookings Institution, 2016)。

行动和历史踪迹——它是由这些专家和"知识分子"组成的一个边界模糊的，甚至可以说是模棱两可的组织。（可以说，"知识分子"这个概念的定义标准是一个本身就有争议的话题。）

正如托马斯·梅德韦茨（Thomas Medvetz）所描述的那样，这种模糊性对于智库的运作逻辑至关重要。他引用了皮埃尔·布迪厄（Pierre Bourdieu）的观点，将智库视作一种"社会空间"和"权力场域"。而有趣的是，在对这种组织的理解上，他恰恰采纳了与布迪厄那本著作的名称——《区分》——截然相反的观点。对梅德韦茨来说，就其逻辑而言，智库是在一个**不加区分**（indistinction）的空间里运作的。[17]他认为，一种"结构上的模糊性"很可能是智库的构成特征，这使它能够在政策、商业、政府、非政府组织、学术界和军队的交叉之处栖身，并在运行上跨越各种机构和社会及政治的圈子。[18]对于艺术和美学——也就是那些似乎与政策无关的东西——来说，正是这种模糊性使得冷战时期智库可以在学科之外不断延展，它拒绝被严格的体制边界束缚。换言之，它为新近被认可的**跨学科**实践提供了所需的名义和支持。在这一基础上，智库所具备的从各种渠道获取信息的能力，以及容纳并利用不同领域的专家，并将他们组织起来形成名副其实的校园外智库的能力，又将反过来影响这些领域自身的发展。

从公开报道上来看，"智库"一词被启用的时间点并不清晰，我们通常模糊地认为这个词是在20世纪60年代流行起来的，成立于1916年的布鲁金斯学会通常被认为是第一个智库。但事实上，智库的起源可追溯至19世纪中期，1865年在马萨诸塞州组建的美国社会科学协会是最早的具有智库

17　Thomas Medvetz, *Think Tanks in America* (Chicago: University of Chicago Press, 2012), 34.
18　梅德韦茨提出了一种"智库空间"的解读，这一解读部分地是为了细化关于智库组织封闭性的一般假设。同上，第16页。

形态的组织。[19]尽管乍看起来，智库的机构历史似乎是在"进步时代的结束"[20]后发展壮大的，但我们仍可以说，正是在冷战时期，美国公众意识到了它是一种新型的研究机构。而这种使得公众得以认知智库的媒体功能在很大程度上表明了：不断壮大的战后媒体文化极大地影响了军工复合体的发展轨迹（如果不是将其引入了雷区的话）。也正是在这里，兰德公司站在了舞台中央。

兰德公司一开始就是为了承办二战后美国政府的项目而开设的，而非一家独立的企业。它的核心目标——"研究与开发"（R&D），即科学和技术，对盟军的军事成功具有重要意义。毕竟，新的武器需要新的战略、战术和技术。毫不夸张地说，第二次世界大战通过雷达、核裂变、V型炸弹和早期数字计算这些技术历史性地转变了这个世界的种种武器。正因如此，包括亨利·H.（"Hap"）阿诺德将军在内的一批美国空军（AAF）和陆军的高级官员意识到将一些在战时做出贡献的科学家转为战后储备的重要性。[21]事实上，除了在长崎和广岛造成了大规模毁灭的武器以外，战时，雷达及雷达在**运筹学**中的发展也相当有力地确保了盟军的胜利。这里所谓的运筹学一般被理解为数学模型在军事战略和决策中的应用，将后者逐步与计算能力相结合。1945年10月，就在"小男孩"和"胖子"将毁灭性的灾难倾泻到日本的两个月后，阿诺德和一些军事领袖以及工业领导人

19　同上，第47—79页，亦见 McGann, *The Fifth Estate*, 22–31. 更早的著作包含了 Paul Dickson, *Think Tanks* (New York: Atheneum, 1971); James A. Smith, *The Idea Brokers* (New York: Free Press, 1991), 以及近来的 Andrew Rich, *Think Tanks, Public Policy and the Politics of Expertise* (Cambridge: Cambridge University Press, 2004)。

20　Medvetz, *Think Tanks in America*, 8.

21　直到战后，也就是1947年的《国家安全法》通过后，空军才成为一个独立的军事部门。见 Charles R. Shrader, *History of Operations Research in the United States*, vol. 1: *1942–1962* (Washington, DC: Office of the Deputy Under Secretary of the Army for Operations Research United States Army), 59. 阿诺德的传记 *Dik Alan Daso and Richard Overy, Hap Arnold and the Evolution of American Airpower* (Washington, DC: Smithsonian Institution Press, 2001)。

在加利福尼亚州马林县的汉密尔顿召开了一场会议，提出了"一个新组织的概念，以提供独立的科学分析，尤其是在军事政策、规划和技术的交叉领域"[22]。表面来看，加州理工学院、宾夕法尼亚大学、麻省理工学院或伊利诺伊大学等学校的工程和数学系似乎是开展上述计划最合适的场所，但是一旦投入运作中，这些学校中的系所却根本无力适应战后军事规划的那种紧迫性和偶然性。这项工作所要求的信息保密、安全审查、学术以外的人事和通信等事务，既无法与学术管理的通常形式以及大学生活的节奏和结构保持一致，又无法满足其中个别人的学科和专业奉献精神。相比之下，一个独立的承包商则具有足够的灵活性来成为一个更好的伙伴。在总裁唐纳德·道格拉斯（Donald Douglas）的领导下，道格拉斯飞行器公司于1946年3月与美国空军合作开启了兰德计划，并获得了相应的一份1000万美元的合同。其后两年，由于利益冲突问题，兰德计划脱离了美国空军并更名为兰德公司，并转由新生的福特基金会为其提供贷款支持。

前飞行员、航空工程师弗兰克·科博姆（Frank Collbohm），兰德公司军事角色的塑造者，在1948年至1967年间担任了兰德公司的第一任总裁。兰德公司的创始目标显示出了一种极清晰的广泛性。它想要制定"对洲际战争这一庞大主题的学习和研究计划"，"包括向陆军、空军推荐'首选技术和工具'"[23]。是的，在这一语境下，"学习和研究"所包含的内容远比想象中要广泛。它们不仅仅包含了空气动力学和弹道学在内的硬知识，还囊括了与以往根本不同的思维习惯。

他们必须这样做。这个经历了原子弹、种族屠杀、古拉格劳改以及全球性的独裁主义浪潮的世界已经发生了质的变化。历史不再坚守理性；艺术也不再固守于死板的表现问题。西奥多·阿多诺有一句著名的评价：

---

22 Shrader, *History of Operations Research in the United States*, 1:59.

23 *The RAND Corporation: The First Fifteen Years*, 2.

"奥斯威辛之后，写诗也是野蛮的。"尽管在多数情况下，这句话被引用的时候都脱离了这位思想家尖锐的辩证法框架，但在这里，它恰如其分地表明了情况。白海运河似乎近在咫尺；战后的形而上学基础反过来要求新的方法论。冉冉升起的一场军备竞赛正在加速进行，在虚无主义、国家安全和硬科学的作用下，它将会变得越来越凶残和恐怖。

在这样一种环境之下，对"学习和研究"的定义不能囿于大学内部长期以来的惯例，而需要根据更灵活的环境来加以调整，只有这样才能严谨、快速和精确地满足世纪中叶的军事需求。因此，兰德公司早年的任务是：

> 在当前的环境下，我们要从最广泛的意义上研究洲际战争，它包括了追求降低热核战争或其他战争发生的概率，以及阻止或逆转共产主义的到来——也就是寻求和平但保留自由——这两个目标。在此基础上，寻找实现这些目标的首要手段则直接**导致研究项目的范围和多样性**远远超出了人们的意料。[24]

简短而干脆的语气是与严肃的议题相符的。"首要的技术和手段"措辞背后的影射恰好证实了这一时期的社会批判中常见的对技术官僚理性的批判。然而，或许更应令人惊讶的是，正是因为这种批判，**多样性**和**创造性**的词汇才会悄然出现在智库的历史叙述中。它们的出现仿佛是为了从语汇上掩饰当前局势的严峻性，转而呈现为一种专门应对如此紧迫的情况的创新方法。在这里，存在着一个严峻而不可避免的矛盾：一方面，智库所面对的是绝对严肃的事务——涉及大规模毁灭性武器，而不是仅仅是"普通的"常规战争；另一方面，它们却被允许采用一种随意的、不受约

---

[24] Ibid.（作者强调）。

束的，甚至是轻松的研发方法。在对著名核战略家、兰德公司前雇员赫尔曼·卡恩（Herman Kahn）职业生涯的精彩分析中，加马里-塔布里齐认为智库场景下严肃的场景设置和重大的策略手段共同构成了智库的运作基础。就我们所观察到的这种情况而言，究竟是在怎样的一种机制下，战争事业呈现出了有趣的一面；又是如何在这一面向中展现出了一种更广泛的感受力，让军事规划成了一种创造性的，甚至是美学的追求呢？

1963年，在兰德公司成立15周年之际，一份纪念文件以这样的措辞回顾了这里的工作："兰德公司刻意保持了一种非正式和不设限的氛围，以提供适合创造性工作的环境。"[25] "兰德公司的杰出恰恰在于集合了一群人，"一位参与者说，"但兰德公司又不仅仅是人的集合，它还是一个社会有机体，其特点是杰出的智力、想象力和良好的幽默感。"[26]在这里，将智库称为一个具有友好的和幽默的氛围的社会有机体，充分表明了智库在寻求为冷战中的种种问题提供应对方案时受到的各种影响，其中就包括了见怪不怪、想象力和**多样性**。一位空军军官曾用这种方式来描述这种独特的职业习惯：

> 在兰德公司，这些受过多种学科训练的人可能会发现基础科学的新成果，开发新的分析技术，产生新的发明。他们展望未来，预测趋势，猜想突发事件……由于拥有了应对当前和未来的国家安全问题所需的技能和知识，并且研究人员共享了这些问题的解决方案，因此，**像兰德这样的组织为克服日益增长的知识区隔化和专业化提供了一种（罕见的）手段**。[27]

25　Ibid.
26　Ibid.
27　Ibid., 3（作者强调）。

在这个严峻的历史关头，我们可以频繁地看到像**多学科**、**超学科**和**跨学科**这样的术语，以表明一种试图克服知识"日益区分化"的倾向。我们会在许多场合下看到这些术语怎样揭示出了智库的战略和认知范畴。通过这些术语，智库的概念将一步步触及艺术、美学和现代主义这些看似遥远的领域，它们之间存在着相通的运作逻辑——它们一头扎进新事物，希望以开创性的方法解决棘手问题。

1959年5月，《生活》杂志——彼时仍处于20世纪读者群心中的顶端位置——发表了一篇带插图的10页专栏，将兰德公司与置身其中的知识分子们介绍为"一群有价值的大脑"[28]，冷战智库就以这样的形象进入了公众话语。专栏展示了这些知识分子弯腰俯在讨论桌前、挤在黑板旁，为美国的国防事业贡献他们的集体脑力的镜头。这些人的名字在当时基本上是不为人知的——赫尔曼·卡恩、阿尔伯特·沃尔斯泰特（Albert Wohlstetter）、丹尼尔·埃尔斯伯格(Daniel Ellsberg)，他们以早期冷战战士的身份在媒体上首次亮相。其中的一些人后来声名狼藉，被右翼或左翼甚至两者同时加以妖魔化，而另一些人则在未来的几十年里被美国历任总统们奉为名人。

对于这篇报道来说，正是这种合作工作的整体，而不是某一个人的单独工作，赋予了这个报道主题吸引力和新颖性。同时，鉴于这一幕是在时髦的、像实验室一样的场地里编排和上演的，情况就更是这样了。正如《生活》杂志文章中所描绘的那样，位于圣莫尼卡主街（Main Street）1700号的兰德公司展示出了一种现代主义风格——包豪斯风格的办公室由

---

28 在艾莉卡·德士（Erika Doss）编辑的评论集 *Looking at Life Magazine* (Washington, DC: Smithsonian Institution, 2001) 中，马克·莱斯（Mark Rice）引用了以下内容："一项研究显示，在1950年的某个13周时间之内，'大约一半10岁以上的美国人都看过一份或更多的杂志'（第42页），这表明了该杂志的潜在观众的范围和规模。" Mark Rice, review of Doss, *Looking at Life Magazine*, H-Amstdy, H-Net Reviews, January 2003。关于兰德公司的专题中的图片已经发表在 Abella, *Soldiers of Reason*, and Ghamari-Tabrizi, *The Worlds of Herman Kahn*。

图 0.2 莱纳德·麦库姆,"一群有价值的大脑",《生活》杂志,1959 年 5 月。照片由盖蒂图像(Getty Images)提供。

开放的天井和屏风般的窗户所点缀，放眼望去尽是沙滩和大海。[29]正如数学系主任约翰·D.威廉姆斯所说：

> 兰德公司代表了一种探索混合团队的尝试……只要它的建设能够满足这种努力，它就应该这样做。换句话说，比起大学来，在兰德公司这里，物理学家更有可能遇到政治学家，工程师也更有可能与经济学家交流。无论是在一个跨学科项目组的正式工作中，还是在许多非正式的交谈中，都是这样，这一点很重要，这一设施应该从设计上鼓励这种接触。一个国际关系专家当然可以独立写一本书，但当他接触了有着不同学科背景和经验的同事，他就可能从中受到刺激、教育和冲击，他和他的书便因此被改变了。[30]

这栋建筑的设计要归功于威廉姆斯，它很好地传达了战后加州的未来主义决心，这个决心是围绕数学、经济学、工程学、心理学以及其他硬科学和人文科学中最杰出的人才组织起来的。事实上，公司的第一份出版物《实验性环游世界飞船的初步设计》可能被不少人看作一部科幻小说。它

---

[29] 在一本专门讨论科学的构造的文集中，卡罗琳·琼斯（Caroline Jones）和彼得·加里森（Peter Galison）描述了实验室和艺术家工作室在战后展现出的兴趣交叠。见Peter Galison and Caroline Jones, "Factory, Laboratory, Studio: Dispersing Sites of Production," in Peter Galison and Emily Ann Thompson, eds., *The Architecture of Science* (Cambridge, MA: MIT Press, 1999)。也可参见琼斯关于20世纪60年代艺术家工作室在工业、艺术世界与技术的多重影响下不断发生的身份变化的专著：Caroline A. Jones, *Machine in the Studio: Constructing the Postwar Artist* (Chicago: University of Chicago Press, 1997)。

[30] 约翰·威廉姆斯（John Williams）引自："Buildings for RAND," p. 16, from M-6870, Memo from Bob Specht to Jim Digby, S. P. Jeffries, R. C. Levien, H. E. Miller, May 16, 1963, in Box 21, Brownlee Haydon Papers, RAND Corporation, Santa Monica, CA, accessed July 2009。(N.B.: at time of inspection the Haydon Papers were largely unorganized and unnumbered.) 对原始建筑更深入的建筑学研究见 Michael Kubo, "Constructing the Cold War Environment: The Architecture of the RAND Corporation, 1950–2005," MArch thesis, Harvard Graduate School of Design, Spring 2006。

出版于1946年，也就是在太空竞赛开始的几年前。今天，硅谷是这个未来主义愿景的继承者。而在当时，世纪中叶的加州则正处在其自身现代主义的风潮中，预示着光明的科学未来。航空航天和迅速发展的计算机行业的企业股东，以及来自全国各地大学的稳定的人才输入，都支撑着这一光明愿景。这是一所名副其实的"没有学生的大学"。

但是，兰德公司内部实际在干些什么对公众来说仍是个谜。该智库将神秘和启蒙、暗中进行的秘密和公开宣称的科学透明性不稳定地混合在了一起。而随着冷战的进行，它的形象变得越来越邪恶。到了60年代初，至少从1964年的北部湾事件开始，兰德公司被视为一个进行秘密和阴险实验的实验室，阴暗的控制室和奇爱博士（Dr. Strangelove）的画面成为它在流行文化中的标准形象（在斯坦利·库布里克1964年的黑色讽刺电影里，奇爱博士这一角色被普遍认为是兰德公司至少两名研究员的混合体，即赫尔曼·卡恩和阿尔伯特·沃尔斯泰特）。随着晚间新闻中东南亚的死亡人数不断增加，战后智库昔日的积极形象变得日益黑暗，它被赋予了越来越多的不祥联想。世纪中叶培养的民主精神以及与之相伴的人格向有害的、阴谋的那种东西让步。丹尼尔·埃尔斯伯格在1971年泄露了影响极恶劣的五角大楼文件（Pentagon Papers），这个约700万页的文件赤裸裸地揭示了麦克纳马拉战争中彻头彻尾的腐败，而麦克纳马拉，这位兰德公司的分析师只不过是加剧了人们对这个如今声名狼藉的智库的集体愤怒。几年前，在兰德公司的圣莫尼卡总部，艺术家抗议委员会组织了一场抗议活动，他们是第一批代表艺术家反对战争的活动家。[31]

尽管兰德公司在五角大楼文件事件之后还存在了很长一段时间，且在之后的60多年里，其研究项目也超出了军事领域而变得多样化，但是，

31　关于兰德公司和《奇爱博士》之间的联系，见 Ghamari-Tabrizi, *The Worlds of Herman Kahn*, 275–278, 304–305。

图 0.3　加州圣莫尼卡主街（Main Street）1700 号兰德公司，照片由兰德公司档案馆提供。

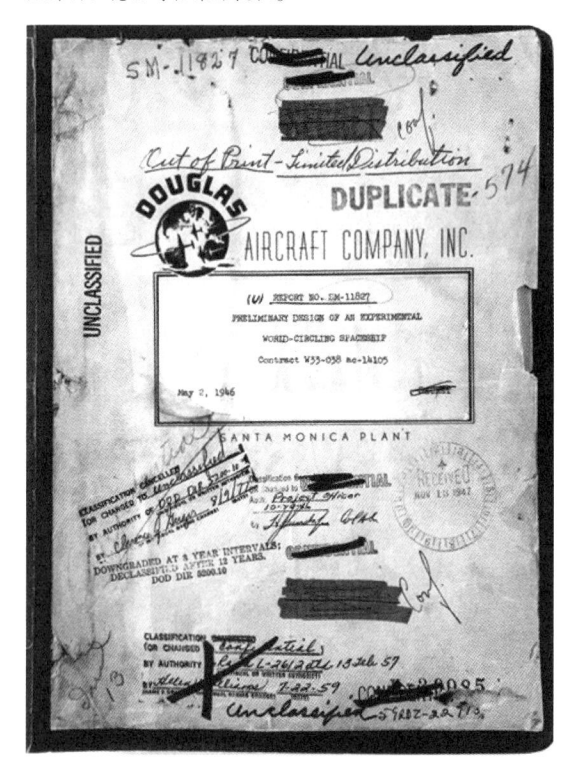

图 0.4　《实验性环游世界飞船的初步设计》，兰德公司，1946 年，照片由兰德档案馆提供。

埃尔斯伯格的行为对当下文化中的泄密和告密产生了决定性的影响，第四章将讨论这部分内容。兰德公司在美国智库中的地位是毋庸置疑的，如今它借助帕迪学院提供自己的政策研究生学位课程，还在圣莫尼卡拥有一个由DMJM设计公司建造的时髦的新场地。除了圣莫尼卡总部之外，它同时还在纽约和华盛顿设立了区域办事处，不同意识形态和学科背景的学者在那里共同工作。国防战略已不再是其研究议程上的优先事项——既然已经"打赢"了冷战，相应的那些限制也就没有了。但是公共政策在其研究议程中仍呈指数增长，它们的影响力也与日俱增。[32]

艺术和美学在冷战智库的编年史中几乎未曾被提及。这也就带来了智库美学的**内容**、**意义**和**方式**的问题。冷战智库通常被认为是理性的、可量化和合理化的，并具有研究和开发所要求的那种硬科学的严谨性；而艺术则被许多人归为软性、情感的和非常"模糊"的东西。如此不同的两者可能以哪些方式相互衔接？甚至可以说，"衔接"一词是在这里是否正确？因为它听起来是两派（一方是科学，另一方是人文）之间几乎和平的相遇？或者，我们是否可以说，科学家们将视觉和美学领域看作另外一个知识领域，想要在其中占据一席之地，在内容、资源材料和创造力方面来研究它，甚至是利用它？

智库美学的多样性

如果从梅德韦茨关于智库的"结构模糊性（structural blurriness）"概念出发——按照布迪厄的阐述，就是"空间"甚至"权力场域"——我们可以勾勒出关涉我们这一研究的智库美学不断变化的边界。这些边界起源于冷战，但是清晰地盛行于当下。本书的一个主张是：受制于当代的

---

[32] 关于艺术家抗议委员会的兰德抗议活动，见 Israel, *Kill for Peace*, 28–35。

新自由主义，我们仍然是自身不知情的冷战遗民。也许这听上去是一个古怪的或完全虚假的地缘政治观点。鉴于前第一世界的领导人似乎已经卑微地为那些不久前还是第二世界的专制者们所役使，冷战可能看起来已经成为过去。虽然如此，冷战智库背后的军事逻辑经历了一个向经济理性的巨大转变，而这种经济理性指导着许多决定我们在世界中的地位的事。我们的行为方式、社会交往和运作方式，以及主体因日益服从于算法资本主义（algorithmic capitalism）的逻辑而反过来被**操纵**[33]，以上种种都有一个源自这些世纪中叶机构的明确谱系可供追溯。[34]

尽管它们之间有许多明显的重叠，但智库美学的多样性仍可以细分为四个类别。我将先从智库美学最字面的含义开始，再讨论对本书至关重要的其系统性的或全球性的维度。

I. 在智库内部产生或通过与智库合作而产生的艺术：冷战时期的创造力

无论这些组织的成员多么多样化，其中包括了计算机科学家、天体物理学家、经济学家以及哲学家，但这个队列中往往都不会包括艺术家，艺术似乎是智库研究议程之外的学科。然而，如前所述，在20世纪60年代后期有艺术家参与的智库至少有两个，分别是加州的兰德公司和纽约北部的哈德逊研究所。在那里，艺术家以常驻人员的身份与工作人员和访问学者展开合作。虽然这些事情不是本书的重点，但仍需承认，他们确实

---

[33] 这里所用的 operationalized，与运筹学一词里面的运筹有相同的词根，在本书中这一词在许多语境下出现，比较准确的翻译可以是操纵、操作或运作，但是请注意作者这里使用这个词时想要表明的这种操作与运筹学之间的内在联系。——译注

[34] 在这里，理性选择理论的影响，正如我在早先的《新游戏》一书中所描述的，也是题中应有之义。关于理性选择理论的历史，特别是与兰德公司有关的经济学家肯尼思·艾罗（Kenneth Arrow）和詹姆斯·布坎南（James Buchanan）在其中的贡献，见 S. M. Amadae, *Rationalizing Capitalist Democracy: The Cold War Origins of Rational Choice Liberalism* (Chicago: University of Chicago Press, 2003)。

在认知层面上出现在了艺术和智库合作模式中。上述相遇似乎预示了一种跨学科的**创造力**的飞跃,揭示了这些机构所追求的新颖性和创新,而在最广泛的形式上,创新则属于艺术的传统优势。安德烈亚斯·莱克维茨(Andreas Reckwitz)曾描述了"20世纪末,艺术开始离心",也就是说,"从前被视为艺术的领域溢出其边界,渗入了以前不被视为艺术的事件和产品"[35]。一条著名的关于"创意阶层"的标准叙述来自理查德·弗罗里达(Richard Florida),他将创造力的普遍化视为一种当代现象,并与新自由主义全球化的文化共存,在这种文化中,个人被"从压迫中释放出来","最终……自由地发挥创造力"。而关于创造力的早期叙述来自雷克维茨,他发明了**创造力装置(creativity dispositif)**一词,以描述"自18世纪末开始酝酿,20世纪初开始明显加速"的一种复合精神特质,这意味着创造力本身可以被理解为一种历史性的发明,它与其说是一种认识论或方法论的先验,不如说是一种精神和人造物。[36] "创造力复合体(the creativity complex)不仅仅标记了新颖事物的出现,"他指出,"还系统地推动了新颖事物的动态生产和社会接受,将新颖性看成是许多领域里的**美学**事件。"[37]

莱克维茨观察到,在对创造力的社会分析中,艺术领域常常被"边缘化",但"恰恰是艺术承担了有影响力的、长期的带头人角色,以一种无疑与现代性的艺术的意图和希望背道而驰的方式,对创造力施加了影响"[38]。在《时间恐惧症:20世纪60年代艺术中的时间》(*Chronophobia: On Time in the Art of the 1960s*)中,我简要介绍了兰德公司的例子,并

35　Richard Florida, *The Rise of the Creative Class* (New York: Basic Books, 2003). 对弗罗里达的批评则可见 Andreas Reckwitz, *The Invention of Creativity: Modern Society and the Culture of the New* (London: Polity, 2017), 5–6, 78–84。

36　Reckwitz, *The Invention of Creativity*, 6.

37　Ibid., 7(作者强调)。

38　Ibid.

将其作为这种趋势的象征，揭示了它与洛杉矶艺术界在那十年间断断续续的来往。（毫无疑问，《时间恐惧症》可以部分地作为这本书的序幕和补充，最近出版的《新游戏：当代艺术之后的后现代主义》[New Games: Postmodernism after Contemporary Art]也是如此。）1967年至1970年间，由洛杉矶县立艺术博物馆赞助的一个多年期艺术与技术项目，促进了当代艺术家与主要位于南加州的各组织和行业之间的合作，而这些组织和行业中的许多人物是该地区军工复合体（即洛克希德·马丁公司的喷气推进实验室）的主要成员。常驻兰德公司圣莫尼卡总部的约翰·张伯伦（John Chamberlain）因利用汽车零件创作纪念性抽象雕塑而闻名。对大多数人而言，这是一次失败的合作。一方面，张伯伦本人一定对他在现场看到的人群方阵颇为印象深刻，连同他们带着的标志性的笔套和厚厚的眼镜。但另一方面，对于兰德的其他那些职员来说，艺术家的出现并没有引起他们的兴趣，甚至招致了明显的敌意。考虑到大众对艺术作品和艺术家应该做什么的一般看法，张伯伦无可救药的观念取向（conceptual orientation）明显不符合他们对艺术作品的定义。

事实上，只要看一眼艺术家的项目，就会理解这里的这种不匹配。张伯伦的《兰德格式》（RAND Piece）是一个表演性的作品，其中包括了一系列不一致的、古怪的言论——像是"特小饺子"（baby-dumpling）和"不管怎么说，这都是糟糕的空气动力学"（Damned poor aerodynamics in either case）——的复印件，并展示了在员工中分发的通告——宣扬智库的行政逻辑实质上是一种自在的技术（a technology in itself）。张伯伦以准官僚主义的方式，向作品的接受者提出了一个难题："我在寻找答案，而不是问题！如果你有任何答案，请填写在下方，并寄给我，地址1138室。"该作品在一定程度上根植于张伯伦的实验诗歌，但也完全符合他的概念主义精神。这体现在它追踪了组织系统和官僚机构的媒介，以及其中

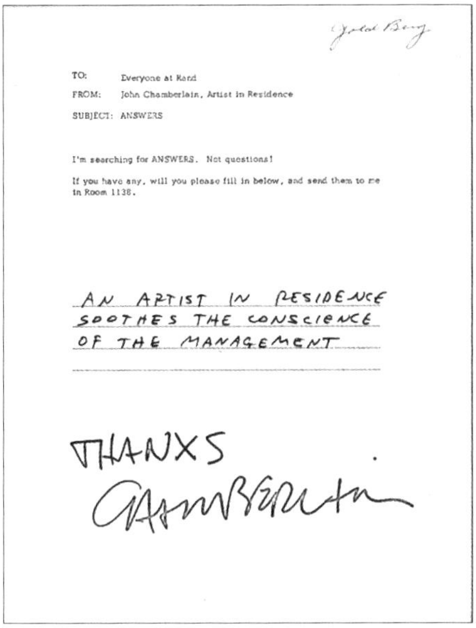
TO: Everyone at Rand

FROM: John Chamberlain, Artist in Residence

SUBJECT: ANSWERS

I'm searching for ANSWERS. Not questions!

If you have any, will you please fill in below, and send them to me in Room 1138.

AN ARTIST IN RESIDENCE SOOTHES THE CONSCIENCE OF THE MANAGEMENT

THANXS

图 0.5 约翰·张伯伦，向兰德公司员工发出的一份寻求答案的调查问卷，以作为《兰德篇》（版权属于 2018 Fairweather & Fairweather, Ltd./Artist Rights Society(ARS), New York）的一部分。照片版权属于 ◎ Museum Associates/LACMA。

的文件线索上。[39]除此之外，作品还挖掘了兰德公司的精神：兰德公司是一个准备解决或回答冷战时期美国所面对的最具挑战性问题的机构。张伯伦的这些复印件被装在一个橙色的麦拉文件夹（Mylar folder）里，文字以常规体（Courier字体）整齐地呈现，而一个同样像谜一样的开场声明则仿佛是在模仿智库的神秘行动：

> 任何人或任何团体都可以使用兰德格式，只要他们能发挥自己的想象力。所有的可能性都是成立的，至少我是这么认为的。

39 见 Benjamin H. D. Buchloh, "Conceptual Art 1962–1969: From the Aesthetic of Administration to the Critique of Institutions," *October* 55 (Winter 1990), 105–143。

另一个当代艺术家在智库内工作的例子是詹姆斯·李·拜尔斯（James Lee Byars）于1969年5月与纽约哈德逊研究所的合作，它同样是在洛杉矶县艺术博物馆的艺术与技术项目的支持下进行的。哈德逊研究所是参与兰德计划的首个外州公司，它于1961年由核战略家、系统分析家赫尔曼·卡恩创立，他所写作的《论热核战争》和《思考不可想象》被广泛地阅读（与谴责）。[40]该项目与前一个的区别在于，其中涉及了哈德逊研究所的组织文化，以及他与卡恩的反复交谈。

张伯伦和拜尔斯的项目都将关注点放在了智库的运作上：即它表面所构成的这套封闭性系统及其特殊的沟通方式和管理条例。看完上述简介，你可能会得出以下结论：这两位艺术家以观察者的身份介入，并以准人类学并且最终呈现为一种批判的方式考察了智库的运作。此外，考虑到这两件作品中所具有的讽刺意味，也许一些机构文化的干扰在其中也起到了作用。然而，从另一个角度看，这也可能是哈德逊和兰德公司在公关上的一着妙棋。通过向艺术家铺开欢迎红毯，它们试图缓和彼时自身生硬的、军国主义的形象。

在这里，所有的立场都是站得住脚的，只要相应的解读不脱离前面描述的智库的基本文化——鼓励其职员拥有"多样性"、"创造性"和"想象力"，**以克服知识的日益区分化和专业化**。我们要将这一点牢记在心，并且反复思考如下问题：兰德公司或哈德逊研究所，或其他任何智库，通过在其中安插艺术家或将艺术和视觉文化纳入其更大的议程，到底想要做些什么？在与同时代的当代艺术家的互动中，除了因集体创新和创造力而带来的美学光环之外，研发部门还能获得什么，并潜在地挪用了什么？

---

40 Ghamari-Tabrizi, *The Worlds of Herman Kahn*, 204–235.

II. 根据智库的模式和方法主题化、阐明和影射的艺术；内化这些研究议程的艺术；艺术作品与智库结构之间的同构关系

对于智库美学问题，存在的第二种谈论维度是一种多层次的方法，这一方法考虑如下几点：（1）艺术家如何处理来源于智库的主题或研究项目；（2）冷战时期智库制定的基于系统的范式或策略是如何影响战后艺术的"系统美学"的，这种影响不仅包括了处理视频时反馈逻辑对这些视频作品的影响，还包括了计算机以及技术官僚的参与对观念艺术的影响；（3）艺术作品和此类实践之间结构上的**同构性**（isomorphisms），奥地利生物学家路德维希·冯·贝塔朗菲（Ludwig Von Bertalanffy）在《一般系统论》中标志性地提出了 "不同领域中结构相似性或同构的出现"[41]，这一点将我们带向了这一思考。上述几种立场显然并不容易区分，而且它们还会涉及下文将要谈及的智库美学的其他类别。但是，暂时将它们这样归类有助于我们区分以下两种研究方法：一是偶尔的图像学和艺术家意图的研究，二是艺术作品如何在程序、战略，甚至操作层面上内化了智库的研究，不管这种内化是含蓄的还是症候性的。同时，这里也需要立即说明的是，本书论述的重点并不是某种意图，也不是任何一种试图表达诸如科学如何因果性地影响了艺术这样的线性的或单向的东西。在后面我将在第四个类别中指出，如果说智库给了我们什么启示的话，那就是由机构内和机构外参与者构成的集合——一个多方面的、跨学科的**网络**——催生了一种有关集体知识生产的递归关系。

而在这里，举两个简单的例子就足够了。其一是《囚徒困境》（1974），理查德·塞拉（Richard Serra）与罗伯特·贝尔（Robert Bell）合作的表演与录像作品。从表面上看，这部作品采用了一种警察审讯时采用的技术，

41　Ludwig von Bertalanffy, *General System Theory* (New York: Braziller, 1968), 33.

并由包括画廊主里奥·卡斯蒂里（Leo Castelli）在内的新兴的纽约 SoHo 社区中各种成员参演，他们以滑稽戏的模式制作了一个电视游戏节目。在《新游戏：当代艺术之后的后现代主义》中，我探讨了该作品的结构逻辑和博弈论之间的关系，其中博弈论这一部分源于兰德公司所采纳的战略分析，并主要（但绝非专门）应用于冷战时期的军事冲突。作为一门以数学方法为基础的经济学学科，博弈论的研究对象是冲突、谈判、商讨、筹码和诸如虚张声势之类种种情况下的互动，其博弈双方可以是人和物、有机体、机构和企业，也可以是民族和国家。博弈论将这种博弈行为看作可以理性规划的经济行为，并为这些特定的情形制定策略，提供解决方案。[42] 博弈论的第一波浪潮与那个时代最具有影响力的一些思想家有关，他们都在兰德公司或其影响力范围内工作，这些人中包括约翰·冯·诺伊曼（John Von Neumann）、奥斯卡·摩根斯坦（Oscar Morgenstern）和约翰·福布斯·纳什（John Forbes Nash）。[43] 塞拉的这部视频作品即以最著名的博弈论场景——"囚徒困境"，一个由梅里尔·弗勒德（Merrill Flood）和梅尔文·德雷希尔（Melvin Dresher）正式提出的著名悖论为模型。1950 年，普林斯顿大学的数学家阿尔伯特·塔克（Albert Tucker）将这个名词推荐给了兰德公司。塞拉和贝尔在参与制作这一作品的同时也参与了《冲突战略》（1960 年），这是一部兰德公司的数学家和经济学家托马斯·谢林（Thomas

---

42 关于博弈论为什么不是机会问题的种种论证，见 John von Neumann and Oscar Morgenstern, *Theory of Games and Economic Behavior* (Princeton, NJ: Princeton University Press, 1944), 87："我们想说的是，'数学博弈'的大量文献，"他们写道，"主要是在 18 和 19 世纪写作的，其中基本只处理了我们已经抛在身后的那些事情中的一个方面。即对机会所产生的影响的评价。因此，我们对这种博弈理论不再感兴趣，在这些理论中，数学问题只包括评估机会的作用——即计算概率和数学期望值。"

43 关于博弈论，特别是囚徒困境的非技术性介绍可见 William Poundstone, *Prisoner's Dilemma: John von Neumann, Game Theory and the Puzzle of the Bomb* (New York: Anchor, 1993); 关于该主题的教科书和介绍则包括 Stevens Tadelis, *Game Theory: An Introduction* (Princeton, NJ: Princeton University Press, 2013); 和 Sean Hargreaves-Heap and Yanis Varoufakis, *Game Theory: An Introduction* (London: Routledge, 2004)。

Schelling）颇具影响力的作品。（谢林长期与理查德·尼克松提出的"疯子战略"联系在一起）[44]

另一个例子也可以证明智库和当时的当代艺术家在研究兴趣上的不谋而合，这个例子就是乔治·布雷希特（George Brecht）的出版物《机会图像》（*Chance-Imagery*，1966），书中的一个重要部分探讨了随机性的问题。作为激浪派（Fluxus，其主要创始人乔治·马丘纳斯称其为一个"智库"）[45]的主要合伙人，"事件标记（event score）"的设计师，受过专业训练的化学家，以及研究机会、偶然性和随机性的专家，布雷希特在20世纪60年代中期至少深入参与了一项兰德公司的研究课题。1955年，该智库出版了《100万个随机数字和10万个正态偏差》（*A Million Random Digits with 100,000 Normal Deviates*），这是一个由"电子计算机模拟的轮盘赌算法"[46]制作而成的约40页的数字表格。事实上，兰德公司在其成立之初就开展了对随机数的研究，那段时间，人们开始对实验概率表现出浓厚兴趣，尤其希望将它运用于战争时期的风险评估（蒙特卡洛方法就是逐渐升温的军备竞赛以及密码分析学科中必不可少的一个组成部分）。《100万个随机数字和10万个正态偏差》满足了人们对随机数字的需求，它代表了智库早期的一个重大贡献，也成了战后数字计算能力的一个历史性典范。[47]

44　Thomas C. Schelling, *Strategy of Conflict* (Cambridge, MA: Harvard University Press, 1981).

45　带着他自己对系统理论的特殊兴趣，乔治·马丘纳斯（George Maciunas）将他提议创立的位于马萨诸塞州新马尔堡的Fluxus学校描述为一所"学习、研究、实验和发展艺术、历史、设计和文献方面的各种先进思想和形式"的智库。鉴于马丘纳斯的高度反战立场，用这样的术语提及一个教育模式，只能被理解为一种挑衅。更为尖锐的是，这也是一种挪用——对当时许多艺术家来说，兰德公司所代表的东西是名副其实的博弈。见Craig A. Saper, *Networked Art* (Minneapolis: University of Minnesota Press, 2000), 117（作者强调）。

46　George Brecht, *Chance-Imagery* (New York: Great Bear, 1966), 14.

47　The RAND Corporation, *A Million Random Digits with 100,000 Normal Deviates* (Glencoe, IL: Free Press, 1955).

布雷希特对这种研究的迷恋几乎是无可避免的。他的《机会图像》是对这一主题极博学的鉴赏,内容广泛涉猎了艺术史(马塞尔·杜尚、超现实主义者、杰克逊·波洛克、约翰·凯奇)和科学(罗伯特·波义耳和气体动力学、詹姆斯·克拉克·麦克斯韦和热力学、布朗运动)。他将"随机性"概念化,并区别于更广泛的机会概念,他敏锐地察觉到该术语在统计学中的技术含义,"它被应用于特殊的技术,以消除抽样中的偏差"[48]。他进一步指出:"不管是在艺术领域还是科学推理中,随机性的重要意义都在于消除偏差。"他接着提到兰德公司出版物中的表格是"一种方便和可靠的有选择性偏差"。他还立刻强调,"当然,我们并不是在暗示,《机会图像》是艺术家对这些趋势的认知的直接产物"。

> 我们只不过是想说明,伟大的艺术家的作品和数学、物理都产生自某些相同的因果关系,一些复杂的、相互作用的因果关系。如果我们相信,历史表明过去的艺术融入了它那个时代的文化矩阵,我们就有动力去寻找当代艺术中与其他领域相一致的趋势。[49]

布雷希特反对科学对艺术直接影响的模式,这一点上他应该是正确的。在智库这一空间之中,任何数量的"复合的、相互交织作用着的"文化、社会、科学和经济因素之间都可以通过一种同构的方式来处理。也正是通过这种同构的方式,智库扩大了新型防御措施研究的领域,艺术在其中发挥起了越来越重要的作用。

48　Brecht, *Chance-Imagery*, 16.
49　Ibid., 16.

图 0.6 理查德·塞拉,《囚徒困境》中的里奥·卡斯蒂里,1974 年,局部。照片版权属于 Richard Serra/Artists Right Society(ARS), New York。

图 0.7 节选自《100 万个随机数字和 10 万个正态偏差》,兰德公司,1955 年。照片由兰德公司档案馆提供。

III. 冷战时期智库所采用，所制定，并对艺术作品和视觉文化产生了影响的研究方法、工具和手段（包括运筹学、控制论、系统论和博弈论）；以及由此产生的"运筹"美学

这一类别是本书的重要关注点。在这里，我们将不再以艺术家为中心，转而关注我们目前正在谈及的智库。我考察了智库及其影响力范围内的研究人员，他们是如何参与到艺术、设计和视觉文化作品中的，又是如何施展了具有明显军事意图的方法和策略的，以及他们又是如何有效地吸收了艺术的意趣，并在这一过程中产生了我暂且称之为"运筹美学"（operational aesthetics）[50]的东西的。与前面相类似，我们在这里也超越了智库组织的实体层面，试着探索在这些机构的砖瓦之外，托马斯·梅德韦茨所提出的智库**空间**问题可以如何得到回应。换言之，我的研究并不局限于圣莫尼卡或华盛顿，而是牵扯到一个"复杂的、相互交织作用的复合体"，并借此描绘了艺术和冷战技术之间的同构性和实际的交织点。

本书开篇的那个小插曲——麦克纳马拉和一位无名艺术家之间的相遇，让我们注意到了一个重要趋势：在冷战期间，运筹学（OR）已经超越了其最初的军事应用而变得一般化，并且也是在同一时期，管理科学得到了蓬勃发展。让我们再次回顾一下麦克纳马拉的职业生涯：作为前哈佛大学商学院讲师，他是如何将OR从美国陆军带到福特公司、国防部和兰德公

---

50 我绝不是第一个使用这个短语的人，这个短语在电影和游戏研究中已经被广泛使用。汤姆·甘宁（Tom Gunning）利用这个概念阐述了早期好莱坞笑剧，他在其中参考了尼尔·哈里斯（Neil Harris）对这个概念的用法，后者则将这一概念用于其对 P. T. 巴纳姆（P. T. Barnum）的研究中。见 Gunning, "Crazy Machines in the Gardens of Forking Paths," in Kristine Brunovska Karnick and Henry Jenkins, eds., *Classical Hollywood Comedy* (New York: Routledge, 1995), 87–105; Neil Harris, *Humbug: The Art of P. T. Barnum* (Chicago: University of Chicago Press, 1981)。在关于游戏与媒体的研究中，尚恩·丹森（Shane Denson）在讨论游戏中的序列性和动作序列时接触到了这一早期工作。见 Shane Denson and Andreas Jahn-Sudmann, "Digital Seriality: On the Serial Aesthetics and Practice of Digital Games," *Euladamos: Journal for Computer Game Culture* 7, no. 1 (2013): 1–32。

司的；而在离开政府后，又如何带到了他任职的世界银行。这里，如果我们对OR采用一种比之前更广泛的定义，就可以预见到它对艺术和美学的影响，以及与它们之间的融合。[51]

今天一般被称为运筹学的OR（operations research）有过许多名字，"操作分析"、"管理科学"、"工业工程"、"决策科学"及最常用的"系统分析"，它也曾被写作"对行动的研究"（"operational research"，这是英国在战争时期的用法）。运筹学既不来源于智库，也不是在战后才逐渐诞生的。它在1942年第一次被正式引入美国军队。一些专家声称可以在阿基米德以及马其顿的菲利普二世时期的资料中追溯到其前身。[52]但可以确定的是，这个故事的转折点发生在英国，在第一次世界大战时，这一学科确定了其大致轮廓。而到了20世纪30年代中期，一批来自萨福克博德西庄园研究站（Bawdsey Manor Research Station）以及后来的肯特比金山机场（Biggin Hill Airfield in Kent）的实验物理学家开展了这方面突破性的研究，他们的研究内容主要针对一战后的防空和以潜艇技术为代表的各项新技术进步。在英国皇家空军的支持下，他们致力于将新兴的雷达科学（那时的雷达能探测大约30英里外的未知飞机）纳入英国军队的现有防御系统中。[53]在这些科学家中，最具影响力的是物理学家帕特

---

51 查尔斯·施雷德（Charles Shrader）的三卷本《美国运筹学史》（*History of Operations Research in the United States*）从军事角度对运筹学进行了详尽的解读。与运筹学有关的计算机科学和话语的重要历史可见 Paul N. Edwards, *The Closed World: Computers and the Politics of Discourse in Cold War America* (Cambridge, MA: MIT Press, 1997); 亦见 Peter Galison, "The Ontology of the Enemy: Norbert Wiener and the Cybernetic Vision," *Critical Inquiry* 21, no. 1 (Autumn 1994): 228–266. 关于运筹学和跨学科思想之间的关系，见 On the relationship between OR and interdisciplinary thought, see Harvey J. Graff, *Undisciplining Knowledge: Interdisciplinarity in the Twentieth Century* (Baltimore: Johns Hopkins University Press, 2013), 91–124. 关于运筹学的发展编年史，见 Saul I. Gass and Arjang A. Assad, *An Annotated Timeline of Operations Research: An Informal History* (Boston: Kluwer, 2006)。

52 Shrader, *History of Operations Research in the United States*, 1:3.

53 Ibid., 10.

里克·布莱克特（Patrick M. S. Blackett），他撰写了颇具影响力的备忘录《运筹层面的科学家》（*Scientists at the Operational Level*，1941年），其中明确地介绍了他的意图，"向海军部通报已经在战斗机司令部、防空部队和海岸司令部设立的运筹学部门取得的一些进展"，这些简短的表述表明了科学与这些不同司令部之间的基本关系。[54]

皇家空军和美国空军之间的合作无疑对盟军的胜利至关重要。然而，冷战时期运筹学的运用将变得更加重要和严峻。这一时期，正如一位军事历史学家曾指出的，以及国防部提供的一般解释所表明的那样，运筹学在战略上的定义是很宽泛的：

> 一种对军事问题的分析研究，旨在向指挥官和参谋机构提供行动决策的科学依据，从而改善军事行动。[55]

尽管这个定义并没有明确指出在其中使用的数学或计算机技术（我们将看到非数学方法是如何用于艺术和视觉文化研究的），但事实上，今天的STEM（科学、技术、工程和数学）学科与运筹学的许多惯例是一致的。查尔斯·施拉德（Charles Shrader）列举了在美国语境下运筹学的"五个基本要素或步骤"，强调了它与战后军事逻辑的程序性、手段/目的关系：

1.**问题的定义**和确定衡量其关键因素的方法；

2.**数据的收集**（或是通过直接观察，或是采用历史数据，或是使用计算机生成的数据）；

3.**对收集的数据进行分析**（同时使用数学和非数学方法）；

4.基于上述分析，确定结论；

54　P. M. S. Blackett, "Scientists at the Operational Level," in *Studies of War* (New York: Hill and Wang, 1941), 176.

55　Shrader, *History of Operations Research in the United States*, 1:v.

5.向军事决策者推荐行动方案。[56]

以上所有要素都为确立运筹学的标准定义做出了贡献。运筹学在世纪中叶美国的主要人物菲利普·M.莫尔斯（Philip M. Morse）和乔治·E.金博尔（George E. Kimball）曾经做出这样的阐述："运筹学是一种科学方法，它可以为行政部门提供决策时所需的合理控制行动的量化依据。"[57]当这种定义扩展到了工业领域时，它们便为新兴的信息时代奠定了基础。

确定一个可识别**问题**的衡量标准，在分析该问题时收集数据，并对这些信息进行量化，以上这几点对我们的阅读至关重要。这种重要性体现在：艺术作品，或者来自视觉领域的例子应该被当成智库空间内这些"问题"的近似物。随着时间逐渐进入当代，**解决问题**的修辞也很有效地融入包括商业、慈善、教育领域在内的种种流行话语之中，它成了整个文化中表现出的一种运筹学倾向，从而超越了其最初的军事动机（虽然仍受惠于其中的技术方法）。[58]随着讨论的不断推进，我试图在这里给出这样一种观点：一个视觉艺术品，无论是在其美学层面还是设计层面，都可以被当作一种可以以量化的方式加以合理化的信息。在更广义的智库运作范围内，上述现象可能会发生在国防相关的计划以及意识形态驱使的项目中。

我们可以采用一个简单粗暴但又切中要害的表述：在这一时期，艺术和视觉文化作品可能被**运筹化**，以达到上述目的。由于智库及其周边的环境允许一种对待艺术和图像的新方式，人们可以采用同样的方式将抽象画、漫画、几何图案和罗夏测试（Rorschach tests）统统解释为完全可理

56　Ibid., v.

57　Philip M. Morse and George E. Kimball, *Methods of Operation Research* (unclassified version) (Cambridge, MA: Technology Press; New York: John Wiley & Sons, 1951).

58　举例来说，在近期一篇关于硅谷慈善事业的文章中，一位专家用这样一种措辞对慈善捐赠做了描述，其中艺术的角色占据了一个模糊的位置。加州大学伯克利分校哈斯商学院社会部门领导力中心的执行主任本·曼根（Ben Mangan）说："为艺术筹集资金很困难，艺术并不准确地属于某种需要解决的问题的范畴。"文章来源：Mike McPhate, "California Today: $8 Million in Tech Money for the Bay Area Arts," *New York Times*, January 10, 2017。

解的现象，而这都来源于冷战时期的研究和发展的创新。

IV. 网络化和跨学科

网络化和跨学科美学与前一个类别是相关的，因此也需要遵循上述那种运筹的方式。回顾运筹学的历史发展，其创办的一个原则是：依靠数量庞大的、不同类型的专家群策群力，并在英国军队的多个部门之间共享和处理信息，最终做出决策。当然，人们需要保证这些信息和随后的建议有尽可能高的安全性，当时编码和密码学的发展便是与这种需求同步进行的。通信技术是战争成功的必要因素，而战争的成功就是生存的根基。

在密码学上，兰德公司做出了一个显著贡献，即后来被称为分组交换（packet switching）的开创性成果，一项在空军和1958年新成立的高级研究计划局（ARPA）的要求下研发的技术。（需要指出的是，英国的唐纳德·戴维斯[Donald Davies]也独立并持续地发展了分组交换技术）分组交换由工程师保罗·巴兰（Paul Baran）在1964年开发，并被记录在兰德公司名为《关于分布式通信》的一系列备忘录里。它是一种数据传输模式，将信息分解成较小的、不连续的数据单位（"分组"），通过电子网络独立传输，并最终在终点即接收者处重新"组装"起来。巴兰对这一现象的原始构想更加烦琐，他提出设计"基于分布式自适应方法的区块交换"，"建立能抵御敌人严重攻击的通信系统"，并且，上述构想与阿帕网（ARPANET）[59]的前身分享了一致的目标。巴兰还颇具智慧地预言了分布式通信将不仅仅服务于战略或防御性的目的，这一预言已被在全球范围内即将到来的网络经济所证实。

59　Paul Baran, "On Distributed Communications: 1. Introduction to Distributed Communications Networks," Memorandum RM-3420-PR, August 1964, RAND Corporation, Santa Monica, California.

人文学科的学者们已经命名和阐述了"网络美学"（network aesthetics）的概念，他们有效地建构起了其在文化领域的实例——从瓦格纳的总体艺术（Gesamtkunstwerk）到游戏平台再到诸如《火线》这样的电视连续剧。[60]而这里对它的讨论必然会将我们带向智库的历史，以及在这段历史中炮制出的一套系统性话语（systems discourse）。巴兰的第一份备忘录中有一幅著名的插图，他用简明的图形传达了他的想法。其中，巴兰用三张图直观地表现了从旧到新的通信模式，而他的分布式模型则是其中最先进的。在这三幅图中，集中式网络被描绘成由一个点出发向外辐射出许多矢量，"站点"在大量数据的海洋中孤立无援，仅仅只能与中心点建立起纤弱的联系，这也是迄今为止最脆弱的信息传播方式。去中心式网络则在站点之间建立了更多的多集中点（multifocal points），呈现为一种全面的、突触式的图像，但即使这样，这种网络仍相当脆弱。而巴兰的分散式通信模式则通过大量派生的连接和矢量来提供一种多节点接触，这种网络呈现为一种分散的、网状的模式。

就将网络被打造为最先进的、技术上最安全的通信方式而言，巴兰的工作是至关重要的。从我们的整个历史叙事中来看，他所打造的这种"分布式"的、极端去中心的模式还可以找到另一个注脚——知识生产的跨学科研究方法，而这个注脚也同样发生在冷战时期催生的智库、大学及相关学术团体之中。作为通用系统理论促进会（Society for the Advancement of General Systems Theory）的联合创始人之一，路德维希·冯·贝塔朗菲在1954年发表了一篇创刊通讯，其中的一副插图清楚明了地展示了这种跨学科研究方法。在许多方面，他都称得上是这种"系统"思维的概念发

---

60 举例来说，比如 Saper, *Networked Art*, 亦可见 Paul Jagoda, *Network Aesthetics* (Chicago: University of Chicago Press, 2016)。在写这篇文章时，斯蒂文·亨利·麦多夫（Steven Henry Madoff）也正在完成他在斯坦福大学现代思想和文学课程的博士论文手稿，这篇2014年的手稿中，他也将"网络美学"历史化，进而推进其在艺术、音乐、哲学和视觉文化方面的应用理论。

明者，远在冷战之前他就已经开始构思这一概念。他认为诺伯特·维纳在20世纪40年代开创的控制信息的理论——控制论，与他的方法在原理上有很多共同之处。[61]对他来说，将生物的或社会科学的"有机体"当作一个**系统**来理解这件事，本身就意味着要超越单一的学科专业，进而以团体形式来推进一种集体共享的知识基础。他所描绘的这幅插图为这种活动形式提供了一个简洁的图示，曾经独立的科学探究领域之间出现的互动，被群集为一个新的智识宇宙。在这个空间之内，物理学、生物学、化学、生物社会学、数学、行为学、社会科学和经济学之间相互配合，共同工作。

这幅图像中设想了一种乌托邦，一种通过合作和相互联系来生产知识的宇宙观。它象征着彼得·盖里森在科学研究中的一个著名的比喻——"交易区"（trading zone）：这是一个具有人类学效价（valence）的模型，描述了两个群体在协调互动和跨学科研究模式中建立"交流规则"的方式。[62]在交易区中，许多参与者之间广泛存在的不可通约性可能会促进一种"克里奥尔语化"的语言，一种杂交的语言，一种洋泾浜的产生。举例来说，麻省理工学院辐射实验室中产生的那些突破性发现就是在这样一种交易区中产生的。

我将在第三章详细分析这个图像和以它为模型的一个复杂网络。而在这里，我谈及这个世纪中叶的例子则是想对当今跨学科思维的前景提出一个简单而关键的想法：冷战期间，跨学科这一概念在很大程度上扭转了当时硬科学和社会科学的话语、实践和学科建设，并且，这些学科知识所具

---

61 经典的文本是 Norbert Wiener, *Cybernetics: or, Control and Communication in the Animal and the Machine* (Cambridge, MA: Technology Press, 1948)。1943 年的一篇更早的合著文章表明了维纳和他的同事最关心的那些问题，见 Arturo Roseblueth, Norbert Wiener, and Julian Bigelow, "Behavior, Purpose and Teleology," *Philosophy of Science* 10, no. 1 (January 1943): 21。

62 Peter Galison, *Image and Logic: A Material Culture of Microphysics* (Chicago: University of Chicago Press, 1997), 830.

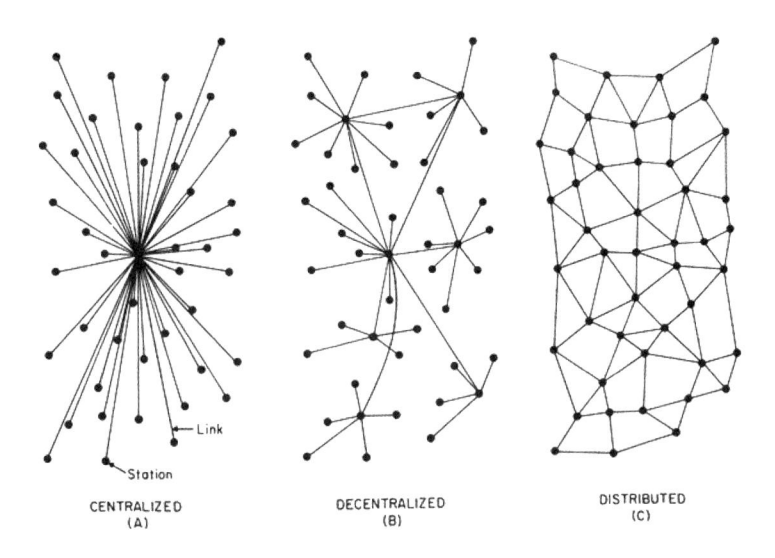

图 0.8 保罗·巴兰,"关于分布式通信",兰德公司备忘录,1964 年。照片由兰德公司档案馆提供。

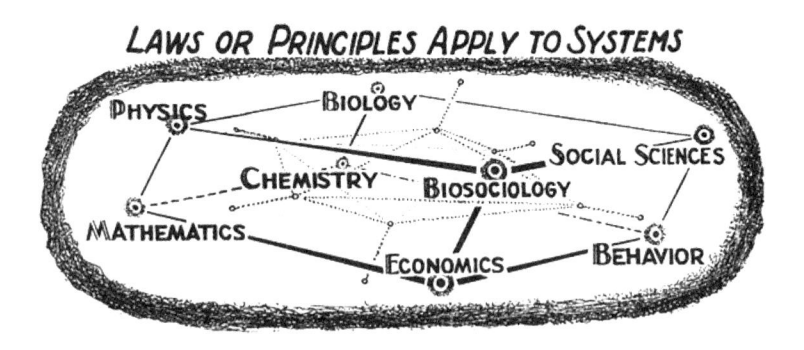

图 0.9 路德维希·冯·贝塔朗菲,手册的细节,通用系统理论促进会,1954 年。图片由维也纳贝塔朗菲系统科学研究中心提供。

备的含义又必须要结合这些学科领域自身的特定意识形态现象来理解。路易·阿尔都塞和让-弗朗索瓦·利奥塔两位截然不同的思想家，在探讨这一问题时都抱以明显的怀疑态度。阿尔都塞在他划分成三册的系列讲座《哲学和科学家的自发哲学》中提出，"跨学科性通常是专家群体自发的意识形态下的口号和实践"，"在模糊的唯心论和技术官僚实证主义之间摇摆不定"。[63] 而利奥塔则就知识在计算机化社会中江河日下的地位切入了这一话题，换言之，他关注的是一个后现代的问题：

> 跨学科方法这一理念是合法性丧失的时代及其仓促的经验主义所特有的……知识不是从实现精神生活或人类解放的角度来阐述的，而是从一个复杂的概念和物质机器的使用者及其性能的受益者的角度来阐述的。[64]

至少可以说，这些都是冷战中后期的乐观哲学观点。但同时我们必须明确这样一点："跨学科性"在这一时期既没有被发明，也没有完全制度化，正如我们同样也不能说冯·贝塔朗菲是系统理论的唯一设计师。哈维·J.格拉夫（Harvey J. Graff）提醒我们，理解跨学科的谱系不能脱离开各个学科的历史，它并"不与它们对立"。同时，他还梳理了跨学科概念在现代大学形成过程中的漫长历史。[65]事实上，在格拉夫对运筹学更详尽的讨论中，他指出"大多数对跨学科的描述……把重点放在了第二次世界

---

63 Louis Althusser, "Philosophy and the Spontaneous Philosophy of the Scientists," in *Philosophy and the Spontaneous Philosophy of the Scientists* (London: Verso, 2011), 95. 在这里我要向阿曼达·比奇（Amanda Beech）致谢，她在自己的艺术实践中采用了冷战期间诞生的种种技术和协议——比如德尔菲方法。

64 Jean-François Lyotard, *The Postmodern Condition: A Report on Knowledge* (Minneapolis: University of Minnesota Press, 1984), 16.

65 Graff, *Undisciplining Knowledge*, 5.

大战上"[66]。因此，毫无疑问，在下面的文字中，我将叙述一些更早的历史先例，比如说统一科学运动（Unity of Science movement）对冷战知识分子的影响。

而对于我们的美学关切而言，我们需要以冷战的视角来审视这股跨学科浪潮，并着眼于当下对它的继承。上述做法不仅对艺术史和人文学科的研究来说是正确的，对其他任何学术领域来说也是如此。当然，我们不会，也不可能在讨论冷战时舍本逐末。在这个主题之下，还有许多极其紧迫的学术研究，包括关于人种、民族、性、性别、残疾和动物研究等等。这些研究领域并没能与传统体制无缝对接，因此采用跨学科的标准来进行这些研究也就有了充分的必要性，并且这种研究方式也突出了这些学科在当下的学术文化结构中被边缘化了的境况，以及长期以来一直影响着大学的意识形态与系统性不公。事实上，对一些思想家来说，这种方法构成了一种"逃亡"的知识模式，一种抵抗高等教育结构中的政治和种族主义倾向的模式。[67]同样的，在过去的三十年里，我们默认采用一种跨学科方法来研究艺术史，我们反复声称要跨越传统学科边界，彻底抛弃了格林伯格式现代主义的形式主义宣称。时至今日，这些言论已经成为不争的事实。跨学科留下的最迫切和重要的遗产，仍是艺术史向自身这一领域中长期被边缘化的人物、物体和实践的开放，同时，这种开放还得到了辩护，以证明其在方向和前景上都是大幅进步的。

但本书有一个更广泛的目标——推动另一种叙述；或者说，表明当前集体趋向于拥抱一切"跨学科"的这一智识倾向内在的复杂性。问题或许

---

[66] 同上，93。关于在"跨学科转向"之下维护学科的持续兴趣的论点，见 Jerry A. Jacobs, *In Defense of Disciplines: Interdisciplinarity and Specialization in the Research University* (Chicago: University of Chicago Press, 2014)。

[67] 在这一点上，最有力的说法可见 Stefano Harney and Fred Moten, *The Undercommons: Fugitive Planning and Black Study* (New York: Autonomedia, 2013)。

恰恰在于，现在，如果我们不把这种趋势当作一种极端的边界跨越，而是当作一种更类似于开拓殖民地的姿态，那么在这个殖民过程中，特定的人文学科被纳入了社会科学和硬科学的不断扩展的程序和方法，这将会导致什么？这些方法很可能会缓解将纯艺术（fine art）与我们现在称之为"视觉文化"的人造物相区分的学科惯例，使这些对象在同一方法论的竞技场上处于平等地位，但是，在这一过程中还有什么被缓解了，甚至被抛弃了？当当代的大学正在努力向本科生（以及受托人、州政府和联邦政府机构）证明人文科学的合法性时；当文科与STEM学科相比，似乎提供不了报酬丰厚的就业机会时，我们在艺术和人文科学中试图采用的实验室方法会割让出这些学科自身的哪些领土？而这些现象又在多大程度上继承自冷战时期智库带来的革新呢？

章节安排

构成本研究的四个章节基本遵循了从20世纪30年代末到今天的历史轨迹。第一章从一位艺术史学家和一位国防战略家的相遇开始讲起，时间大约在1939年；第二章和第三章分别讲述了1947年和1973年的情况。而最后一章则谈到了冷战时期智库遗留下的当代遗产及其在东欧剧变后的种种秘密，也谈到了其在法律和市民社会上，而不是国防紧急任务上持续进行的隐秘任务。

这种以年代顺序安排叙事的方式似乎暗示出了一种人为的历史时期划分。而在这一点上，毫无疑问，"1939年"、"1947年"和"1973年"这几个年份给人的印象似乎显得太过于精确，因而也就无法捕捉到智库美学、冷战媒体文化以及反过来激发它们的地缘政治危机所应具备的历史广度。这种讨论又必定指向了这样的问题：它们是如何在许多更合适的竞争者中胜出，而成为标志性年份的呢？（1955年的"太空竞赛"，1959年的"厨房辩论",1961年的"猪湾事件",以及1968年的"英雄游击队之年"都产生过重大影响,也因而显得更加合适。)在这里我希望指出的是,请注意,我不仅仅将这三年作为整洁的时间占位符,划分出冷战前、冷战中和冷战后,我还用它们列举出了位于每一章中心的主要人物所特有的方法论、子领域和**跨/学科**活动:第一章的符号学、数学和逻辑学;第二章的人类学和心理学;第三章的经济和历史。而在所有的这些历史中,这些活动都与艺术有着惊人的联系。它们都共同突出了布雷希特所指出的那种军事后勤与美学延伸之间犬牙交错的复杂作用。

在第一章中,我对阿尔伯特·沃尔斯泰特和迈耶·夏皮罗(Meyer Scharpiro)之间长达数十年的对话进行了推敲,前者是一位逻辑学家、早期的核战略家和兰德公司有影响力的分析师,后者则是一位可敬的艺术史学家,中世纪法国和现代主义纽约艺术的评论家。1985年,沃尔斯泰特和他的妻子罗伯塔获得了罗纳德·里根颁发的总统自由勋章,与之形成鲜明对比的是,在20世纪30年代,他以痴迷于现代艺术和建筑的年轻拥护者身份,师从哥伦比亚大学的夏皮罗。当时,这位艺术史学家正在写一些关于艺术的社会基础的评论文章,也是他最具争议性的一些文章。沃尔斯泰特在斯坦福大学胡佛战争、革命与和平研究所的档案显示出了他对现代主义的长期关注,而对某些人来说,这一点可能与他所信奉的意识形态之间存在着惊人的不一致。另一方面,如果用加马里-塔布里齐发明的"冷战先锋派"这一术语来理解沃尔斯泰特的这些工作,那么我们就可以认为这些工作是在世纪中叶现代主义影响下,战略家不懈地寻求前瞻的和技术性的进步的思想资源来扩充其思想武器库。在这一基础上,本章提出了如下问题:他们之间的这种关系,对于以系统为导向的战略之下的美学,或至少是视觉层面有什么启示?尤其是,夏皮罗后期对艺术和符号学的思考与沃尔斯泰特自己对它们的思考是同构的,这该如何解释?沃尔斯泰特早期接受的逻辑经验主义训练——他对维也纳学派和现代艺术的双重涉猎——可以为我们提供一些推测的线索，揭示出他从他的艺术史导师那里获得的各种符号学方法。

在第二章中，我探讨了战后的人类学如何在冷战的压力和种种考量之下，为理解图像开辟了一条新的路径，在这一路径之下，图像与同时代对抽象表现主义的大众接受惊人地汇合在了一起。在这里，对艺术作品和视觉文化的集体反应被人类学家当作数据来挖掘，以达到国防和政治宣传的目的。在这一主张之下，我们将会遇见玛格丽特·米德（Margaret Mead）和罗达·梅特劳斯（Rhoda Métraux）的《远距离文化研究》（*The Study of Culture at a Distance*）（1953），以及在此之前露丝·本尼迪克特（Ruth Benedict）的工作。米德和她来自智库、中城画廊（Midtown Gallery）、现代艺术博物馆和大学联盟的同事们一起，在1951年由兰德公司委托制作的分析报告《苏联人对权威的态度》（*Soviet Attitudes toward Authority*）中提供了一份人类学家对国族认同的分析。由于他们既不懂俄语，也没有直接接触到实地的苏联文化，米德便主张对她的国民被试者使用一种"投射性测试"，其中包括罗夏墨迹和其他主题性的知觉测试，这些测试是为了表明视觉现象在不同人群和身份之间都是完全可理解的。在对抽象表现主义和世纪中叶抽象主义的主流的，甚至是庸俗的接受中，罗夏测试成为其中反复出现的母题，这更加证实了上述模型从人类学话语到流行艺术批评的迁移方式。但是，本章同样表明了，这既不是一条单行道，也不是一种单向的影响模式。米德所进行的这种测试，是对她最紧密无间的对话者们的美学智慧的背叛，而与此同时，这也表明了一种世纪中叶艺术文化向冷战智库话语的发展轨道扩展的模式。

需要强调的是，智库美学并不局限于美国国防举措所导致的种种情形，也不局限于它们所要保护和推进的意识形态和政策。由于其可操作性、网络化和跨学科的特点，智库美学的影响是全球性的。第三章从战争维度处理了智库美学，讨论了控制论原则在拉丁美洲社会主义革命中的应用，并且通过"赛博控制"（Cybersyn）项目这一历史案例，考察了智库美学的未来及其方法论"空间"。赛博控制是一项跨国合作项目，合作的双方中，一方是英国籍管理控制论创始人斯塔福德·比尔（Stafford Beer）的团队，另一方是萨尔瓦多·阿连德领导下的智利"人民团结阵线"政府——西半球第一个实行民主选举的社会主义政府。在20世纪70年代初，比尔借助其管理控制论的原则来帮助阿连德促成后者的计划经济，这一原型被描述为社会主义"互联网"，并且远远早于今天我们熟悉的网络的出现。在这一设想之下，一间控制室（被称作"指挥室"[Ops-room]）由大约500台电传机组成，旨在实时跟踪并支持阿连德的社会主义经济。指挥室在科学、媒体和技术的历史学家中间一直是一个热点，而在很大程度上这是由于其非凡（有些人会说是古怪）的现代主义表象。指挥室是由一个包括德国设计师居伊·波西佩在内的团队制作的，居伊·波西佩在乌尔姆镇的设计学院（通常被称为新包豪斯）接受的训练也确保了该建筑的高度现代化（也就是真正的前卫）的血统。在1973年9月11日皮诺切特政变后不久，指挥室就被毁掉了，而后它经历了重生，成了由智利团体OR-AM重新构想的媒体艺术作品，在智利国家文化艺术委员会和德国卡尔斯鲁厄的艺术与媒体中心（ZKM）的支持下重获新生。本章提出了这样一个问题：艺术家将根源于运筹学指令的，作为社会主义治理策略的控制论重塑为一种艺术作品这一行为，其隐含的意义是什么？我考察了对赛博控制的重新想象是如何与历史的争辩和新媒体艺术联系在了一起的，而后又是如何同与该项目自身表现出的那种清晰的时间性联系在一起的。我把指挥室以及与之相关的那些现象，外加被它重新组织起的那些人和物的虚拟组合，都当作新自由主义的**本原**（Arche）。在这一部分的讨论中，我将在一个惊人的关系网之中穿梭，在这里我们将会讨论到朝圣山学社的简史、一所设计学校的课程以及经济学家和博物学家弗里德里希·哈耶克（Friedrich Hayek）。也正是在这一点上，冷战时期智库的那种新自由主义完全显现了出来。除此之外，我还受惠于哈耶克和来自维也纳、芝加哥、帕罗奥图和圣地亚哥的同事们提出的先见之明，他们在20世纪30年代就确立了新自由主义的谱系标准。

第四章则考察了当下冷战智库遗产的一个特定方面。这一部分着重处理了一种同时涉及隐蔽和超可见性（hypervisibility）的视觉经济学，在这一视角下，这种特殊的视觉经济学可以被看作一种战略定位。此外，这一章还讨论了有关泄密的文化，在这种文化中，信息的储存与发布被看作一种权力。从1971年丹尼尔·埃尔斯伯格发布的五角大楼文件到维基解密进行的媒体披露，这些秘密材料的曝光刺激了人们运用想象力去推想那些无法看到也无法获得其图像的事物。我在前面的介绍中已经提出，智库隐蔽在了"神秘和启蒙、暗中进行的秘密和公开宣称的科学透明度"之间的阴影中，而之后的讨论也将延续这一比喻。贾马尔·塞路斯、吉尔·马吉德和特雷弗·帕格伦等当代艺术家，他们共同在一个图像经济和监控媒体的文化中，审视了当代的保密机制。无论是否是刻意的，他们的作品都证实了一个历史性的断言——即不论是智库还是政府等机构，它们所试图隐瞒的秘密都执行着自己的意识形态工作：就权力而言，隐瞒秘密的表象和我们可能想象到的这些组织所隐瞒的内容一样，对权力而言至关重要。事实上，这些秘密甚至可能拥有类似于**表象（appearance）**的东西——一种美学，如果你愿意这么称呼的话——它标志着秘密就存在于披露和编校之间。或许，它还同时给有关再现（representation）的简单主张制造了麻烦。

本书的结语"大都会的卡托"处理了智库在当今视野中的可见性，它既被艺术博物馆所珍藏又因此而得以被证实。当代智库越来越多地侵占公共政策和媒体空间，它们享有着不断攀升的"第五权"这一默许特权，它们可以操作和利用海量的数据。与智库名义上要实际殖民的土地相比，艺术作品所占据的位置是不稳定的且处于对抗之中的。正如本书所论证的那样，艺术作品处在这样一种位置的历史根源，不仅存在于在冷战中，还存在于那些指望艺术作品作为"多样性"、"创造性"和"想象力"的象征的特殊机构中。

第一章 美学战略家：
阿尔伯特·沃尔斯泰特、迈耶·夏皮罗和世纪中叶的现代主义理论

毗邻

每天早上，当我走在斯坦福大学校园里去往办公室的路上时，我都会发觉这条路被胡佛战争、革命与和平研究所的阴影所笼罩。这不是一个比喻。[1]这所驻校的智库成立于1919年，与艺术和艺术史系仅隔数步之遥，其极负盛名的塔楼巍然屹立，俯瞰着下方的流动发展着的人文学科。事实上，胡佛研究所离内森·卡明斯艺术楼相当近，以至于在研讨室进行美学与政治的讨论时，人们可以瞥见像康多莉扎·赖斯（Condoleezza Rice）和乔治·舒尔茨（George Schultz）等人的一举一动。同时，历史轶事也详细地描绘了一个大胡子流亡者——亚历山大·索尔仁尼琴（Alexander Solzhenitsyn）和胡佛研究员在艺术图书馆阅览室的身影。换言之，与智库

---

1 本章的一个更早的版本发表于2011年10月，是在斯坦福大学艺术和艺术史系于2015年秋季搬到其目前的位置——位于罗斯路355号（355 Roth Way）的麦克默特里（McMurtry）大楼之前写的。而那些导致了建造一所新的艺术史大楼的情况本身就涉及我所关注的一些历史动态：即斯坦福校园内智库的快速扩张，以及它更加接近老四区、主图书馆和历史角，这些都是大学人文文化的关键地点。这一扩展部分来自胡佛对迪勒·斯科菲迪奥与伦弗洛设计事务所（Diller Scofidio + Renfro）设计的新艺术综合体的大量财政支持，资金则主要来自伯特（Bert）和麦克墨特里（Dede McMurty）的慷慨解囊。在这一背景下，胡佛的慷慨解囊是为了换取前内森·卡明斯艺术大楼曾经占据的中央校园的地块。卡明斯大楼被夷为平地，以满足该机构不断扩大的占地需求，而新的麦克默特里大楼则是该大学新"艺术区"的一个重要枢纽，它本身也是校园规划中一个越来越明显的新特征，说明了艺术和"创意产业"对学术委员会、受托人、捐助者和校友们的吸引力。

的日常接触时不时就会带来点惊喜，它向我们展示了这类机构在学术文化中的普遍存在，以及它们的影响力在多个彼此重叠的领域中的不断扩张。就其本身而言，胡佛研究所以其长期的权威地位，数十年来一直为公共政策提供各种信息：从古拉格到军备竞赛的冷战分析，再到关于市场自由化的立场声明，再到攸关"反恐战争"的种种报道。

在此之外，还有其他一些同样令人吃惊的毗邻。对于那些挖掘胡佛研究所档案文件的艺术家和艺术史学家们来说，其惊人的关于现代主义的原始材料始终令人印象深刻——作为全球20世纪独一无二的宝库，这些档案里记录了政治、经济和社会领域许多重量级人物的相关资料。在那里，你可以阅读托洛茨基和卡洛（Frida Kahlo）的往来信件，也可以看到丰富的苏联宽幅海报收藏。你也可以翻阅蒂娜·莫多蒂（Tina Modotti）的照片，或是那些宣扬第三世界团结的宣传画，它们或被以银色色调清晰地加以渲染或加之以黑、红、绿的构图，尤为醒目。这些文件在阅览室里迎来了一批五花八门的受众：在这里，20世纪60年代的资深艺术家可能会和里根时代的官员们并肩而坐。虽然这一描述戏剧化地展现了智库的制度文化与其艺术藏品之间令人不安的张力，但它同时也介绍了智库的现代主义"融合与想象"的主题：其研究的协议和议程与运筹学、控制论和系统话语有关，也为其自身的"世纪中叶现代主义"特色设定了条件。而在融合了硬科学及社会科学兴趣的同时，这些方案也有效地默认了一种新的图像处理方法，这种方法孕育出了今天大学文化中我们所认定的那些跨学科方法，这也将使得那些将纯艺术与现称之为"视觉文化"的人造物分离的那些惯例相形见绌。

本书的初心旨在探讨这些想象与艺术史的毗邻与交汇，并从谱系学的角度审视它们对当下的影响。而这一章则为起初那些看似古怪的谈话做了铺垫。从表面上看，这是一则有关冷战分子与艺术史学家之间偶尔产生的互动的微观叙事。事实上，随之而来的则是要为这个日益庞杂的网络编码出其所需的更广泛的那些条件和方案，在这一网络之下，个体得以深入其从事的领域，并在彼此之间获取更广泛的关联。这一网络的建立可以追溯到从20世纪30年代到冷战及其结束以后这一段时期，在这一阶段中，该网络的建立得到了智库等一系列机构的支持。而也正是在这一过程中，我们可以注意到阿尔伯特·沃尔斯泰特（Albert Wohlstetter，1913—1997）这位美学战略家的卓越才华。不可否认的是，对于艺术史学家而言，他的名字是晦涩而模糊的，但在战后国家安全编年史及冷战智库的新自由主义议程中，他的名字则被记载得清楚明白。[2]沃尔斯泰特是兰德公司从事核威慑中那些琐碎细节研究的极负盛名的国防知识分子之一。1958年的《外交事务》（*Foreign Affairs*）刊登了他的一篇极具影响力的论文，该文中沃尔斯泰特将他的工作描述为"对恐怖的微妙平衡（the delicate balance of terror）"。[3]1951年，沃尔斯泰特在纽约城市学院、哥伦比亚大学和哈佛大学学习数理逻辑、法律和科学哲学的时候成了兰德公司的一位主要顾问，该公司是当时首屈一指的智库，曾在越南战争期间切实地为罗伯特·麦克纳马拉的国防部提供了许多"革命"人员。[4]他的妻子罗伯塔·沃尔斯泰特则是一位受人敬仰的军事历史学家，她对"珍珠港事件"的开创性研究一直影响着美国的外交政策。夫妻二人于1985年共同被里根总统授予"总统自由勋章"，并因二人的杰出贡献获得了麦克纳马拉和唐纳德·拉姆斯菲

---

2 这方面的一个极具启发性的描述可见 S. M. Amadae, *Rationalizing Capitalist Democracy: The Cold War Origins of Rational Choice Liberalism* (Chicago: University of Chicago Press, 2003)。

3 Albert Wohlstetter, "The Delicate Balance of Terror," in *Foreign Affairs*, reprinted in *Nuclear Heuristics: Selected Writings of Albert and Roberta Wohlstetter*, ed. Robert Zarate and Henry Sokolski (Carlisle, PA: Strategic Studies Institute, US Army War College, 2009), 177–213.

4 麦克纳马拉的国防部，特别是他创建的规划方案和预算系统，依靠的是像经济学家阿兰·恩托文（Alain Enthoven）这样的兰德公司中的"精明小子"。恩托文在1956年到1960年期间在兰德公司工作，之后他转到国防部，后来又在1965年被任命为负责系统分析的国防部助理部长。兰德公司的其他同事，其中包括哈罗德·布朗（Harold Brown）、亨利·罗文（Henry Rowen）、查尔斯·罗素索蒂（Charles Rossotti）和威廉·考夫曼（William Kaufmann），也都参与支持了麦克纳马拉的五角大楼。

图 1.1　位于加利福尼亚州斯坦福大学胡佛战争、革命与和平研究所的胡佛塔，1960 年。照片版权属于小利兰·斯坦福大学信托董事会（The Board of Trustees of the Leland Stanford Jr.University）。

尔德两任国防部颁发的荣誉。[5]同样不可磨灭的还有沃尔斯泰特的课堂影响力，他曾于1962年到1964年在加州大学伯克利分校任"福特教授"教职，随后又在芝加哥大学任教，这也是他一生中最重要的身份。自1964年到1980年，沃尔斯泰特担任了保罗·沃尔福威茨（Paul Wolfowitz）和理查德·珀尔（Richard Perle）等人的导师，而这些人日后将成长为新一代新自由主义的政策制定者、战争设计师和世界银行行长。

在艺术史对世纪中叶现代主义和冷战的处理中，这样的关联并没有被记录下来。无可厚非的是，试图研究这种关联的第一代艺术史学家们很

5　Roberta Wohlstetter, *Pearl Harbor: Warning and Decision* (Stanford, CA: Stanford University Press, 1962). 关于这对夫妇在学术上的合作，见 Ron Robin, *The Cold World They Made: The Strategic Legacy of Roberta and Albert Wohlstetter* (Cambridge, MA: Harvard University Press, 2016)。

大程度上都把注意力聚焦在了艺术和宣传的问题之上。在那些讨论软实力问题的核心参考书目中，文化自由委员会（Council for Cultural Freedom）、战略情报局（OSS）和中央情报局（CIA）、福特基金会（Ford Foundation）以及马歇尔计划（Marshall Plan）这些机构的运作被拿来与那些假想的想象自由美学结合在了一起进行研究。而到了更晚近的阶段，艺术史自身产生了一种全球转向，超越了那种以"西方与其他地区"的视角来看待冷战的方式——那种认为其半球的利益只不过是美国和苏联这两位木偶大师在大基诺戏院（Grand Guignol）上演的第三世界大戏的方式。[6]尽管如此，我们对20世纪30年代反动现代主义的了解，在20世纪下半叶还没有得到完整的评价，更不用说21世纪了，新自由主义正在迅速崛起，对近期这些艺术的评价永远被艺术市场的污秽所困扰。我们该如何开始解析这些在冷战时期就已具有决定性历史地位的关系；以及在此过程中，无论是默许的抑或是无意的，国防战略家又扮演了怎样的角色？

从这一角度出发，我们将从科学史学家莎朗·加马里-塔布里齐那里汲取灵感。在她对沃尔斯泰特在兰德公司的同事以及偶尔的对头——赫尔曼·卡恩进行的专项研究中，她用"冷战先锋派"这个词来形容智库的场景。[7]我在这里沿着她这一思路，认为战后智库的特殊"美学"不仅仅是关涉冷战时期的外观表象、时代风格、字面意义上的设计或者说装饰性附加物的问题，同样也是源于这一时期由这些机构主导，创新出来的这些研究技术带来的感受力问题。正如我们在导言中所提及的那样，兰德公司将自己标榜为传统机构和大学院系的异类，将多元化、跨学科和创造性的思

---

[6] 举例来说。由奥奎·恩威佐（Okwui Enwezor）、凯蒂·西格尔（Katy Siegal）和乌尔里希·威尔姆斯（Ulrich Wilmes）等人于2017年在慕尼黑艺术之家（Haus der Kunst）组织举办的"战后：太平洋和大西洋的艺术"（Postwar: Art between the Pacific and Atlantic）。

[7] Sharon Ghamari-Tabrizi, *The Worlds of Herman Kahn: The Intuitive Science of Thermonuclear War* (Cambridge, MA: Harvard University Press, 2005).

维用以服务世纪中叶的国防事业。随之而来的，则是基调的问题：当我们处在20世纪另一端，从当下的角度来看，沃尔斯泰特的专业和意识形态表述似乎与某些人认为的晚期现代主义的同义词——解放精神格格不入。但我们需要记住，伴随着冷战共识的变化及其内部呈现出的分裂形势，智库本身在其演变过程中也经历了历史性的和方法论上的成千上万次阵痛。毕竟，战后初期的兰德公司与麦克纳马拉时期的兰德公司不可同日而语；事实上，正如大卫·雅尔迪尼（David Jardini）在该智库最严肃的一段历史中提醒我们的那样：针对美国在越南的发展前景问题上，该公司员工之间的分歧会越来越大。[8]在这里，我们的目标是绘制出智库与世纪中叶的美学和政治讨论之间或明或暗的关系。换句话说，也就是思考艺术与一系列从社会科学和硬科学中寻求线索的学科之间的渊源。

　　将这些看似不相干的现象联系起来的是某种特定形式的方法论，或者用一个更恰当的描述：**战略**。在运筹学的需求下，沃尔斯泰特和他的同事们所倡导的合作方法已被概括为当代大学的通用语言。在这种情况下，对"实验室"研究模式的不懈呼吁在人文和科学文化领域同样普遍。（事实上，高等教育人文学科目前四面楚歌的状态在很大程度上应该归咎于这段早期的历史。）然而，半个多世纪以前，这种方法仅仅起到了一种战略议程的功能，并且这种功能在跨学科研究的不断发展进步中很大程度上被抑制了。对沃尔斯泰特来说，这些方法部分来源于他早先在战前形成的实验语义学和逻辑经验主义，而这一点似乎也同样预示了其后在世纪中叶的艺术史领域所发生的符号学倒置。这些不同的方法间的融合将有助于对文化进行阶段性分析，这与"阅读"敌人迹象的地缘政治需要是一致的，也就是从冷战符号领域庞杂的噪音和杂物中进行辨别。

8　David R. Jardini, *Thinking Through the Cold War: RAND, National Security and Domestic Policy* (Amazon Digital Services, LLC, Kindle edition, 2013), n.p., 在其第九章"Chapter 9: Vietnam's Impact on RAND, 1962–1966."中提到了这一点。

也许最令人惊讶的是，沃尔斯泰特通过这一"符号学历险"（semiological adventure，借用罗兰·巴特的话）与一位同他有近三十年合作关系的艺术史学家迈耶·夏皮罗进行了一场兼具启发性与挑衅性的比较。[9]后者作为一位伟大的艺术史学家本身就是一个传奇的博学之人，并且这位杰出的罗马式学者也是一位令人敬重的现代艺术支持者。夏皮罗在其符号学的经典著作——《视觉艺术符号学中的某些问题：图像符号中的场域和载体》（*On Some Problems in the Semiotics of Visual Art: Field and Vehicle in Image-Signs*, 1969）中已经就其人文主义和唯物主义倾向进行了深入而详尽的讨论。[10]然而，当冷战所要求的新方法来临时，他又重新组织了这些材料，为它们赋予了新的效价（valence）。这又正如大卫·罗桑德（David Rosand）所指出的那样："完全承认该情况所固有的模糊性，即对偶然事件的反应。"[11]战略家和艺术史学家之间的这场比较围绕着意义与信息孰轻孰重以及这一问题的战略前景展开。它将进一步戏剧化地阐释出该时期多样的符号学研究方法带来的那些困惑、误解及争议。

换句话说，这是一个关于世纪中叶现代主义的理论，它与围绕自主性和媒介特异性组织起来的极端现代主义（high-modernist）准则背道而驰：事实上，一种僵化的格林伯格式的现代主义与外部影响隔绝的程度恰恰与兰德的知识特权是相同的——它必须既是混合的又是开放的。而我们

---

9 沃尔斯泰特在他与詹姆斯·迪格比（James Digby）和琼·戈尔达墨（Joan Goldammer）的未发表的通信中谈到了他对夏皮罗的钦佩。见"Oral History: Albert Wohlstetter," July 5, 1985, Archives of the RAND Corporations, Santa Monica, CA。这种关系首次在这本书中为人们所了解：Alex Abella, *Soldiers of Reason: The RAND Corporation and the Rise of the American Empire* (New York: Harcourt, 2008), 68; 亦见 Robert Zarate, introduction to Wohlstetter and Wohlstetter, *Nuclear Heuristics*, 8。

10 Meyer Schapiro, "On Some Problems in the Semiotics of Visual Art: Field and Vehicle in Image-Signs," *Semiotica* 1 (1969): 223–242.

11 David Rosand, "Semiotics and the Critical Sensibility: Observations on the Lessons of Meyer Schapiro," *Social Research* 45, no. 4 (Winter 1978): 39.

的理论恰恰相反，它们对科学及人文探究领域的呼吁更具整体性，在其来源的范围中更具多元性，在其协调各学科的规范性主张中更具普遍性。而有些讽刺甚至可悲的一点在于，它很可能因此沦为一个越发具有总体性意义的理论。

布克哈特人以及科学的统一性

为了接近这些复杂的问题，我们或许要先说明一下沃尔斯泰特不为人知的一面，除了半个世纪以来他所获得的鹰派赞誉之外，他还拥有对现代主义及美学的感受力。仔细阅读他在胡佛研究所的早期论文，或者看看兰德同事们对他的评价，如果他们还能记得的话，就听听他们的回忆，在这些片段中我们将会捕捉到一个自称"布克哈特人"的人，这个名词来自艺术史领域奠基性的瑞士学者雅各布·布克哈特（Jacob Burckhardt, 1818—1897）。布克哈特的《意大利文艺复兴时期的文化》（*The Civilization of the Renaissance in Italy*, 1860）将多纳泰罗和米开朗琪罗作为主角安放在了那个时期伟大的文化、社会和政治网络之中，从佛罗伦萨到威尼斯，从锡耶纳到古希腊，浸透了那个时期的人文主义传统，同样也把早期现代的治国之道视为一种艺术作品。当然，与文艺复兴时期的人文主义精神相比，沃尔斯泰特百科全书式的智慧和审美欲望最终会更贴近冷战时期的技术官僚议程，但军事舞台艺术也会在我们所关注的时期呈现出一种美学维度。[12]考察沃尔斯泰特在冷战前培养起来的思维习惯，不仅是为了理解他

---

12 在他的口述史中，沃尔斯泰特承认了他的"理想是**通才**，你知道的，那种布尔哈特式的文艺复兴时期的人"。在他的论文中"通才"（huomo universale）这个词会被反复提及，比如在他未发表的关于预制房屋（prefabricated housing）的手稿中，他就多次提到达·芬奇，该手稿是他在通用面板公司（General Panel Corporation）担任领导期间写的。见 Digby and Goldammer, "Oral History: Albert Wohlstetter." 沃尔斯泰特未发表的手稿可见 Albert and Roberta Wohlstetter Collection, Hoover Archive, Hoover Institution on War, Revolution and Peace, Stanford, CA, Box 147, folder 10。

那个时期所称的"通才"（universal man）究竟可能意味着什么，也是为了理解一段更漫长的历史，即这种思维习惯将如何为智库的方法探索提供思想资源。换言之，这不仅仅是一个知识分子独特的成长小说，它同时也涉及了更广阔的学院以及高校外庞大的关系领域，而后者也将在其后的几十年中系统性地为新的冷战机制提供服务。

20世纪30年代早期，沃尔斯泰特在真诚地探讨艾略特和乔伊斯的时候，就已经表现出了一种"布克哈特式"的感受力。他与罗伯塔共同制作了一部揭示青年心灵的学生作品，这部作品中，年轻的心灵时而在普鲁弗洛克（Prufrock）的疏离感中搏斗，时而又在斯蒂芬·德达鲁斯奔放的节奏下栖居。另一方面，他与康拉德·瓦赫斯曼（Konrad Wachsmann）和沃尔特·格罗皮乌斯（Walter Gropius）的关系也表明了这一点，当时他与他们一起在通用面板公司工作，致力于处理战后住房短缺的项目。[13]除此之外，布克哈特式的自尊也体现在了他与洛杉矶的邻居朱利叶斯·舒尔曼（Julius Shulman）长久的友情中，后者曾多次拍摄这座坐落于月桂谷，由约瑟夫·范德卡尔（Josef Van der Kar）设计的沃尔斯泰特的家。对于这种情感，最引人注目的表象可能是在导言部分讨论的1959年5月出版于《生活》杂志的那张战略家居室的照片，以及舒尔曼等人拍摄的一系列图像。事实上，就圣莫尼卡的兰德公司那座现代主义总部中正在进行的种种活动而言，我们都可以在那座毗邻好莱坞山，坐落于伍德斯托克路绿树成荫的曲径上的沃尔斯泰特的住所中找到它们的缩影。在这里，聚集了一批斜倚着休息的国防知识分子，充斥眼帘的伊姆斯风格的家具、朦胧的日式美学，以及低矮、开放的平面布置，都传达了一种酷、新的设计语言，这

13　Albert Wohlstetter, unpublished manuscript on prefab housing, Ibid.

图1.2 阿尔伯特·沃尔斯泰特的家,"一群有价值的头脑",《生活》1959年5月。照片由莱纳德·麦库姆为《时代生活图片》及盖蒂图像所摄。

图1.3 朱利叶斯·舒尔曼,沃尔斯泰特的住宅照片,建筑师约瑟夫·范德卡尔,洛杉矶,1954年。照片版权属于 J. Paul Getty Trust.Getty Research Institute, Los Angelas (2004.R.10)。

图1.4 朱利叶斯·舒尔曼,沃尔斯泰特的住宅照片,建筑师约瑟夫·范德卡尔,洛杉矶,1954年。照片版权属于 J. Paul Getty Trust.Getty Research Institute, Los Angelas (2004.R.10)。

是一种通用的设计语言，是智库追求的先进研究计划的背景。[14]正如亚历克斯·阿贝拉（Alex Abella）在对兰德公司的一段非学术性描述中所说的那样，沃尔斯泰特"一贯地坚定支持一切可以被纳入现代性的东西"。[15]

尽管这些例子很吸引人，但它们同时也会带来一个修辞上的问题。毕竟，还有什么比一个国防知识分子，一个在冷战实验室的封闭堡垒中努力计算和平利益的逻辑人（a man of logic）更现代的呢？广岛事件后，这样一个象征性人物的崛起是与启蒙辩证法的管理生活领域直接相关联的：处在这个空间中的，是一个难解的、惩罚性的结，紧紧缚在其两侧的是战后的残酷现实与伴随着这一现实而来的这一时期灾难性的强制"白板"（tabula rasa）——一场冷战文艺复兴。事实上，没有什么理由不把这样一个进步、科学和理性的忠实守护者，与格罗皮乌斯、伊姆斯或诺伊特拉一同（沃尔斯泰特与后两者也有私人关系）视为新时代的伟大建筑师。毕竟，在理性几乎已经逃离现场的时刻，国防知识分子是理性的最后仲裁者。用卡恩的话说，他是被训练来"思考不可想象的事情"的人——理性地去思考那些只会曲解理性基础的现象。

问题需要被提出；答案则是无尽的定义与划界。但是，在沃尔斯泰特的所有美学活动中，没有什么比他与夏皮罗的关系更引人瞩目了。二人之间的书信记录大约从1936年开始，直到1963年结束。[16]从中可以发现，作为分析师的前者对后者这位伟大的艺术史学家赞不绝口。二人很可能是在

14　关于兰德公司的现代主义建筑，见 Michael Kubo, "Constructing the Cold War Environment: The Architecture of the RAND Corporation, 1950-2005," MArch thesis, Harvard Graduate School of Design, Spring 2006。

15　Abella, *Soldiers of Reason*, 67.

16　确定这些信件的关键历史参数的困难在于：在进行这项研究时，胡佛研究所超过61箱的阿尔伯特和罗伯塔·沃尔斯泰特的文件被限制获取。虽然信件散落在这个庞大的档案中，但这些信件的性质更接近于官僚主义，研究者几乎无法获得早期的个人通信。在我处理这批档案的过程中，我在其中根本没有发现夏皮罗的信件。因此，这些信件是根据纽约市哥伦比亚大学珍本和手稿图书馆的迈耶·夏皮罗收藏材料重建起来的。

1934年左右，当沃尔斯泰特在哥伦比亚大学学习法律时认识的，在此期间沃尔斯泰特甚至可能短暂地担任过夏皮罗的研究助理。[17]初次邂逅的时间既有趣又具有暗示性，因为在沃尔斯泰特的口述历史中，除了那些为了熟悉地缘政治的基本知识而参加的活动之外，几乎看不到他还有任何其他的活动倾向。然而，保守地说，这也恰恰是一个需要这种投入的时刻。沃尔斯泰特把自己描述为一个"审美家"（aesthete），当时他并没有从事数学和科学逻辑的研究，他的知识万神殿中包括了维也纳学派的逻辑经验主义（我们很快会对其进行更详细的讨论）或者与C.S.皮尔斯（C. S. Peirce）和蒯因（Willard V. O. Quine）的知识继承关系[18]。正如兰德公司1966年至1972年的总裁亨利·罗恩所讲述的那样，尽管这位战略家在其评论中暗示了美学和科学之间存在着隐晦的分裂，但我们有充分的理由怀疑沃尔斯泰特在对自己这一时期的回忆中应该秉持了一种中立的态度（至少他在自己的口述历史中回避了这个问题）。[19]同样，沃尔斯泰特对夏皮罗的回忆强调了这种不断扩大的兴趣似乎超出了他的规定课程的范围。他和罗伯塔一同，在他们的一生中都受到了夏皮罗的启发。沃尔斯泰特自己回忆道："我发现自己置身于各种晦涩难懂的课程中，比如迈耶·夏皮罗讲授的罗马式纪念性石雕和法国的泥金装饰手抄本……以及他的印象派绘画。迈耶也许是我听说过的最才华横溢的讲师。"[20]

这种直呼其名的亲密关系的背后是一段长达数十年的书信往来，信件的主题和风格从平淡无奇到极度隐晦皆有。罗伯塔和莉莉安两位妻子之间传递着深情的问候。他们也会慷慨地给予对方有关在整个欧洲大陆旅行的

---

17 可见 Abella, *Soldiers of Reason*, 68, 亦见 Zarate, introduction to *Nuclear Heuristics*, 8。
18 Digby and Goldammer, "Oral History: Albert Wohlstetter."
19 沃尔斯泰特在兰德的同事亨利·罗温（Henry Rowen）对其在20世纪30年代的政治活动很有发言权。可见 Rowen, in conversation with the author, May 9, 2011, Stanford University, Stanford, CA。
20 Digby and Goldammer, "Oral History: Albert Wohlstetter."

建议。前往本宁顿或月桂谷的邀请永久有效。对于一位以天主教撰稿人身份闻名于世的艺术史学家来说，这样的交流似乎是合乎礼节的——夏皮罗的档案本身就是20世纪的百科全书。然而，我现在讨论的对象，是一位同样会把索尔·贝娄（Saul Bellow）和西德尼·胡克（Sidney Hook）视为青年时期的朋友的战略家。必须承认的是，这些信件大多没有涉及政治或是具体的什么方法。尽管如此，无论是个人记录还是出版记录，都为我们提供了足够的理由来对这位战略家更广博的美学参与以及这些美学上的考虑在智库中的象征性地位做出猜测。

举例来说，会不会有一些沃尔斯泰特在日常的学术场景中的工作实际上高度暗示了他的智识构成以及未来的倾向。一份1938年左右的文件——该文件请求艺术史学家为他写一封推荐信——传达了他的雄心壮志。沃尔斯泰特以学生的永恒口号（"我希望这不会太麻烦"）作为结束语提出了一个项目，该项目试图使用实验科学、句法和语义学的方法，以一种对艺术史学家来说崭新的方式——采用经验主义者的方法——来研究艺术那些表面上来看是定性的材料。他认为这一项目：

> 将涉及意义、真实[原文如此]、指定、可确认性、调查、控制和类似的概念之间的关系。我会在表述中使用逻辑学（例如卡尔纳普和塔斯基的句法和语义学），但我也会试着把它与几个详细的应用联系在一起进行研究。其中之一是神话和科学探索领域，另一个则是在价值陈述的领域，因为它们在艺术史探究和特定作品的分析中起作用。[21]

其目的在于将艺术作品分析为许多可识别和可量化的数据，并运用与

---

21 Letter from Albert Wohlstetter to Meyer Schapiro, undated (1938?), Correspondence: Box 177, Folder 4, Meyer Schapiro Collection, Rare Book and Manuscript Library, Columbia University.

阿尔弗雷德·塔斯基（Alfred Tarski）和鲁道夫·卡尔纳普（Rudolf Carnap）相关的数学和逻辑学方法进行美学探究。沃尔斯泰特将放弃他在哥伦比亚大学的法律研究，并于同所大学攻读数学硕士学位。而他与科学哲学家欧内斯特·内格尔的合作，无疑为这些引文提供了诠释。在这种情况下，康德美学判断的兴趣被心照不宣地写作逻辑学家的"价值陈述"。简而言之，沃尔斯泰特的意思是，当我们试图将其他领域的成果——物理学的、证据的、经验的等等——应用到艺术领域之上时，艺术应当是**透明的**。而同样，在克劳德·列维-斯特劳斯（Claude Lévi-Strauss）的结构语言学形成（如果以一种完全不同的脉络）之前的几十年，他就已经建议将神话领域纳入这样的语义规则之中。

  这里，沃尔斯泰特提出的这一推荐请求并非一种简单的学术套路，它实际上预示着无处不在的"两种文化"之间的辩论，这场辩论在战后成为科学家、人文主义者、教育家和政策制定者的心头之患。1959年，也就是沃尔斯泰特向夏皮罗提出这一请求的20年后，C.P.斯诺在他著名的戈德金讲座中，以"两种文化与科学革命"为题，直面硬科学和软人文之间的鸿沟。[22]然而，我们同样可以注意到，这个鸿沟在沃尔斯泰特生活的多重叙述中被有效地弥合了，他既可以享受午后开着勒·柯布西耶（Le Corbusier）设计的新潮轿车在曼哈顿兜风的乐趣，又可以发表对苏联弹道学和战略空军司令部的权威性论述。另一方面，斯诺的论点引发了一场攸关战后学术学科运营价值的广泛辩论，这一点将在本章末尾得以展开。在这里将这一点提出的目的是表明这场争论所产生的噪音淹没了30年代后期实际上激励了沃尔斯泰特工作的第三个阶段，也就是政治的偶然性地位。而正是他所经历的政治使他对科学和艺术的理解产生了一种三角化的关系，并于

---

[22] C. P. Snow, *The Two Cultures and the Scientific Revolution* (Cambridge: Cambridge University Press, 1998).

世纪末愈演愈烈。

事实上，沃尔斯泰特发表的第一篇关于国际关系的论文并不在20世纪50年代——也就是说，不是出现在他被认定为一名分析师时所做的外交政策评论中——而出现在一份关于文化和政治的开创性杂志上，这份杂志与夏皮罗和其他重要的艺术史学家们有着人尽皆知的关系。标题为《谁是语义学的朋友？》的这篇论文是沃尔斯泰特与逻辑学家M.G.怀特合作的，发表于1939年秋季的《党派评论》(*Partisan Review*)。这份杂志有着浓墨重彩的史学声望。这一期中，杂志以对莫洛托夫·里宾特洛甫条约（Molotov-Ribbentrop pact）最为冷峻的检视开篇（未署作者的社论《中立者的战争》叙述了同行者们对克里姆林宫的"利益不是国际工人阶级的利益"的震惊），还刊登了克莱门特·格林伯格的《前卫与庸俗》(*Avant-Garde and Kitsch*)[23]。沃尔斯泰特和怀特的这篇论文则紧随艺术评论家的文章之后，也就是说，这位未来的战略家不可能没发现自己已经处于更紧迫的政治，以及相应的政治辩论的行列中。如果说格林伯格的工作深刻地勾勒出了二战前夕意识形态和审美形式的绝望交织的话，那么后者的论文则追踪了该符号的政治动机。他们的文章探讨了服务于当前地缘政治议程的符号分析中越来越有争议的那些方法；也就是在《苏德互不侵犯条约》之后，如何从大量有效促进了党派政治的新颖方法中得出一个符号批评方法的。

人们几乎无法否认沃尔斯泰特早期作品中这篇晦涩难懂的文章带来了极近微妙的影响。在《纽约知识分子》(*The New York Intellectuals*)一书中，阿兰·瓦尔德（Alan Wald）粗略地指出：这位年轻的逻辑学家是"一个早熟的哥伦比亚大学学生"，是托洛茨基派分裂组织"革命党联盟（LFRP）"的团体成员。[24]最近，罗恩·罗宾（Ron Robin）的研究对沃

23　Editorial, "The War of the Neutrals," *Partisan Review* (Fall 1939): 5.

24　Alan M. Wald, *The New York Intellectuals: The Rise and Decline of the Anti-Stalinist Left from the 1930s to the 1980s* (Chapel Hill: University of North Carolina Press, 1987), 107.

尔斯泰特与LFRP的关系做出了细微的调整：沃尔斯泰特不是托洛茨基主义者，而是"菲尔德主义者（Fieldites）"——以托洛茨基的美国伙伴B.J.菲尔德命名，后者将最终与前者，这位永久革命理论家分道扬镳。[25]沃尔斯泰特在30年代的激进主义和战后向右的摇摆中，最终走上了30年代城市学院中坚分子的老路，丹尼尔·贝尔（Daniel Bell）和欧文·克里斯托尔（Irving Kristol）就是其中最突出的例子。[26]而现在，对我们讨论的这一话题而言，更紧迫的问题是这篇早期文章中提出的符号学和政治之间的融合。在深入探讨之前，我要先声明一点：在那个极富历史性的时刻，符号学几乎与今天艺术史不时会借用的符号学——即一套似乎可以解释艺术作品"意义"，进而服务于人文学科探究的现成工具——完全不同。相反，关于这一学科的辩论在手段和目的等问题上矛盾重重，究竟应该跟随20世纪早期语义学的语言学取向，还是直面符号理论的冲突——在这一理论下像C.S.皮尔斯这样的思想家被完全以实证主义的方式解读。合而观之，这些分歧往往取决于其普遍化或是采纳特定文化主张的程度。而随后，它们也将根据其所受到的不同党派和学科的影响而进一步分化。

沃尔斯泰特和怀特的文章《谁是语义学的朋友？》很大程度上可以说是基于20世纪30年代盛行的逻辑经验主义的严谨性而创作的一部时代作品。我们会以相当快的速度处理这篇文章，但同时也会将许多的历史方面的因素纳入考量，因为它预示着将要被符号理论所统摄的政治与形式之间更广泛的利益联结——就我们所讨论的这一部分而言，这种联结表现为语言对意识形态的巩固。这篇文章抨击了当时流行的一个语义学分支，其代表人物是早川一会（S. I. Hayakawa）、瑟曼·阿诺德（Thurman Ar-

---

25　Robin, *The Cold World They Made*, 44.
26　关于纽约知识分子的右翼转向，可见约瑟夫·多尔曼（Joseph Dorman）导演的电影：《争吵中的世界》（*Arguing the World* [Riverside Film Productions in association with Thirteen/WNET, 1997]）。

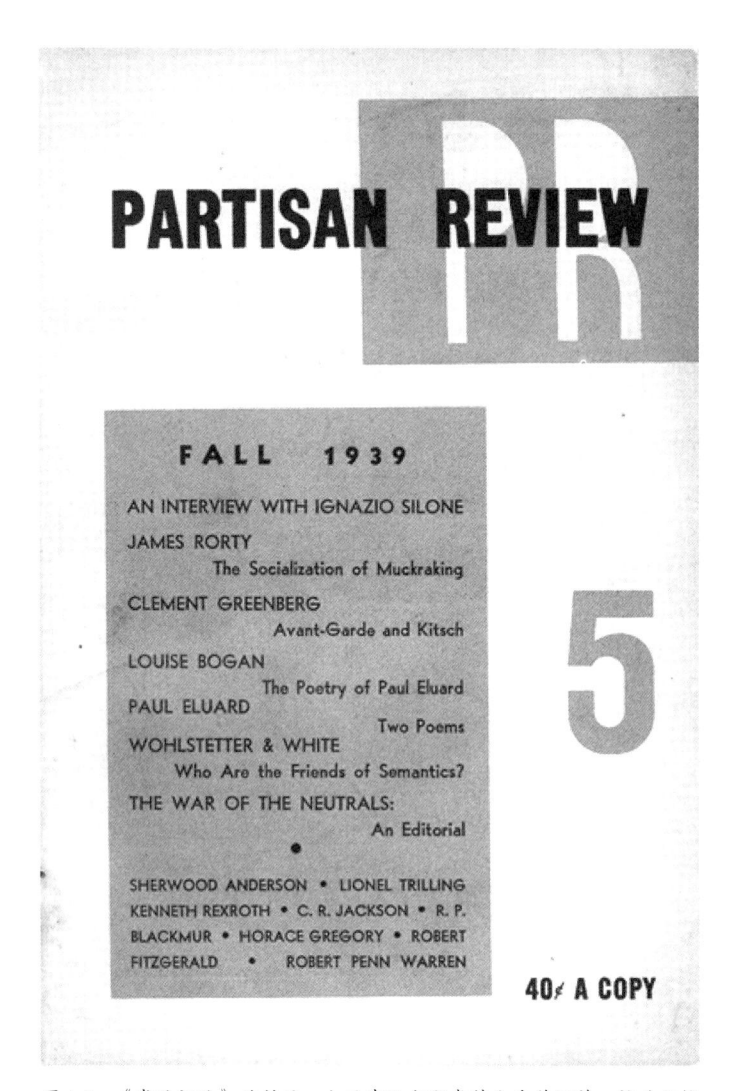

图 1.5 《党派评论》的封面,上面有沃尔斯泰特和克莱门特·格林伯格的文章,照片由霍华德·戈特利布(Howard Gotlieb)档案中心提供。

nold）和斯图尔特·蔡斯（Stuart Chase）。早川、瑟曼和蔡斯都或多或少地受到了哲学家阿尔弗雷德·科兹布斯基（Alfred Korzybski）"普通语义学"（general semantics）的影响，这一分支的主旨是将人类知识的局限性描述为是由语言结构的运作直接导致的，早川、瑟曼和蔡斯三人则将科兹布斯基的方法延展到了政治话语之中，绘制出了大约1939年前后资本主义、社会主义和法西斯主义的意义流变。（科兹布斯基认为，鉴于语言固有的抽象性，它有效地"奴役"了其主体，这对他的美国追随者来说，也许是极具先见之明且及时的。）

沃尔斯泰特在《党派评论》中的反驳发生在早川的《语义学的含义》发表之后，而早川这篇来自《新共和》杂志的文章又是对《党派评论》中的一篇早期文章的回应。这位即将成为美国参议员的教育家认为，《党派评论》的社论贬低了斯图尔特·蔡斯的《语言的暴政》（*The Tyranny of Words*）一书，是对他们已然达成共识的语义学原则的一种粗陋理解：这种理解在某种程度上没有认识到"所有术语的含义……不是来源于定义，而是来自其在语境中的用法"[27]。早川把《党派评论》的方法斥为死板和教条的，并且抨击了这类作家提及的所谓特定语言学主体（bodies of linguistics）的"双重价值取向"：认为这种观念来源于对亚里士多德"排中律（Law of excluded middle）"的无知，以支持所有语句要么有意义（"可操作"）要么无意义的观念。

但是，在30年代后期，正如早川所见，这种黑白不分、真假莫辨的方法只能给民主话语的维持带来灾难。他写道："双重价值取向，是冻结思想和奴役人民的必要条件。"[28] 而另一方面，在阐述科兹布斯基的普通语义学时——诉诸他所认为的科学接纳多元价值甚至无限价值取向——他

27　S. I. Hayakawa, "The Meaning of Semantics," *New Republic* 99, no. 1287 (August 2, 1939): 355.
28　Ibid., 356.

则暗示《党派评论》的编辑们在涉及符号学理论时或许带有某种可疑的方法论倾向。早川推断，他们正在为政治话语的极权化分析（或者更直白地说，极权主义）提供理论依据。

不足为奇的是，沃尔斯泰特和怀特认为，早川对语义学的处理以及他对"无限价值取向"的准科学追索，本身就相当于是一种意识形态的发明，与社会主义思潮往往彼此矛盾不同，早川的这一工作则是"为民主资本主义的制度打造了独特的科学支持"[29]的一种政治辩护。通过实验语义学高度技术化的语言，他们的指责之凶狠是明确无误的：早川和其他人把他们对资本主义的辩护建立在对社会主义的严重误读之上。正是在这个意义上，这篇文章的精神与同一期的社论相呼应。莫洛托夫·里宾特洛甫条约带来的冲击要求该杂志的读者提高自身的批判性警惕，关注社会主义纲领表现出的那些差异和偶然性，用一种故意不合时宜的说法来说的话——呼吁阅读社会主义的信号，以此来反对斯大林主义的噪音。总体而言，这个呼吁就是要抵制这样一种观念：苏联对共产国际的背叛是由社会主义本身的意义所结构出来的。

我们不需要太仔细地分析沃尔斯泰特对早川的批评。相反，我们可以提出一个方法问题：符号理论内部彼此不同的种种应用与传递这些理论意义的载体——一种可以被命名为符号学的可移植的方法，其中也包括语义学——是如何适应一系列的文化、科学和政治变量，进而做到既可以为意识形态的去自然化服务，又能够支持自己的党派利益的。与早川、蔡斯和阿诺德的工作相比，沃尔斯泰特和怀特认为，**真正的**实验语义学思想家继承了国际统一科学运动的遗产，该运动"旨在通过众多科学家的集体项目来展现科学的整合，一部统一的科学百科全书"。[30]在这里，沃尔斯泰特

---

29 Albert Wohlstetter and M. G. White, "Who Are the Friends of Semantics," *Partisan Review* (Fall 1939): 50. See also Robin, *The Cold World They Made*, 43–45.

30 Wohlstetter and White, "Who Are the Friends of Semantics," 51.

提到的是塔斯基、卡尔纳普和奥图·纽拉特（Otto Neurath）的逻辑经验主义——这些维也纳学派的代表人物——以及最近进入北美海岸的国际统一科学运动，该运动在芝加哥大学的查尔斯·莫里斯（Charles Morris）的工作中得到了阐述，并在其1938年的第五次大会上获得了哈佛大学的认可。[31]沃尔斯泰特注意到了在这一领域完成的研究大多是专业性的，这预示着它在生物学、物理学、数学、社会学和经济学领域仍具有突破性的潜力。换句话说，他描述的是一种特殊的启蒙运动革新，这一革新旨在对抗一个危险的时代。换句话说，在现代社会的进步过程中，一种旨在**统一**的，可以通过形成一些共识以将众多在研究方法和路径上彼此分散的科学领域凝聚在一起的项目可能是必要的。

我们要说明一下这一科学史和科学哲学中相当复杂的事件，统一科学运动植根于20世纪20年代的维也纳，当时的维也纳正从一战造成的破坏中缓慢地恢复过来。[32]这一事件中的核心人物，卡尔纳普、纽拉特和塔斯基，以及莫里茨·石莱克（Moritz Schlick）、菲利普·弗兰（Phillip Frank）、库尔特·哥德尔（Kurt Gödel）等人都是与维也纳大学有关的逻辑学家、数学家、物理学家、哲学家和社会科学家，而这所大学中也汇集

---

31 最初搜索这些档案的时候，胡佛研究所很少有沃尔斯泰特的早期书面笔记可以查阅。而一个很罕见的可以找到的文档（"符号学"）中包括对美国符号学家查尔斯·默里斯（Charles Morris）的工作的手写笔记；沃尔斯泰特的另一个早期出版物则是对一本关于C.S.Pierce的书的评论。见Wohlstetter, "Charles Peirce's Empiricism," Wohlstetter Collection, Hoover Archive, Box 111.14, Box 147.1。

32 关于这一事件的经典文本包括：Rudolf Carnap, *The Logical Structure of the World* (1928; Berkeley, CA: Open Court Classics and University of California Press, 2003); Carnap, *The Unity of Science* (London: Kegan Paul, Trench, Trubner, 1934); 以及这一文集中收录的文章：Otto Neurath, *Empiricism and Sociology*, ed. M. Neurath and R. S. Cohen (Dordrecht: Springer, 1973). 亦见Peter Galison, "Introduction: The Context of Disunity," in Peter Galison and David J. Stump, eds., *The Disunity of Science: Boundaries, Contexts and Power* (Stanford, CA: Stanford University Press, 1996), 1–37. 这一部分也借鉴了乔迪·凯特（Jordi Cat）对这一运动的出色总结，见Jordi Cat, "The Unity of Science," *The Stanford Encyclopedia of Philosophy* (Fall 2017 Edition), ed. Edward N. Zalta, accessed September 7, 2016, https://plato.stanford.edu/archives/fall2017/entries/scientific-unity/。

了当时哲学、数学和其他许多学科（包括经济学和艺术史）中最激烈的那些论辩。[33]"统一"既是科学哲学中争论的一个主题，又是一个潜在的目标：为协调科学知识的多样性而构建一套总体法则或语言的项目，这一目标最早可以追溯到前苏格拉底学派，后来则受到了百科全书学派的关注。对于维也纳学派来说，伯特兰·罗素、维特根斯坦和爱因斯坦是制定当代"科学世界观"的试金石，而这一"科学世界观"将可以促进科学为更广泛的社会领域服务。时代在呼吁这样一种观念，在后哈布斯堡时代的奥地利更是如此，在那里，红色维也纳被法西斯主义迫在眉睫的威胁笼罩着。在这一背景下，我们似乎难以清晰地分辨究竟这种对"统一"的集体呼吁是一种诱因还是一种阻碍，但就结果来看，该团体最杰出的成员们就方法论上——通过这种方法论，"统一"实际上是可以被实现的——应该采用还原论还是整体论方面这种技术问题进行了激烈的辩论。[34]

该团体1929年的宣言《科学的世界观：维也纳学派》(*Wissenschaftliche Weltauffassung:Der Wiener Kreis*)提出，"启蒙精神及反形而上学的研究"在战后日益强大，而与之相对的则是形而上学和迷信的消减，并主张一种"剔除掉形而上学的科学的统一"[35]。而其更宏伟的目标则是巩固"可以容纳所有的科学，自然科学和社会科学的方法和语言的统一"[36]。

---

33 统一科学运动的宣言中列出的其他成员包括古斯塔夫·伯格曼（Gustav Bergmann），赫伯特·费格尔（Herbert Feigl），汉斯·哈恩（Hans Hahn），维克托·克拉夫特（Viktor Kraft），卡尔·门格尔（Karl Menger），马赛尔·纳特金（Marcel Natkin），奥尔加·哈恩-纽拉特（Olga Hahn Neurath），席奥多尔·拉达科维奇（Theodor Radakovic），以及弗里德里希·魏斯曼（Friedrich Waismann）。可见 Otto Neurath, "Wissenschaftliche Weltauffassung: Der Wiener Kreis" (1973), in Neurath, *Empiricism and Sociology*, vol. 1。在经济学方面，正如我们将在第三章中讨论的那样，维也纳学派将成为米塞斯（Ludwig von Mises）和他的学生哈耶克（Friedrich Hayek）的同义词；而在20世纪20年代和30年代初培养出的新一代艺术史学家，包括贡布里希（Ernst Gombrich）则将遵循维克霍夫（Franz Wickhoff）和里格尔（Alois Riegl）设定的19世纪的传统。

34 这是维也纳圈及其哲学的历史学评价通常的出发点，从科学的"不统一性"或被称为"科学多元主义"的角度来进行处理，例见 Galison and Stump, *The Disunity of Science*。

35 Neurath, "Wissenschaftliche Weltauffassung."

36 Cat, "The Unity of Science."

彼得·盖里森等学者曾经指出一个强大的视觉项目是如何展现出这种雄心壮志的，这一项目中包括对现代博物馆学、建筑和平面设计的拓展，并具有极强的教育意义。奥图·纽拉特在维也纳社会经济博物馆的开创性工作，以及他于1933年在海牙建立的视觉教育研究所，都预示着一种将视觉文化部署到广泛的，面向普遍受众的并试图达成一种教育目的的模式。纽拉特与设计师鲁道夫·莫德利（Rudolf Modley）、格尔德·阿伦茨（Gerd Arntz）和玛丽·雷德梅斯特（Marie Reidemeister）合作开发了一款名为Isotype（国际文字图像教育系统[International System of Typographic Picture Education]）的图形系统，这一系统有显著的与包豪斯和构成主义进行美学对话的痕迹。这是一套可以跨语言或文化实现"阅读"功能的"国际图像语言"，是一种视觉性的世界语（Esperanto），借此反映出了这一系统背后科学议程希望达成的那种普遍性要求。[37]

20世纪30年代初，法西斯主义强行改变了维也纳学派的轨迹：具有犹太血统并信奉社会主义的成员将逃往荷兰、英国和美国。[38]在这一契机下，通过纽拉特、卡尔纳普和弗兰克的努力，该运动蔓延到了全世界。1934年，也就是奥地利总理被暗杀和纳粹在维也纳发动政变未遂的那一年，纽拉特呼吁在科学统一这方面进行国际合作，并建议将《国际统一科学百科全书》作为其主要文件，并为此举办了一系列国际会议，创办了期刊，以及在哈佛成立了研究所。所有的这些发展都可以影响到年轻的沃尔斯泰特，激励他将数学、实验语义学和艺术史的兴趣联系起来。同样地，这些发展也会影响到即将到来的控制论、博弈论和系统论等跨学科领域的

37　Peter Galison, "Aufbau/Bauhaus: Logical Positivism and Architectural Modernism," *Critical Inquiry* 16 (1990): 709–752. 亦见 Nader Vossoughian, *Otto Neurath: The Language of the Global Polis* (New York: D.A.P., Distributed Art Publishers, 2011)。

38　关于纽拉特的政治学，可见 Jordi Cat, Nancy Cartwright, and Hasok Chang, "Otto Neurath: Politics and the Unity of Science," in Galison and Stump, *The Disunity of Science*, 347–370。

图 1.6　格尔德·安茨（Gerd Arntz），基于纽拉特原理的 Isotype 示意图。照片由艺术家权利协会 (ARS) 提供。

发展，这也是沃尔斯泰特后来在兰德公司从事的冷战事业的核心。二战后，佐迪·凯特（Jordi Cat）将科学内部讨论小组（Intra-Scientific Discussion Group）的成立描述为"维也纳学派的自觉延伸"，这一小组中就包括了诺伯特·维纳和奥斯卡·摩根斯坦，而他们二人日后都将为运筹学的系统发展做出贡献。[39]

乔治·赖施（George Reisch）阐述了维也纳学派的政治基调发生转变的过程，其成立宣言曾公开承认马克思的作品是实证主义"社会科学"，而伴随着冷战的到来，这一说法在美国发生了根本性的转变。不足为奇的是，任何在战争中幸免于难的那些社会主义残余，都将在美国哲学体系内部的逻辑经验主义的建构过程中被消灭殆尽。[40]然而对年轻的沃尔斯泰特来说，战前的历史所引发的兴趣则更主要地在我们试图论证的这一方向上，这不仅仅是由于他在20世纪30年代的意识形态归属，也由于跨学科方

39　Cat,"The Unity of Science".
40　George A. Reisch, *How the Cold War Transformed the Philosophy of Science* (Cambridge: Cambridge University Press, 2005).

向将要成为组织智库工作的中坚力量。换言之,这位新兴的国防战略家当然不是唯一受到这种知识发展及其对艺术和视觉文化的影响启发的人,它们将会同样地启迪我们在本书中即将遇到的各色人物。[41]

换言之,夏皮罗本人也将涉足维也纳学派,如果我们绘制一幅历史文氏图的话,我们将看到纽约知识分子与最近迁居过来的维也纳同事们共享话语空间和实际的地理空间。纽拉特国际视觉教育基金会给这位艺术史学家的一封信中记录了二人1936年建立起的长期交流;此外,夏皮罗也将与卡尔纳普和他的妻子结为好友。[42]纽拉特招募这位艺术史学家参与他的《百科全书》。尽管其有关艺术和艺术批评的委托手稿最终没有完成,但经验主义观点所引起的兴趣却产生了其他结果。在这位艺术史学家的一篇《论价值陈述》的小短文中,我们可以发现与沃尔斯泰特所提议的那种艺术作品分析之间的共鸣。[43]

夏皮罗与纽拉特的通信时间很长且日趋频繁,最终两人在科学与战争的问题上发生了激烈争执。[44]这场争执的焦点在于科学是否可以将人类从世纪中叶的灾难性事件中拯救出来;当然,夏皮罗在这一问题上表达了深刻的怀疑。他的立场基于几年前沃尔斯泰特从科学统一性的经验方法中看到的可能性。具体来说,我们可以回顾一下,在发表《党派评论》上那篇文章的前一年,沃尔斯泰特给这位艺术史学家写了一封信,该信描述了其拟议的研究领域,即"可以用于艺术史研究,并参考对特定作品分析的价

---

41 例如,米德和纽拉特在Isotype的合作者莫德利(Rudolf Modley)将在1966年共同成立Glyphs公司,试图将图形符号标准化。见Margaret Mead and Rudolf Modley, "Communication among All People, Everywhere," *Natural History* 77, no. 7 (August-September 1968): 56–63。

42 Correspondence: Otto Neurath, Series II: Correspondence, Box 152, Folders 5 and 6, Meyer Schapiro Collection, Rare Book and Manuscript Library, Columbia University; Reisch, *How the Cold War Transformed the Philosophy of Science*.

43 Series IV: Writing, Box 238, Folder 3, Meyer Schapiro Collection, Rare Book and Manuscript Library, Columbia University.

44 可见于 Correspondence: Otto Neurath, Series II: Correspondence, Box 152, Folders 5 and 6, Meyer Schapiro Collection, Rare Book and Manuscript Library, Columbia University。

值陈述领域"。[45]

经验主义者对美学的思考——将逻辑工具应用于对特定艺术作品的分析——证实了对一种普遍性语言的探求，这种语言囊括了异质的文化艺术品以及完全不同的科学现象。回过头来看，这样的方法将会打破平衡（或许甚至直接推动了这种平衡倒向一边），导致一种对意义进行量化描述的集体冲动的产生。而这种冲动或许也导致了视觉领域被视为此类信息丰富的潜在来源。

智库的跨学科性

> 可怕的词，跨学科……
> ——迈耶·夏皮罗[46]

即使在1939年这样相当早期的阶段，这样一种普遍化的方法论已经与世纪中叶的冷战智库产生了强烈共鸣，它通过信息和国家安全这样的双重术语来表明并参与了这种兴趣的特殊变化。沃尔斯泰特虽然在战后摒弃了他的激进主义思想以及数理逻辑方面的哲学工作，但后者的残余冲动仍然存在于其战略分析的工作中。在圣莫尼卡的总部里，兰德公司的发展将统摄这一现象。在那里，沃尔斯泰特成为他所定义的"对立系统"（opposed-systems）设计的领军人物。[47]

---

45 Letter from Albert Wohlstetter to Meyer Schapiro, undated (1938?), Correspondence: Box 177, Folder 4, Meyer Schapiro Collection, Rare Book and Manuscript Library, Columbia University.

46 Letter from Meyer Schapiro to Hubert Damisch, January 6, 1973, Series II: Correspondence, Box 121, Folder 12, Meyer Schapiro Collection, Rare Books and Manuscript Library, Columbia University.

47 Albert Wohlstetter, "Theory and Opposed-Systems Design" (1968), in Wohlstetter and Wohlstetter, *Nuclear Heuristics*, 123–165.

兰德计划的"兰德"是"研究与发展（Research and Development）"的缩写，就在长崎那场灾难发生后不到两个月，这一项目由美国空军和道格拉斯飞行器公司联合成立；其后又于1908年被合并为一个名义上独立的公共政策机构。其章程将智库描述为"一家非营利性公司，其成立的目的是为了促进和推动科学、教育和慈善事业，公司所做的一切都旨在提升美国的公共福利和安全"[48]。但是，鉴于战略分析本身所具有的神秘性和高度技术性，这样一个公共政策机构究竟要如何影响"科学、教育和慈善事业"并不十分清楚。冷战时期的防御战略本身就可以被描述为一种符号学的努力，即试图通过一连串军事和文化符号来解码一个神秘的敌人，无论是通过新的雷达技术记录的"索引"痕迹；还是苏联、日本和德国进行的人类学分析；抑或在行为科学的新兴领域内观察到的互动状态。在密码时代，阅读这种迹象是一个艰巨的，甚至是致命的业务。而另一方面，"信号"本身也将被提议作为一种军事技术。这是一种向敌人传达自己意图的严肃程度的方式，就像在越南制定的轰炸战略一样，其凶猛程度成倍增加，以最不确定的措辞传达一个消息：**这个**敌人不会消失。[49]

面向即将到来的信息时代，科学史已经对这个问题做了广泛的讨论，而世纪中叶的军事战略计划也需要一套能够解决传统学科彼此之间的界限问题的新方法。正如导言中所讨论的那样，由英国人提出的运筹学支持了一种帕特里克·布莱克特所称的"混合团队"：不同领域的专家可以在其中协同工作，解决某一个领域的问题。保罗·爱德华兹（Paul N. Ed-

---

48　"Articles of Incorporation," printed in *The RAND Corporation: The First Fifteen Years* (Santa Monica, CA: RAND Corporation, 1963), frontispiece.

49　贾尔丁（Jardini）在他的《深思冷战》（*Thinking Through the Cold War*）一书中就托马斯·谢林（Thomas Schelling）颇具影响力的兰德公司研究报告《冲突战略》（*The Strategy of Conflict*）提出了他关于"信号"的这一观点。他认为，战争是一种暴力谈判的形式：轰炸的背景及其急迫性——何时、何地、怎样发生以及发生的频率都是表明一个人在谈判桌上所处境况的信号。

wards）详细介绍了兰德公司的运作，特别是其对运筹学做出了怎样的调整，如何将其发展成更具包容性的系统分析方法。正如一位运筹学的支持者所说，其新的分析工具是针对"一系列的问题，这些问题不可能有严格意义上的'解决方案'，因为没有明确的目标可以被优化或最大化"[50]。在本书的导言部分，我们抓住了"解决问题"这一脉络——根本上来说，运筹学的运作基于对问题的识别——这对运筹学的发展来说至关重要。正如彼得·盖里森谈到的20世纪初、中期科学的"交易区"概念一样，杰夫·鲍克（Geoff Bowker）将这些趋势描述为寻找一种新的通用语言，其基础是同化并消除曾经离散的研究领域之间的差异。后者的这种暂时的通用语言建立在他所说的"合法性交换"的基础之上——一个学科可能会从另一个学科手中夺取权力，从而能够"协调多个研究项目和多个专业社区的工作"。[51]

正如沃尔斯泰特本人对智库工作的观察，尤其是涉及"对立系统设计"和他后来所说的"泛启发式"问题时那样，这种语言"需要多个学科的合作，特别是自然科学和社会科学学科之间的紧密合作，如果这种合作确实可以存在的话，这一点在大学里仍然是很少见的"。[52]这段表述预示着这种方法所蕴含的合作性，并吹嘘了其方法论上的创造性。同样，沃尔斯泰特的言论也含蓄地表明了战后他所钟爱的那种"通才"的命运以及对科学统一性的去政治化投资。布克哈特人现在被重塑为冷峻的战士，与其他人紧密关联在一个关系网之中以继承姗姗来迟的百科全书式的遗产。曾

50　Paul N. Edwards, *The Closed World: Computers and the Politics of Discourse in Cold War America* (Cambridge, MA: MIT Press, 1997), 115.

51　Geoff Bowker, "How to Be Universal: Some Cybernetic Strategies, 1943–1970," *Social Studies of Science* 23 (1993): 107–127. 亦可见 Fred Turner 关于 Bowker and Peter Galison 的"接触语言"（contact languages）的讨论：Turner, *From Counterculture to Cyberculture: Stewart Brand, the Whole Earth Network, and the Rise of Digital Utopianism* (Chicago: University of Chicago Press, 2006), 25。

52　Wohlstetter, "Theory and Opposed-Systems Design."

与该角色的智力特征息息相关的普遍主义现在转而委托给了日益壮大的由各学科领域专家所组成的"混合团队"。世纪中叶，跨学科工作的喧嚣是智库对明显属于冷战时期的普遍主义的一种默许：以战略分析的名义使历史上独立自治的学科之间进行合作和整合。

在所有这些领域中，非常重要的是兰德公司对战后艺术也采取了同样的普遍主义态度，充分认可了当时那些先进的美学实践。本书的导言部分提到了在兰德公司对面的洛杉矶县艺术博物馆展出的那个臭名昭著的艺术与技术项目。这一项目由莫里斯·塔奇曼（Maurice Tuchman）和简·利文斯顿（Jane Livingston）策划，并于1967年开始实施，评论家马克斯·科兹洛夫（Max Kozloff）谴责其为"数百万美元的暴利"，是一个充分体现越战鼎盛时期军事审美情结的恶性案例研究。[53]这种批评在政治上是无可厚非的，但我坚持认为，兰德公司对艺术的关注绝不仅是一场旨在使该机构日益窘困的公众形象变得人性化的公关活动。相反，这里呈现出的关系在结构上与智库的方法论探索是一致的——一种可以处理一系列当代现象的灵活且具有创造性的方法，在这一方法之下，人文学科的种种问题也将被纳入其行为主义框架之下。正如曾为兰德公司的亨利·罗恩做过助理的布朗利·海顿（Brownlee Haydon）在20世纪60年代末所说的那样："我们认为兰德公司有一些特别的东西可以提供给有创造力的艺术家：一种智力氛围及处在许多不同学科的人中间工作时，为那些具有创造力的人提供的一些刺激。在这个环境中，艺术家可能会发现除了他在兰德公司这个环境中可能发现的其他实际的'材料'之外，这个环境本身对其作品也产生了影响。"[54]然而对于洛杉矶县艺术博物馆的那个艺术和

53　Max Kozloff, "The Multi-Million Dollar Art Boondoggle," *Artforum* 10, no. 2 (October 1971): 72.

54　Brownlee Haydon papers, RAND Corporation, Santa Monica, CA (boxes and files unnumbered at time of consultation).

技术项目，海顿却迟迟没有开口。事实上，就在兰德公司与洛杉矶县艺术博物馆合作的前一年，他本人就曾被要求与那些抗议兰德公司的艺术家们进行了许多闭门会议和公开会议。[55]这场合作出现的这一时机是不容忽视的。

转过头来看，博物馆和智库之间的这种机构性合作掩盖了为这种互动的实际发生创造了充足条件的那段更长、更深的历史。在这里，沃尔斯泰特的审美能力被证明是极具象征意义的，艺术与国防之间迸发出的一条条矢量在多个方向上和不同领域中成倍增长，来回穿梭。而且在这一过程中，这种矢量也不时地会由一门被称为**符号学**的科学来促成。

这些矢量指向哪里呢？

信号到噪音；图形到背景

上面所提到的这些都是对沃尔斯泰特和夏皮罗做出一些明确推测的序幕。我们最终的目标是发掘出在20世纪60年代早期二人的通信中困扰着他们的那些含混不清的内容，并在新兴的信息时代和符号学彼此竞争的种种研究兴趣的背景下再现出二人之间的共鸣。在我这样做之前，请允许我做如下声明。这场战略家和艺术史学家之间的比较既不意味着要为沃尔斯泰特平反，也不意味着对夏皮罗的指责。我要指出的是，这不是一场关于思想家的高下的争论，也不试图一概地否定所有出于非军事化动机的跨学科工作。相反，将二人关联在一起的关注点在于20世纪50年代到60年代初所产生和应用的这些方法之间的同源性——他们共同的创新点和紧迫感——然而这种同源性却显现在了他们所处的不同系统中完全不同的方面上，尽

55　Matthew Israel, *Kill for Peace: American Artists against the Vietnam War* (Austin: University of Texas Press, 2013), 23–35.

管它们实际上是由相似的逻辑推动的。事实上，这种比较突出了他们彼此之间的错误识别。战略家的目标是分析性的，而艺术史学家的目标则是文化性的。前者将他的方法应用于不同的学科现象；后者这样做则是为了明确他所在领域内部的旨趣。

当然，正如我们关于统一科学运动的简要讨论所表明的，这种趋势在战前就已经存在。但人文主义者（如夏皮罗）对数学和逻辑学等学科的渐进式拓展，则很可能是由于当时围绕系统话语和信息理论的需要而得到加速的。如果每个人都在试图利用信息语言时明确记录下了自己当时的特定议程，那么这一时期的例子大概就比比皆是了。我们在1956年左右新兴的塔尔图学派（Tartu School）中就可以看到这一点，其中最著名的是尤里·洛特曼（Yuri Lotman），他在他的文化符号学工作中提出希望废除人文与科学之间的对立。[56]我们也可以从巴特（Roland Barthes）的《神话学》（*Mythologies*）的出版（也是在1956年）和几年后艾柯（Umberto Eco）的《开放的作品》（*Open Work*）中看到这一点，该书的标题直截了当地使用了控制论的语言，但这一理论的实际应用则主要在其对艺术中的偶然性的讨论上。[57]同时，我们在分析家试图找到适合这个新时代的语法这一意愿中也可以观察到这种趋势，更不用说冷战时期存在于兰德公司和大学之间的那些制度性的研究，这些机构是学者们可以探索这种具有明确军事背景的新方法论的地方。举例来说，1959年，在福特基金会和兰德公司几位主要合伙人的支持下，行为科学高级研究中心在帕罗奥图成立了，

56　Yuri Lotman, *Universe of the Mind: A Semiotic Theory of Culture* (Bloomington: Indiana University Press, 2001).

57　可见Barthes, "The Semiological Adventure," in Roland Barthes, *The Semiotic Challenge*（Berkeley: University of California Press, 1994）。而关于艾柯在机会理论和艺术方面的工作，我们可以回顾一下布莱希特（George Brecht）1957年关于"机会图像"（chance imagery）的著名论文，它这篇论文是兰德公司对随机数字的研究成果的一部分。而这篇文章的后续版本描述了布莱希特与约翰·凯奇的会面；布莱希特写道，他"还没有清楚地看到机会的最重要影响在于他正在做的那些工作"。见 George Brecht, *Chance-Imagery*, 13, 15。

该中心旨在促进前沿的社会科学和人文学科方法，并为此邀请了来自各个领域的学者在世纪中叶来到这座绿树成荫的堡垒中安营扎寨。[58]

而对于沃尔斯泰特来说，他的战略思考的前提是：对于一个充斥着模棱两可的能指的世界而言，这些符号应该是可阅读的，并且我们可以通过阅读这些符号来理解其所蕴含的意义和动机中那些或然性。而另一方面，夏皮罗的符号学研究将艺术作品中符号的摇摆作为一种手段来拷问图像学的多元决定论问题。例如，他会将摩萨克（Moissac）柱头的字面和隐喻的回旋（involutions）解读为"独立符号的任意组合"。[59] 于贝尔·达弥施（Hubert Damisch）捕捉到了夏皮罗符号学工作的重点："他一直致力于将问题以新的方式呈现出来，并与各式各样的对话者就这些问题进行对话……其目的是通过让对话者面对一个本质上多态的（polymorphous）和——我敢说——反常的对象，使他们自己接受考验。"[60]

根据达弥施的说法，我们可以把沃尔斯泰特作为这样一个特定的对话者置入夏皮罗的测试中，他是艺术史学家世界的一个异类，并且正面对核战略这个本质上来说多态的，甚至是反常的对象。对于一个国防战略家来说，多态的——或者更具体地说，**多义的**（polysemic）——那些东西就是敌人。在面对信息战场上的多样性和偶然性时，需要精心制定新的技术和方法。从他在兰德公司职业生涯的开始，我们就可以说沃尔斯泰特的惯用手法就是符号的**相对**模糊性——这里的相对是就它们在符号学上的关系而言——以及对它们的误读可能导致的那些致命后果。

在1958年的一篇关键性文章《恐怖的微妙平衡》中，沃尔斯泰特反对

---

58 关于福特基金会和兰德公司在建立此类研究机构方面的利益，见 Rebecca S. Lowen, "Private Foundations and the 'Behavioral' Revolution," in Lowen, *Creating the Cold War University: The Transformation of Stanford* (Berkeley: University of California Press, 1997), 191–223。

59 Meyer Schapiro, *Romanesque Art: Selected Papers* (New York: George Braziller, 1977), 178.

60 Hubert Damisch, "Six Notes in the Margin of Schapiro's *Words and Pictures*," in "On the Work of Meyer Schapiro," *Social Science* 45, no. 1 (Spring 1978): 15–36.

当时政策界盛行的观点——一种"几乎普遍的乐观主义"——即认为美国和苏联之间的战略威慑可以被假定为稳定和"自动"的。[61]这种正统观点在很大程度上建基于他在兰德公司的同事伯纳德·布罗迪的工作以及对敌人"二次打击"能力的假设：如果具有以毁灭性的力量进行报复的能力，那么战争的第一枪就能从一开始被制止。然而，沃尔斯泰特认为这种观点的理由实际上可能源自一种绝对非理性的观点：即认为第二次打击的后果实在太难以想象，因此第一次打击是精神病才会做的事情。正如罗恩·罗宾所说："相互保持恐惧的概念——稳定的恐怖平衡的本质——是以价值观的道德对等为前提的。"[62]沃尔斯泰特对敌人的估计完全拒绝这一前提。他写道："一些军事评论家把他们对威慑的确定性的信念建立在存在着不确定性这一事实之上。"[63]但是，对抗不确定性的失败这一事态本身就很可能被敌人所利用，而如果把它纳入核战略的复杂语法中，则仅仅是需要加以处理的又一个符号。

在分析任何一方潜在的意外误读范围时，沃尔斯泰特为更多的意外情况打开了大门，无论这些意外是由技术故障还是流氓特工导致的（"直到最后，政府方面都可能会因此对敌人的意图和模糊信号的含义产生误判"）。[64]他评论说，故障保险机制是应对这些突发事件的一种手段：我们需要进行反馈检查，以确保在此类信号被错误解读的情况下，对想象的威胁做出的军事反应是恰当和必要的。例如，如果一架飞机被派去轰炸苏联，那么沿途的一些基地可能会使收到的信息合法化；或者，如果信息未能得到确认，任务就会中止。故障保险旨在控制错误电码或失效的交流，它假定这些很可能出现的误报或许是世纪中叶战略攻防中一种相当清晰的

---

61 Wohlstetter, "The Delicate Balance of Terror."
62 Robin, *The Cold World They Made*, 83.
63 Wohlstetter, "The Delicate Balance of Terror," 188.
64 Ibid., 205.

历史类型。而与此同时，兰德公司的基地研究和战略空军司令部掌握的技术正迅速被导弹技术的发展所超越；而沃尔斯泰特自己在兰德公司的那些对话者们或许对解读敌人的策略方面也有着强烈的分歧。

沃尔斯泰特不仅给出了这样具体的解读，与此同时，他们夫妇从信息论中改编了一个形式概念，这一概念现在演化成了军事性的术语：收集和分析情报数据中的"信噪比"。克劳德·香农的信息论（受诺伯特·维纳的概率研究启发）将在沃尔斯泰特夫妇采用的词汇中找到自身在战略领域的应用。[65]香农1948年在贝尔实验室撰写的一份经典研究报告（随后在香农与沃伦·韦弗的合作中得到推广）提出，一个通信模型可以围绕着发送者和接收者之间的中继设备组织起来，信息、传输、信号、噪声、通道和接收是其主要组成部分。相较而言，其中实现其信息传输功能的结构逻辑要比消息的内容本身更需要注意。

这一概念在罗伯塔·沃尔斯泰特1962年出版的《珍珠港：警告与决策》（*Pearl Harbor: Warning and Decision*）一书中得到了最有力的阐述。该书对美国情报工作的失败进行了分析，并获得了哥伦比亚大学的美国历史奖（在"反恐战争"早期，这本书又重新受到关注）。日本对珍珠港的袭击可以被解读为未能正确解读这一类迹象的实际教训。考虑到这一由日本人在1941年发动的，在冷战时期又可能由苏联发动的突然袭击的威胁，在一个嘈杂的信道上传输的那些敏感信息将需要拦截和解码，往来信息的信息熵（information entropy）将需要得到考虑。罗伯塔·沃尔斯泰特将这一想法应用于安全分析中的可辨别模式识别之中："不是因为渴望获得相关材料，"她写道，"而是因为有大量**不相关的**材料。"[66]正如她丈夫多年后解释的那样，看似"不相关"的信息并不等同于**错误的信息**。乍看

---

65 Claude E. Shannon and Warren Weaver, *Mathematical Theory of Communication* (Urbana: University of Illinois Press, 1963).

66 Roberta Wohlstetter, *Pearl Harbor*, 387.

起来只是噪音的东西，必须在信息的总体构成框架内来处理。在更大的传播范围内，或相对于一连串的信息而言，没有任何符号是"不相关的"，应将其分析为可以借以辨别（或潜在地识别）敌人行为的一种模式。"没有任何信号，无论是在珍珠港的密码本上还是在信息论的意义上，"阿尔伯特·沃尔斯泰特写道，"是完全模棱两可的……没有一点噪音就是确凿无疑的噪音；我们总是有可能假设，在一些明显的随机事件系列中，包含着刻意或实际隐匿的信息。"[67]

辨别什么构成"相关"或"不相关"的材料，是智库战略事业的关键。战略家的整体主义方法论使其对信息的整个生产和传播过程中信息的比率更加敏感。从根本上说，这意味着要认真对待、刻苦研究那些原本被认为只是与信息表面呈现出的内容相毗邻的那些符号。这些信号之间的邻接关系可以被理解为信息接收的语义补充。在视觉的语境下，这种比率可能被称为一种"图形背景"关系，其中背景和前景之间的相互作用被分析为一个相互构成的指称过程：图形只有在支撑它的文字和构图的背景下才是可读的，体现在西方架上绘画的传统上，它形成了一种远处的虚拟透视以得到一种立体的图像。

同样，我们可以在夏皮罗的《视觉艺术符号学中的某些问题》中发现这种机制的共鸣。这篇文章发表于1969年，但夏皮罗至晚从60年代初就开始讲授符号学，并且早在战前就广泛投入语言学、语义学和相关方法的研究上。发表在《符号学》杂志上的这篇文章最早源于他1966年在波兰卡齐米日举行的第二届国际符号学大会上的报告，在其后的一段时间他将担任该组织的理事会成员，这一理事会中还有巴特（Roland Barthes）、朱莉娅·克里斯蒂瓦（Julia Kristeva）、罗曼·雅各布森（Roman Ja-

---

[67] Wohlstetter, "Notes on Signals Hidden in Noise," April 6, 1979, Albert J. Wohlstetter Collection, Hoover Institution, Box 115, file 40.

kobson）、洛特曼（Yuri M. Lotman）和托马斯·西比奥克（Thomas Sebeok）。这部杂志上也发表了为兰德公司工作的各类思想家的文章，其中就包括玛格丽特·米德。

尽管这篇文章在艺术史领域已颇为人所知，我们在这里仍需将夏皮罗的这一文本重新放置在冷战时期的制度文化中加以审视。某种程度上来说，这位艺术史学家关注的是图像制作中的"非模仿性"元素，首先就是作为背景的光滑打磨的平面，这"使得图像平面（picture-plane）所要求的透明度成为可能，没有这种透明度，也就不可能成功地表现三维空间"。[68]鉴于这种发展对西方艺术史的重要性，夏皮罗曾经评论过"学生们极少关注到艺术的这种根本性变化"，而这一领域的确定性和边界又是怎样被视为理所当然、自然而然的。[69]也就是说，这个像场（image field）（或笼统地说，背景）在历史上一直被视作无非就是叙事或者形象在其上闪耀的一个舞台，一个透明的空间，其本身并没有任何表现性或象征性特征。

然而，在承认"这样一个领域与自然或精神意象中的任何东西都不相符"，并且承认想要认定处在这个平面上的元素具有一定的武断性的基础上，夏皮罗在从中世纪到现代的各种不同的文化和历史中追踪了这一像场历史上的和被感知的意义——也就是"背景作为一种场域的性质"[70]（例如，在中国的古典绘画中，他写道："图像的背景几乎不被认为是符号本身的一部分。"）[71]。其后，他将进一步分析尺寸、方向、框架以及绘画领域其他种种非图像方面的问题（"承载符号的物质"），在背景和这些元素之间的那种递归动态机制对于意义的产生起到了促进作用。夏皮罗在

68　Schapiro, "On Some Problems in the Semiotics of Visual Art," 224.
69　Ibid.
70　Ibid., 229.
71　Ibid., 225.

信号和噪音以及图形和背景之间建立起了联系，他以儿童画为例，认为这种视觉装置的自然化与语言的习得以及习惯用语的形成过程是类似的，可以理解为一种动态的意指过程（verbal signification）。"背景"在绘画信息的传播中可能并不"嘈杂"。毕竟，它的传统工作是加速信息的传递，而不是阻止它。即便如此，它与信息的传播和增强也有着构成性的关系。

这个时候就出现了一个问题。除了某种家族亲缘关系之外，我们还可以从这些方法中获得什么启示？我们不得不再次投身于字里行间，转向艺术史学家档案中沃尔斯泰特与夏皮罗的最后一封信，这封信作于1963年5月。在兰德的信笺上，这位战略家写道：

> 我随信附上一篇题为《科学家、预言家和战略》的论文，该论文刊载于1963年4月的《外交事务》。正如你所看到的，这篇文章旨在拒斥物理学中所有学派。你应该读一读罗伯塔的书，即使只是为了给自己做出辩护，罗伯塔在接受班克罗夫特奖的演讲中，把你列为她的主要灵感来源，也是她获得该奖的主要原因，她把哥伦比亚图书馆的朋友也同样视为她的朋友。[72]

在沃尔斯泰特夫妇进入哥伦比亚大学近30年后，他们仍然称赞夏皮罗为他们的工作提供了灵感，并随信附带了一篇据称带有他的印记的文章。这篇文章是对两种文化辩论，即斯诺1959年演讲中阐述的战后科学和文学文化之间的分歧的冷战介入。其部分内容是在哥伦比亚大学原子时代研究委员会主办的会议上写就的，沃尔斯泰特在其中反思了政策制定者需要了解科学以便对战略做出明智决定的程度。一方面，他认为两种文化的奇想对这篇文章中提出的问题有用；另一方面，他或许也会注意到斯诺对战后

---

[72] Albert Wohlstetter, letter to Meyer Schapiro, May 10, 1963, Box 177, Folder 4, Meyer Schapiro Collection, Columbia University.

科学的描述以及智库提出的许多其他方法论（特别是跨学科）的进步实际上充满了讽刺。正如沃尔斯泰特所写的，开发核弹或氢弹的决定确实"有狭义的技术上的成分，但它们在本质上也涉及许多其他因素"，无论是定性的还是定量的方面。沃尔斯泰特认为，许多为国家安全服务的工作"不适合任何传统的自然科学或工程学科"。[73]他提到了运筹学和系统分析中表现出的跨学科性质，并认为"适当的研究方法可能……更接近于一些行为科学的方法"。[74]他谈到了在此类跨学科研究中的平衡行为，并以一反常态的感性陈述写道（与一般的《外交事务》不同）："一位诚实的战略家必须同时戴两顶帽子，从个人的角度来讲这可能是一种束缚。因为实际上它可能会导致朋友或组织之间发生争执。"[75]

你不得不怀疑这里所说的朋友和组织之间的争吵是什么，也不得不怀疑夏皮罗对沃尔斯泰特文章做了怎样的回应——更何况沃尔斯泰特的信是寄到这位艺术史学家的新地址。在1962—1963学年，夏皮罗在帕罗奥图的行为科学高级研究中心居住。该中心是兰德思想（RAND-think）在北加州的一个名副其实的附属机构，曾接待过当时一些杰出的美国符号学家，包括夏皮罗的助手、《符号学》杂志的编辑托马斯·西比奥克。同年，夏皮罗还写了一篇关于两种文化辩论的文章，这绝非偶然。由于论文的草稿没有注明日期，因此无从得知两个文本的先后次序，我们只能对这两个人想法之间的分歧做出一些猜测。夏皮罗的文章是对沃尔斯泰特确凿的拒绝，还是一个开场白，或者是一个严厉的，甚至是隐蔽的责备？也许这些都不是。毕竟，斯诺的这本书是当时风靡一时的必读书目。《两种文化》是参与其中的所有知识分子的标志性文本，他们不仅要反思自己在世纪中叶大

---

73 Wohlstetter, "Scientists, Seers and Strategists," *Foreign Affairs*, reprinted in Wohlstetter and Wohlstetter, *Nuclear Heuristics*, 468.

74 Ibid., 469.

75 Ibid.

图 1.7　迈耶·夏皮罗与同事们在加利福尼亚帕罗奥图的行为科学高级研究中心的合影。照片由米利亚姆·夏皮罗·格罗索夫（Miriam Schapiro Grossof）提供。

学中的角色，还要反思自己在当时的其他有着学术影响的领域——智库、军事部门、校外基金会中所起的作用。

尽管如此，夏皮罗的这一对等的评判还是直截了当的，题为《人文主义和科学：两种半文化的概念》（*Humanism and Science: The Concept of the Two Half-Cultures*）（"半"是我强调的），文章将平衡点转移到那些通常在两种文化等式中被压制的领域，即被战后新的科学所占据的领域。"在所有的政策问题上，"他写道，"负责的人要以那些专门了解有关领域的人的知识和观点为指导。而这种知识在今日，不管是什么领域，都愈发受制于科学的标准。艺术如此，技术和社会事务也是如此。"[76]在

76　Meyer Schapiro, "Humanism and Science: The Concept of the Two Half-Cultures," in Schapiro, *Worldview in Painting—Art and Society: Selected Papers* (New York: George Braziller, 1999), 158–160.

其短文的结尾处，夏皮罗对战后科学僭越人文文化的方式做了一个价值陈述。他对那些科学家（一位无名的物理学家是他的主要目标）保留了特别的怨恨，这些科学家声称要征用那些他们本来"作为娱乐和消遣"的艺术，但不知为何，他们想象自己"可以自产自销"。而与这一观点恰恰相反，他最后肯定了"由艺术、社会意识和批评、促进自由和福祉的运动所滋养的现代自由文化"[77]。在该论文发表了几十年后，他的话为当代大学敲响了警钟。

谁知道沃尔斯泰特是否读过这篇论文呢？说到底，这并不重要。在这一点上，战略家和艺术史学家之间的交流渐渐消失了。书信的线索也变得冷淡。这是否是由于个人冲突或优先事项的转移，或是由于官僚主义的交叉联系，又或是因为文件丢失，在可获得的档案记录中不容易确认。尽管如此，沃尔斯泰特终其一生都对这位艺术史学家赞不绝口。

与此同时，1963年兰德公司所面临的形势变得更加严峻。在越南发生的一连串事件中，该智库将通过麦克纳马拉的国防部对外部施加越来越多的恐怖影响。此时，一些迹象已经开始表明这一智库将最终走向灾难。此时，随着智库在文化中的知名度不断提高，艺术史学家或许已经恢复了他早期的信念，或许也包括那些方法论上的创新。也许他从未放弃过这些信念。1936年，大约是他第一次遇到年轻的沃尔斯泰特的时候，夏皮罗在首届美国艺术家大会上发表了《艺术的社会基础》（*The Social Bases of Art*）。在罗桑德强调过作为论文标题的这句话之后，我也将以这篇有名的论文的第二行作为结论："艺术有其区别于其他活动的条件。"[78]符号学使夏皮罗能够将这些条件提炼到最好的程度。而对于战略家来说，使用这样一种可以概括为对信息做出种种要求的方法，其动机则是一个更加普遍化或可能是极权化的议程：阅读，从而控制一个不断扩大的符号帝国。

77　Ibid., 160.

78　Schapiro, "On Some Problems in the Semiotics of Visual Art," 223.

第二章
大约 1947 年的模式识别

"一个不寻常的集合体"

1947年，冷战的符号域（semiosphere）一片杂乱无章，其间的信号几乎淹没在了噪声中。第一世界和第二世界之间的冲突见证了各种信息在隐蔽的通信战场上来回穿梭。那些在超级大国间传递的词句，如果并不隐蔽，也不急迫，或许就一文不值。破译员、发送者和接受者，都在经受着艰难的鉴定考验——这个信息究竟是**什么**？以及随之而来的确认信息归属的游戏——这条信息是**谁**发送的？他们试图从中读出可能揭示某些敌方重要信息的模式，并进一步试图从这些模式中找到一些行为方式来制定合适的战略。

也正是在这一年，兰德计划为了保障美国国家安全，招募了一批不同领域的思想家，并赞助了一些对人文社科产生了深远影响的创新平台（innovative platform）。在纽约举行的一次跨学科会议上，兰德公司的总裁弗兰克·科博姆称其为"一种不寻常的集合体"：其中有人类学家、政治学家、数学家、心理学家，以及至少一位艺术史学家。[1]这样一支复合的专家团队参与到新兴起的制定决策的科学中，他们的团队合作将会扩展战时

---

[1] 这位艺术史学家是恩斯特·克里斯（Ernst Kris）。而关于"各种奇怪的人"（curious assortment of individuals），见 Collbohm, "Introduction," in *Project RAND Study* (Santa Monica, CA: RAND Corporation, 1947), 2。

运筹学的前景。这种方法并不局限于纽约的这次会议。它将在整个文化领域普及开来，以求在视觉线索中挖掘意义；换句话说，人格模式（patterns of personality）需要一种新的鉴定（identification）方法——更确切地说，应该是**"识别"（recognition）方法**——来描绘对象的特征。只有这群来自不同研究领域的人通力合作，才能通过诸多线索来判断这些表现方式。有时，他们在艺术博物馆和人类学博物馆之间穿梭——例如，中城区的现代艺术博物馆和上西区的美国自然历史博物馆。有时，他们会在智库、大学、电影院和画廊中停留。一来一回之间，他们卓有成效地将现在被归类为"视觉文化"的那些材料据为己用，艺术与大众媒体之间的距离也因而变得含混不明。

我在本章中的主要对话者就是这一"不寻常的集合体"，其中最重要的是两位知名人类学家：露丝·本尼迪克特和玛格丽特·米德，此外还包括了她们的跨学科同事，以及同时扮演了支持者和挑战者角色的、当时最负盛名的先锋艺术家杰克逊·波洛克。人类学和现代主义之间的联系，既不是一种人际关系，也不是图像志（iconography），而是一种运作方法上的相似性，而这也正是我所关注的。冷战时期人类学的军事研究——源于早期编史学的"文化与个性"（culture and personality）研究——对波洛克在大约1947年至1950年间创作的那些突破性作品来说，有什么意义？[2] 在称这种方法为"模式识别"时，我一方面认同早期的人类学和心理学文献在这里做出的贡献，另一方面也预见到了即将到来的信息社会存在的视

---

2 关于冷战人类学和社会科学的大量文献包括近来的 David H. Price, *Cold War Anthropology: The CIA, the Pentagon, and the Growth of Dual Use Anthropology* (Durham, NC: Duke University Press, 2016)。普莱斯写过几篇关于人类学和军队之间关系的文章，包括 *Anthropological Intelligence: The Use and Neglect of American Anthropology in the Second World War* (Durham, NC: Duke University Press, 2008)。

图2.1 爱德华·林奇（Edward Lyhch），玛格丽特·米德肖像照，1950年。图片源自议会图书馆（Library of Congress）复印件与照片部，华盛顿特区。

图2.2 露丝·本尼迪克特肖像照，日期不明，照片来自文档与特殊收藏图书馆，瓦萨学院图书馆群（Vassar Libraries）。

觉风险（visual stake）。[3]而我们也即将看到，控制论与系统论的发展使我们可以将模式看作信息；而被称为"模式识别"的技术，将在20世纪60年代，由伦纳德·乌尔（Leonard Uhr）等人在计算机科学中正式实现。[4]

然而，这一技术被发明之前的那段历史却并未沿着这种学科兴趣的

---

[3] 事实上，1946年，ENIAC（电子数字积分器和计算机）作为第一台电子通用计算机亮相，它由宾夕法尼亚大学摩尔电气工程学院建造。ENIAC构思于1943年，于1947年在马里兰州的阿伯丁试验场进行了更公开的首次亮相。见 Thomas Haigh, Mark Priestly, and Crispin Rope, *ENIAC in Action: Making and Remaking the Modern Computer* (Cambridge, MA: MIT Press, 2016)。

[4] 伦纳德·乌尔（Leonard Uhr）被广泛认为是模式识别科学的先驱人物，后者在20世纪60年代的计算机科学中得到了发展，并进一步演变为机器学习的兴趣。见 Uhr, *Pattern Recognition* (New York: John Wiley and Sons, 1966)。"模式识别"这个短语也会让人想起"模式观察"这一概念，后者出现在了这一著作中：Reinhold Martin, *The Organizational Complex: Architecture, Media, and Corporate Space* (Cambridge, MA: MIT Press, 2003)。这本书中，马丁关注的是麻省理工学院高级视觉研究中心的杰奥吉·科普斯（Gyorgy Kepes）的工作。从马丁这本书中也可以看出，本章展示了"模式"概念作为一个时期的主导的普遍性。

方向进行延伸。1934年，本尼迪克特出版了《文化的模式》（*Patterns of Culture*），该研究将文化的那些物质性的材料视为一种"放大了的人格"。而此时正值冷战早期，恰恰是这样的时间点使得这种方法呈现出了一种地缘政治性，以及随之而来的极大的紧迫性。而我要在下文中探讨的，则是将模式**作为图像**来捕捉，并将其作为一个有意义的整体来解读这样的集体兴趣（collective interest）是如何占据社会科学思想的。恰如克莱门特·格林伯格曾说过的："波洛克的力量在于他画作中显著的一个个表面，这种力量表现在他相当关注如何在这些表面上维持并强化所有那些浓重的、煤烟色的平面。"[5]"模式识别"给出的是一种夸张的解读视觉媒介的方法，而如果说它最终背叛了极端现代主义的方法论正统的话，这种背叛也仅在于它只是表面上模仿了形式分析的那些关注点。

从早期纽约画派图像志研究中的原始主义资源到中央情报局与现代艺术博物馆间错综复杂的神秘关系，再到赋予新绘画美学自由的雄辩修辞，抽象表现主义的文本对于人类学和冷战这两项资源都保持了持久的兴趣。[6] 但艺术史则倾向于将这两个主题分开处理，让它们成为世纪中叶文化潮流中的两座孤岛。而在这里，我认为模式识别使得艺术、人类学和冷战之间的联系变为决定性的了。它转向了一个近来视觉艺术研究的比喻：具体而言，**身份**及其表现为图像的具体化形式，被投射到了画布、纸张、赛璐珞胶片或屏幕的表面上，并经由这些表面被读解成一种行为的痕迹。身份、

5　Clement Greenberg, "The Present Prospects of American Painting and Sculpture," in Greenberg, *The Collected Essays and Criticism*, ed. John O'Brian, vol. 2: *Arrogant Purpose: 1945–1949* (Chicago: University of Chicago Press, 1986), 166.

6　经典文本见 Serge Guilbaut, *How New York Stole the Idea of Modern Art* (Chicago: University of Chicago Press, 1985), 以及 Frances Stonor Saunders, *The Cultural Cold War: The CIA and the World of Arts and Letters* (New York: New Press, 2001)。修正主义文章包括 Max Kozloff, "American Painting during the Cold War," 以及 Eva Cockcroft, "Abstract Expressionism, Weapon of the Cold War," 两篇文章均收录于 Francis Frascina, ed., *Pollock and After: The Critical Debate* (London: Routledge, 2000)。

个性、性格和行为的变迁兴衰，在冷战时期的智库，以及为其提供信息的更广阔的文化和地缘政治领域中占据了重要的地位。[7]而当波洛克作品的晦涩抽象已经不亚于敌人的隐秘行为的时候，我们是否可以认为公众对波洛克的接受与对后者的理解有一些同构性呢？另外，模式识别技术又是如何一方面适应了正在兴起的这些视觉文化，将流行图像、电影和漫画纳入到了其研究档案中，另一方面却又同时摒斥了那些将这些文化与纯艺术分开处理的学科研究的呢？

本尼迪克特和米德在战时和战后的工作为我们提供了一个在人类学以及军事情报的美学层面上都极负启发性的研究案例。[8]虽然米德后来因其对萨摩亚地区的性和跨文化研究中的那些观点而变得声名狼藉，然而在战时，她也像她所有那些同事一样，参与到了对战争及其后果的研究之中。[9]从1947年到1952年，本尼迪克特和米德获得了由海军资助的哥伦比亚大

---

[7] 在第二次世界大战及紧随其后的一段时间，密码分析的突破性发展成功地识别了各种形式的行为和密码，在此过程中推动了信息技术的理论和实践。

[8] 1943年至1945年期间，本尼迪克特领导了华盛顿海外情报局的基本分析科，而在几年前，她和米德组建了国家士气委员会，米德的丈夫、人类学家格雷戈里·贝特森也在该委员会任职。见 Dolores Janiewski and Lois W. Banner, eds., *Reading Benedict/Reading Mead* (Baltimore: Johns Hopkins University Press, 2005), 74。关于米德对士气和战后自由主义的研究，见 Fred Turner, *The Democratic Surround: Multimedia and American Liberalism from World War II to the Psychedelic Sixties* (Chicago: University of Chicago Press, 2015)。

[9] 这里我们没有空间来展开讨论后来那些关于米德在萨摩亚的研究以及她对其青春期前性行为的争论。关于她的人类学遗产的辩论始于 Derek Freeman, *Margaret Mead and Samoa: The Making and Unmaking of an American Myth* (Cambridge, MA: Harvard University Press, 1983)。

学当代文化研究项目的赞助。[10]其成果便是1953年出版的《远距离文化研究》一书,该书由多人合著,分析了"无法直接观察到的……个体性格中的文化规律"[11],而其更大的目标则是确定"这些规则在国际事务中的应用"[12]。同时,兰德计划——不久后又成立了兰德公司——也聘请了这几位人类学家从事相关研究,即《苏联人对权威的态度》。[13]本尼迪克特于1948年9月不幸去世后,人类学家罗达·梅特劳斯(Rhoda Métraux)

10　在本尼迪克特与道格拉斯飞行棋公司——后来的兰德公司的首批企业赞助商——的约瑟夫·戈尔森(Joseph Goldsen)的通信中,她为战前开始的这一项目继续进行提供了理由:"我随信附上一个项目的草案,供你初步考虑,或许也可以提交给兰德项目,这个项目是按照我们最近的一场探索性谈话的思路起草的。拟议的研究是战争期间在美国战略情报局(OSS)、美国战争信息办公室(OWI)和陆军部、海军部、国务院等下属的研究部门使用,作为我们与敌人和盟国人民关系的背景……这样的研究将产生类似于这一篇的日本研究报告《菊与刀》的结果,该报告在战争期间为解决诸如破坏日本士气的方法、获得俘虏投降的方法、预测日本投降后的行为以及最值得注意的——在投降情况下保持天皇的作用的可取性等各种问题提供了背景。"见 Letter from Ruth Benedict to Mr. Joseph Goldsen, Douglas Aircraft Company, Santa Monica, CA, April 27, 1948, Box G76: Projects in Contemporary Cultures, Folder 3, Margaret Mead Papers, Library of Congress。亦见 the correspondence between Benedict, the Office of Naval Research, and Frank Collbohm establishing contacts with RAND as well as the Society for Applied Anthropology at Yale University。Box G76: Research in Contemporary Cultures, Folder 7: RAND CORPORATION 1947–8, and Box G77, Folder 1: RAND Corporation, Margaret Mead Papers, Library of Congress。

11　Margaret Mead and Rhoda Métraux, eds., *The Study of Culture at a Distance* (Chicago: University of Chicago Press, 1953)。另见梅特劳斯(Métraux)后来对哥伦比亚大学当代文化研究的思考,"The Study of Culture at a Distance: A Prototype," *American Anthropologist* 82, no. 2 (June 1980): 362–373。关于该书中采用的各种方法——这些方法来源于当代文化研究工作组,见 the letter from Mead to Zanetti (Provost at Columbia University) cc'ed to Leila Lee, Research on Contemporary Culture, November 8, 1949:"《当代文化研究》中使用的方法是社会人类学、临床心理学和精神病学的方法,这取决于调查者的专门技能,与历史学家或政治学家专门研究一个国家的历史和机构的通常专业知识有些不同,它们的目的是补充更常见类型的专家的工作,而不是取代它"。Box G76: Research in Contemporary Cultures, Folder 5, Margaret Mead Papers, Library of Congress。亦见 *The Study of Culture at a Distance*, 3:"对这些研究的反对意见来自几个方面,有的是根深蒂固的专家,反对进入他的领域,有的则是训练有素的人,他没有把整个生命投入到研究中。"

12　Gregory Bateson, "Some Systematic Approaches to the Study of Culture and Personality," in Douglas G. Haring, ed., *Personal Character and Cultural Milieu* (Syracuse: Syracuse University Press, 1948), 71–78.

13　Margaret Mead, *Soviet Attitudes toward Authority: An Interdisciplinary Approach to Problems of Soviet Character* (New York: McGraw-Hill, 1951).

接手了他的工作，并在一个由不同学者组成的团队的帮助下继续这项研究。该团队有大约60名参与者，其中包括了：格雷戈里·贝特森（Gregory Bateson），一位影响深远的人类学家和控制论理论家，1936—1950年期间，他是米德的丈夫；内森·莱特斯（Nathan Leites），兰德公司的社会学家和政治局（Politburo）研究领域的权威人士，他后来写了一本关于米开朗琪罗的书；[14]精神分析学家玛莎·沃尔芬斯坦（Martha Wolfenstein），她在哥伦比亚大学做美学研究，多年来写了许多关于电影和艺术的论文；伊丽莎白·海勒斯伯格（Elisabeth Hellersberg），一位对图像的精神分析有着浓厚兴趣的心理学家；以及尼古拉斯·卡拉斯（Nicolas Calas），布勒东（André Breton）在巴黎的超现实主义圈子里的一位后期成员，他也是一名诗人和艺术评论家，并偶尔会在曼哈顿中城炙手可热的新兴画廊担任策展人。

这份名单表露出了对艺术和视觉媒介的极大兴趣，这与后来被称为"视觉人类学"（visual anthropology）的东西相一致，而且包含了当时那些激进的——至少是非正统的——研究材料。因为除了照片、漫画、电影和广告之外，高度抽象的所谓"投影"（projective）测试——包括罗夏墨迹和基于空方块的绘画测试——将成为一种可以映射民族特征行为的平台。彼得·盖里森为这种测试在20世纪早期的历史写作时，将罗夏墨迹称为一种名副其实的"人格技术"（technology of selfhood），而我则将其视为一种冷战解释学，它对艺术史和视觉文化研究都产生了很大影响。[15]这也给战后的艺术史学家们带来一个问题：还有什么比把罗夏墨迹和杰克逊·波洛克画上等号更陈词滥调，更像一个笑话的事吗？尽管如此，这种

14　夏皮罗也与莱特斯有联系，他的档案中的一封1949年的信记录了这一点，见 Correspondence, Box 143, Folder 13, Meyer Schapiro Collection, Columbia University。

15　见 Peter Galison, "Image of Self," in Lorraine J. Daston, ed., *Things That Talk: Object Lessons from Art and Science* (New York: Zone Books, 2007), 257–297。

图 2.3　玛格丽特·米德，由兰德公司委托编写的《苏联人对权威的态度》，1951 年。图片来自兰德档案馆。

陈词滥调表现出的顽固在历史上却很常见，在方法论上也相当有说服力。事实上，它让人想起了伊夫-阿兰·博瓦在重新审视潘诺夫斯基（Panofsky）时指出的、在现代艺术研究中已被确定为"假象"（pseudomorphism）的那种分类错误：那种在完全不同的事物间建立起视觉等价的倾向，进而在这一过程中揭示出跨历史的，并且或许也是跨学科的议程。[16]

本章将这种倾向作为一种模式本身来进行追溯，从人类学家利用模式

16　假象（pseudomorphism）这一术语在这里指在视觉上根据形态将两种不同的事物等同起来。这一术语是由潘诺夫斯基提出的，可见 Erwin Panofsky, *Tomb Sculpture: Four Lectures on Its Changing Aspects from Ancient Egypt to Bernini*, ed. H. W. Jansen (New York: Harry N. Abrams, 1992)。博瓦（Yve-Alain Bois）又在抽象的历史和历史学方面对这一概念进行了重新论述，可见于他的 "On the Uses and Abuses of Look-Alikes," *October* 154 (Fall 2015)，以及 "François Morellet / Sol LeWitt; a Case Study," *October* 157 (Summer 2016): 161–180。

图 2.4 赫尔曼·罗夏，罗夏墨迹测试，1922年。图片来自耶鲁大学哈维·库欣／约翰·惠特尼医学图书馆。

和格式塔共同解决冷战身份危机开始，到对抽象表现主义的接受中的交流问题，再到20世纪40年代和50年代受到投影测试影响的美学维度，尽管当下已经陷入沉寂，这种模式在历史上也曾煊赫一时。本尼迪克特和米德对文化**差异**的态度也是至关重要的——一种源自他们共同的导师弗朗茨·伯厄斯（Franz Boas）的相对主义人类学态度；但相较而言，冷战时期现代主义的身份与其内部相似性则是一个更大的论题。我们可能会问，本世纪中叶对相似性与身份的狂热，为我们当前的观看习惯、使这种联系成为可能的技术，以及被称为"视觉"的文化形式的崛起带来了何种启示？[17]我们也可能会问，对模式的狂热，是否表明"身份"可能是一个有着历史变化的类型，其不同的内涵会不断地随着军事战略、权力和控制的实际利益变化而随时被征用？

---

17 关于视觉文化的"视觉"概念的诸多论述中，最严谨之一是 Whitney Davis, *A General Theory of Visual Culture* (Princeton, NJ: Princeton University Press, 2011)。

本章对这些问题在多个层面上做出了回应，并以对这种模式在当下遗产的轻微挑衅作为总结。我们这里所说的模式并非始于人类学家，也非智库，而是从那种被艺术史学家断然否定的对波洛克的解读开始，进而转向模拟、解码和图像中隐藏起来的身份。一个在抽象表现主义的文献中反复出现的问题——抽象和再现之间的关系——将会在智库的运作中产生新的意义。其后，我将详细地讨论对模式研究的不同旨趣是如何被引向了文化内部的身份**危机**问题，并被智库理所当然地接受的。这些旨趣包括了人类学对格式塔心理学的继承，控制论对将模式——无论是行为模式还是艺术作品的模式——作为信息去"解读"的迫切要求等等。另外，我还在这一章描绘了《远距离文化研究》和《苏联人对权威的态度》中所阐述的方法，这两个项目都受到了兰德计划与兰德公司的影响。最后，我还讨论了社会科学的学者们开展投影测试的方式，这些方式与现代艺术的大众接受有颇多相似之处。

犹如杰克逊·波洛克那样

说波洛克"犹如"1947年左右的罗夏测试，并进一步声称，这一比喻在历史和方法论层面都具有指导意义，这意味着什么？或者，同样关键的是：如果这些对象被反转过来，说罗夏测试"像"波洛克，又意味着什么？1964年，托马斯·赫斯（Thomas Hess）批评了近二十年中使用这种等价关系的流行："我们反对那些把波洛克看成一张墨迹卡片，并把自己的不安全感读解进他的生活中的人们。"[18]对波洛克和墨迹的指称，似乎是在较晚的时候才进入了批评家的视野，但就像在其他纽约画派的画家那里那样，这一语法规则在艺术家当代的理解中通向了一种同源的方法。然

18　Thomas Hess, "Pollock: The Art of Myth," *Art News* 62, no. 9 (January 1964).

而，所有那些关于波洛克的绘画"像"这个或那个（与他的绘画截然**不同**的东西）的调侃，以及所有那些建立在"像"和"如同"基础上的比较结构，都不仅仅是便捷的说辞或对艺术家的形式创新的不负责任的否定。应该说，就抽象表现主义中充塞着的那些形形色色的相似性而言，我们更应该把他们看作随着冷战语义学发展的兴衰而不断变迁的批判性理解及其遗产的一部分。[19]事实上，在通过这些对象重新审视纽约画派绘画的最有影响力的小册子之一——哈罗德·劳森伯格（Harold Rosenberg）的《美国行动派画家》(*The American Action Painters*, 1952)，我们很可能会被书中一个章节的标题"**犹如（as if）**的戏剧"（加粗部分为作者所加）所震惊。劳森伯格回避了艺术批评通常感兴趣的那些东西，提出了他的著名观念：绘画是一种"行动"（act）。他声称："新的绘画已经打破了艺术和生活之间的所有区分。而这带来的直接结果就是任何东西都变得与它有关。"[20]

尽管劳森伯格的"犹如"呼应的是当时最典型的存在主义思潮，但他的语言对本章要阐释的问题仍有启发意义。然而，其证据的平庸似乎暗示了另一种情况。"波洛克的画……就像我想梳整齐的一团乱发一样"，艾米丽·杰纳尔（Emily Genauer）在1949年调侃道。[21]或者说，他的作品就像"葛底斯堡战场地图的轮廓"。又或者说，他的作品让人想起原子弹、铁丝网或半生不熟的通心粉。对其他人来说，他的画像一个"愤怒的女王"，像一个穿盔甲的女人；像猪、鳗鱼、鹳或鹅卵石厂房。还有一些人

19　一篇追踪控制论、符号学和结构主义之间关系的精彩文章是 Bernard Dionysius Geoghegan, "From Information Theory to French Theory: Jakobson, Lévi-Strauss and the Cybernetic Apparatus," *Critical Inquiry* 38 (August 2011): 96–126。

20　Harold Rosenberg, "The American Action Painters," in David and Cecile Shapiro, eds., *Abstract Expressionism: A Critical Record* (Cambridge: Cambridge University Press, 1990), 78.

21　Emily Genauer in the *New York Times*, reprinted in Pepe Karmel and Kirk Varnedoe, eds., *Jackson Pollock: Interviews, Articles and Reviews* (New York: Museum of Modern Art, 2000), 49.

在这些作品里看到的是人口众多的城市的航拍地图，印度沙画，巨大的宇宙星图。有些人则看到了磁场、蜘蛛网、脑部组织、微生物和黑色的块状物。这些联想非常多，而且它们无意中被艺术家自己的荣格式追求（Jungian pursuit）证实了。在拒绝"抽象表现主义"这个词——更不用说非客观绘画（non-objective painting）——的时候，他的说法已经声名远扬了："我在某些时间会极具表现性，在所有时间里都有一些表现性。但当你以潜意识作画时……那些形象就必然会浮现。"[22]

综合来看，这些随机混杂的评论噪音信息中究竟反映出了什么，它们又是如何进行表达的？认为任何意义都可以像罗夏测试一样投射到波洛克的线条和墨点上的观点，显然是格林伯格主义者（Greenbergian）的成见所不齿的。不过，在对波洛克的接受中，这些解读简直太常见了，它们构成了一个特定的类型——粗野的、没有经过严格的形式分析训练的、近乎自白一般的主观的、让现代艺术鉴赏家和先锋派的激进信徒都感到尴尬的一种类型。这种描述流露出了对图像有意采用的折中主义方法，一种参考意见的大杂烩，就像这幅作品想象中的受众群体一样多样化。尽管这样的解读看似没有准则，但在冷战时期智库的话语轨道中，它们却承载了人类学家要求的那种具有模式识别功能的符号含义。如此一来，我们就要重新审视波洛克究竟是如何为大众所接受的，即由当时同构（isomorphism）与识别（identification）的广泛意愿所引导的这种接受——这种接受以一种投射相似性为基础，提出事物间的某种等同性，并且也为视觉线索分配一种可识别的身份，进而消解了这些线索自身的不透明性。

简而言之，这是将抽象与神秘作为工具置入了冷战的意义系统之中。

---

22 波洛克这句著名的引用是这样说的："我有些时候非常具体主义，有些时候则一直是。但当你处于无意识中作画时，人物就必然会出现。我们都受到弗洛伊德的影响，我想。我，已经有很长一段时间都是一个荣格派的人了。"对波洛克荣格式的解读已经得到了很好的实践，并在一场争论中达到了顶点，即为治疗目的而制作的画作的展出和出版。见 Claude Cernuschi, *Jackson Pollock: Psychoanalytic Drawings* (Durham, NC: Duke University Press, 1992)。

而鉴于许多相关艺术家集体对此回避了讨论，这个问题反而变得复杂了。波洛克是这方面的典型，但许多他的同行也是这样。这里至少就包括了马克·罗斯科（Mark Rothko）、阿道夫·戈特利布（Adolph Gottlieb）、大卫·史密斯（David Smith），以及其他的许多人。[23]纽约画派的画家们提倡一种沉默的存在主义，无言地传递着悲剧和崇高的气息。抽象表现主义对语言的特殊抵制可能是任何新兴的运动都会有的情况。它的成员可能认为艺术批评限制了美学或阐释上的可能性——并且将一系列原本不同的实践一般化了。但是，无论他们通常是如何看待批评家们的，这一时期的这种接受以及必然随之而来的反对意见都很可能有其历史特殊性。

考虑到这些框架性的问题，关于波洛克的大众接受的基本问题——他的抽象的双重性本质与命运，以及具象和抽象之间明显的张力——读解起来便与先前的理解有很大不同了。在讨论这些之前，我想先重温T.J.克拉克（T.J. Clark）对波洛克的抽象与"现代主义的噩梦"做出的形式分析。我不认为克拉克具体的解读有什么和冷战有关的动机，但在他的表述中，我追溯到了一些高度富有暗示性的东西。对于滴墨画（drip paintings），塞西尔·比顿（Cecil Beaton）1951年为《时尚》杂志拍摄的臭名昭著的照片中的装饰性背景，克拉克追问道："这些照片在哪些方面重要？如何重要？"[24]毫无疑问，这种重要性在于它们是意识形态上的彻底反转的标志物。这些画作为时尚和商业的附属品，颠覆了它们在抵制资产阶级霸权方面的任何主张，现在它们被重新用作"资产阶级文化本身的中心器官"。[25]这就是克拉克当代解读的核心内容。让我印象深刻的是他独特的

23　Ann Gibson, "Abstract Expressionism's Evasion of Language," *Art Journal* 47, no. 3 (Autumn 1988): 208–214.

24　T. J. Clark, "Jackson Pollock's Abstraction," in Serge Guilbaut, ed., *Reconstructing Modernism: Modernism in New York, Paris, and Montreal 1945–1964* (Cambridge, MA: MIT Press, 1990), 176.

25　Ibid., 179.

措辞，它巧妙地捕捉到了波洛克的当代接受所具有的调性与质地：

> 波洛克在 1947—1950 年间所发明的是一套形式，在其中，从前无序的自我表现——无言的、躯体的、野性的、自我冒险的、自发的、不受控制的、"存在的"、"超越"或"先于"精神的有意识活动的——可以获得一点明确性，并使自己获得一套相对稳定的能指（signifiers）。现在，倾泻而下的线条溅起点点水花，这就等同于自发性（spontaneity）这样的性质。某种画家掷下的交错的笔画现在可以被认为——相当随意地被认为——是愤怒、欣喜等心理状态……这些都是文化现在想要表达的经验层面……因为资本主义……需要对身体、感官、"自由"更具说服力的描述，以便扩大，甚或是完善它对日常生活的殖民。[26]

克拉克强调了波洛克的作品在刚刚被接受之时将会承受一定的语义压力，仿佛这些画作晦涩的语言风格被宿命般地征用来为"一套相对稳定的能指"服务。最初出现的那种剧烈的偶然性将会最终**等同**于个人体验。而那些由偶然而非"表达"驱动的东西，将被等同于随后许多冷战宣传中兜售的自由信条。后者，正如塞尔日·吉尔伯特（Serge Guilbaut）以及其他描述冷战期间抽象表现主义的学者所做的正确推断那样，即使是以相当富有戏剧性的方式编造的，也是一种开创性论述。我在这里既不是要详述，也非要反驳这种解读，而是要引起对一种表述语言的注意，即这些观点中所共同依据的相似性与身份的概念，以及利用集体意志使得视觉上含混的东西变得透明化和可理解，进而使得这种陌生的符号变得**有意义**。这里，我们看到这一进路所处理的问题与1947年左右由波洛克创造的艺术所提出

26　Ibid., 180.

图 2.5 塞西尔·比顿，穿着艾琳浅蓝色长裙的模特，《时尚》*Vogue*，1951 年 3 月。照片来自塞西尔·比顿 /*Vogue*，版权属于 Condé Nast。

的那些是具有一致性的：这种阐释是如何从抽象迈向表现，并再次返回抽象的。

波洛克的滴墨画被视为"异质的"（foreign）或"他者"（Other）并非偶然，即使这些词常常被用来形容世纪中叶所有那些"美国的"东西。它们就像"东方"书法或者"印度代码"（Indian code），又或者是阿拉伯文字一样具有异国情调。它们也同样可以在墨西哥现代主义中被注意到，特别是在壁画中。同样可以提及的还有纳瓦霍人（Navajo）的沙画，美国印第安人的"图画写作"（Picture-Writing）也可以提供其自身的现代主义经验。[27]或者换个说法来看，即使这些作品没有被当成完完全全的外星产物，通过把波洛克的表达方式标识为一种具有宇宙性的方式，它们被视为了一种天外来客。如果说这样的反应似乎是一种无可救药的、无可避免的原始化，并且与纽约画派从超现实主义那里继承的遗产相符，那么当——**尤其当**——这样的作品因民族主义的目的被从意识形态意义上使用的时候，就会显示出强烈的外来性。尽管绘画所具有的这种激进的异质性或许终归会被其本土观众用语言殖民。我认为，这些解读并不是新闻界对先锋派挑衅的通常回应，理解它们应该通过一种决定性的超美学（extra-aesthetic）的，或者说民族化的现象来着手。

在这一点上，我们需要提醒自己注意贯穿波洛克第二时期作品的阐释问题。在那里，具象和抽象之间的界限永远是模糊的，"朦胧的"表现问题非常重要，艺术家否认他的作品"仅仅"是非客观的，这一否定也在大众的接受中得到了证实。早在波洛克晚期被称为"切割"（Cut-outs）的实验之前——在这些画中，一块画布被从画面上切去，通过其物质上的缺失来记录一个图形——人们对这位艺术家的看法就是：他抓住了非客观性

---

27 关于美国本土艺术和现代主义，见 W. Jackson Rushing, "Ritual and Myth: Native American Culture and Abstract Expressionism," in *The Spiritual in Art: Abstract Painting, 1890–1985* (New York: Abbeville Press; Los Angeles: Los Angeles County Museum of Art, 1986); 以及 W. Jackson Rushing and William H. Goetzman, eds., *Native American Art and the New York Avant-Garde: A History of Cultural Primitivism* (Austin: University of Texas Press, 1995)。导致来许多围绕土著艺术和现代主义的这一时期的陈词滥调的那场展览是"美国的印第安艺术"（1941年，现代艺术博物馆）。这场展览由弗雷德里克·H.道格拉斯（Fredric H. Douglas）、雷内·德·哈农库特（René d'Harnoncourt）和美国内政部的印第安艺术和工艺委员会组织。在本章的背景下，我们必须注意"风语者"（Navajo Code Talker）在第二次世界大战期间的突出贡献。纳瓦霍海军陆战队制作了一套密码系统，在太平洋战场上一直没有被破解，这是确保战胜日本人的一个关键。关于这一发展有一广为流传的回忆录：Chester Nez (with Judith Schiess Avila), *Code Talker* (New York: Penguin, 2011)。关于现代主义、原始主义和人类学的书目可以写满几卷。其中，有两个例子同时面对着殖民和性别两个维度：James Clifford, *The Predicament of Culture: Twentieth-Century Ethnography, Literature, and Art* (Cambridge, MA: Harvard University Press, 1988); and Micaela Di Leonardo, *Exotics at Home: Anthropologies, Others, AmericanModernity* (Chicago: University of Chicago Press, 1998)。

和表现性之间移动的效价（shifting valences）。批评家们承认，这些画有种近乎好战者的品质，可以从一个能指域滑向另一个能指域，然后再滑回来。"它带领我们，"爱德华·艾伦·朱厄尔（Edward Allen Jewell）说，"进入抽象的领域，其中不乏突如其来的暴力。"这是朱厄尔1943年的说法，但这些术语很容易就可以被颠倒过来，并用于其后来的作品；因为波洛克的抽象可能被同样粗暴的力量强行带入具象的领域。"这些作品不能被称为非客观的抽象画，"朱厄尔进一步说，"因为它们中的大多数都有相当自然主义的标题，并且有两幅被标记为'无题'的作品在这一系列出版后被艺术家具象化（particularized）了。"[28]朱厄尔发现了波洛克具象的标题与其抽象的作品间令人不安的关系——这一问题在1947年前后关于波洛克的文献中变得至关重要，但其中的冷战痕迹仍未得到探讨。[29]

正是在这一意义上，没完没了地重复称波洛克的作品是"隐秘的"（cryptic）或像一则"教条"[30]就与所有其他那些关于这位艺术家的陈词滥调一样无趣了。或许波洛克的滴墨画没有遵循一致的或可重复的模式，但它们共同表现出了对使用通信与密码学语言破译其抽象作品的明显关注。无论如何，这些作品放在一起可以被视为一个需要被解码的模式，或者一个要被读解的图像。罗伯特·科茨（Robert Coates）在波洛克1947年的作品中看到了一种失败，即无法传递单一的信息，因为他拒绝停留在任何一个意旨寄存器（signifying register）中："这样的风格有其危险性"，"因为艺术家和观众之间的交流线索是如此稀薄，以至于需要集中最大的

---

[28] Edward Allen Jewell, "Art: Briefer Mention," *New York Times*, reprinted in Karmel and Varnedoe, *Jackson Pollock: Interviews, Articles and Reviews*, 49.

[29] 波洛克喜欢给他的作品起文学性的标题——格林伯格认为这是"自命不凡"，另一位最早的评论家则认为是"纯粹的隐晦低调"。这一点可见 Howard Devree, *New York Times*, 1945, reprinted in ibid., 52。

[30] Shibboleth，这个词在《圣经》中用来指代考验。——译注

注意力才能捕获其中的信息"。[31]

1950年，电影评论家帕克·泰勒（Parker Tyler）在一篇评论中更加明确地将波洛克的观众所要求的阐释工作主题化了，该评论将艺术家诡秘的模式与外语系统、解码以及抽象与具象形式之间的突然转换结合了起来。这里，泰勒所使用的语言本身就显得杂乱无章，在各式各样的隐喻中跳动。他写道："我们遇到了一个抽象形式的悖论，它依据一份由未知符号构成的字母表。"他描述了它与阿拉伯书法的联系，一种既具可写性又具美学性的碑文。在泰勒看来，波洛克的作品是一个"未知符号构成的字母表"，一种"作为图像的语言"。在一个十分恰当的转折后，他从**模式**的角度界定了这些作品：

> 这是一种作为图像的楔形文字或坚不可摧的语言，同样也是纯粹形式的美丽且微妙的种种模式。
>
> ……在古代石碑上……某些语言流传了下来，专家们就费尽心思去解释这些信息。在此我们的假设是，每一笔都带有确切的、总是可以穿透的意义。但在波洛克的作品中……确切的意义并不总是隐含在其中的。或者说，如果我们说艺术总"意味着什么"的话，那波洛克给我们的一系列抽象图像……就其性质而言，永远无法解读出原始的、无可争议的意义。[32]

泰勒这段陈述的那种回旋（convolution）与他赋予波洛克艺术的神秘性是一致的。波洛克的抽象"图像"预先假定了观众任意的解读，以及他们对这些晦涩作品的理解过程，这种过程可能与破译楔形文字相差无几。而且，也许这就是这些作品的内在含义——抽象就是这种无节制的解释学

---

[31] Robert Coates, *The New Yorker*, 1948, reprinted in ibid., 59.
[32] Parker Tyler, "Jackson Pollock: The Infinite Labyrinth," reprinted in Ibid., 65–66.

追求的载体。

简而言之，我所暗示的是，贯穿这些叙述中的这些试图与作品建立起交流的语言表明了这样一种倾向，即杰克逊·波洛克"像"许多东西：原子弹、宇宙大爆炸、铁丝网、面条、头发等等。为了能让这些符号被作为密码阅读，为了赋予这些视觉上的"教条"以理性，或至少变得可以辨认，我们就必须要承认：模式，从长期来看对于视觉文化有着深远的影响，其中也包括了许多纽约画派艺术家所栖居的艺术世界。

作为一个直截了当的例子，我们可以看看这幅图像（图2.6），它所展示的是40年代初纽约的一门密码学课程的橱窗广告。[33]具体来说，李·克拉斯纳（Lee Krasner）牵头为WPA（Work Progress Administration，公共事业振兴署）组建了一支艺术家团队，其中就包括波洛克，来为战争事务办公室（War Services Office）的新宣传活动造势，并最终创作出了1942年的一系列拼贴画。其中有两幅是以密码学为主题的。克拉斯纳的展览具有未来主义和构成主义的设计特点，文字都围绕着战时通信的主题，倾斜角度多样、零散的图像奇特地混合在一起。在这些图像中，我们可以发现：隐约的地图轮廓，一只信鸽带着它的秘密命令出现在前景中，一个全神贯注的美国大兵在打电话，一堆代码表散落一地，还有认真的男人和女人正专注于他们的分析。黑色的字母在背景中错落有致：它们穿过画面时，在白色的背景中又迅速成为焦点。正如克拉斯纳后来几十年的类绘画创作（graphic output）那样，这幅拼贴画中表现了一系列语义反转：人物和地

33　该图片首次载于 Richard D. McKinzie, *The New Deal for Artists* (Princeton, NJ: Princeton University Press, 1973), 168。一篇更近的文章是 Lisa Saltzman, "'Mysterious Writings': On Lee Krasner's 'Little Images' and the Language of Abstraction," in *From the Margins: Lee Krasner/Norman Lewis, 1945–52* (New York: Jewish Museum, 2014), 68–77。萨尔茨曼 以一种与我对冷战技术的兴趣相辅相成（但不重叠）的方式解读了密码学和写作；她没有处理我所关注的媒介问题。整个系列的照片（现在已经不存在了）可以在华盛顿特区史密森尼美国艺术博物馆的美国艺术档案馆查阅：the Archive of American Art, Smithsonian American Art Museum, Washington, DC, Box 13 of 18, Series 2: Lee Krasner Papers, Lee Krasner Artwork from the WPA (unscanned), circa 1940–1942。

图 2.6　李·克拉斯纳，《密码学展示》，1942 年。照片版权属于 Pollock/Krasner Foundation/Artists Rights Society(ARS)。

面、文字和图像的游戏。换句话说，这是一个关于密码学本身逻辑的视觉入门书。

值得注意的是，紧靠着这些元素的右前方还有一组抽象而难以辨认的笔迹：在这里，不确定的、书法性的动作被放置在一个倾斜的白色平面上。这一部分与拼贴画左边的代码表以相反的颜色互相呼应。也许右边的这些抽象线条在设计上是后来添加的，是一位（或多位）艺术家在这个战时广告的边缘行使他有限的艺术自主权而诞生出的无聊涂鸦。尽管如此，它们仍然是对作品另一侧的那个神秘的字母网格的一种独特补充。表面上看，观众因这种晦涩不明的标记而被拉入这个破译的现场，然后——就像进入了活动的中心领域——获得了解开这些抽象动作可能拥有的任何秘密意义的工具。

我知道，对某些人来说，这种解读很可能仅仅是我一个人的推断。有趣的是这恰恰也是问题的关键。当然，克拉斯纳对密码学的精通程度并不比她对化学或其他任何她被委托通过艺术来宣传的主题更甚。应该说，这种阐释的倾向性在历史上是恰切的——它本着一种故意误认的精神，这也是先锋艺术制作领域前后诸多时期中成就的特点。还有一些其他的例子，世纪中期的抽象表现主义与密码和加密的逻辑相吻合。塞·托布雷（Cy Twombly）在50年代初期做军队密码员的经历就是这样一个相当有趣的例子。但我们不需要参考这种事，也不需要通过把它当作一种密码图像志（crypto-iconography）来支持这一时期抽象绘画接受方面更广泛的主张。这一时期的接受现在被迫背负着临时分配给它的任意意义的语义负担，并被"征召"去行动，**像是**杰克逊·波洛克的滴墨画，或者**像是**别的什么东西。选择"征召"这个带有显著的军事价值的词是有特定目的的。迫使这一图像来表演——像我所做的这样——这件事的调性符合冷战阐释的那种粗暴要求。对于在兰德公司的影响力范围内工作的社会科学家来说，这些过程标志着模式识别的紧迫性，是其自身在世纪中叶的方法论。无论赋予图像什么样的身份，都事实上背叛了其制作者或受众的身份；而从该制作者或受众那里可以收集到的任何信息，反过来也都会被理解为一种**模式**。

身份危机的模式

对冷战时期的艺术史学家来说，在模式和身份两个概念间划清界限这个要求为他们提出了一个语气和时态的问题。当"身份"的问题在当代艺术界出现的时候，它们通常特指民权时代的代表性要求、近来的多元文化议程，或当前关于性别、性、交叉性（intersectionality）的话题，这意味着对稳固的身份和主体性概念的质疑。1947年左右，正如我们在上面所理解的那样，身份并不是一个具有肯定性内涵的问题。它是一个关系到国家安全和危机的问题。事实上，无论它在世界舞台上的形象如何，美国在本世纪中叶可以说经历了它自己的"身份危机"，这个词是由米德的朋友兼同事埃里克·埃里克森（Erik Erikson）提出的。[34]事实证明，如何将这种身份认同模式化对地缘政治学而言至关重要。这需要从各学科中汲取新的方法。

我们可以把这一时代的一份经典文献作为这种转变的代表。1946年7月，外交官乔治·F.肯南（George F. Kennan）从莫斯科向华盛顿发送了他著名的"长电报"（Long Telegram），向一个封闭的美国情报官员圈子概述了当时尚不成熟的遏制政策。[35]这封电报长约5500字，作者敏锐地意识到这"给电报信道带来了负担"，但这条信息极具紧迫性，正如电报中所试图表明的1947年发生的剧变那样。这则曾深藏不露的电报后来以开诚布公的形式出现在《外交事务》这个杂志上的一篇文章中——《苏联行为的根源》。这个标题阐释了行为科学，以及模式化的修辞对军事战略制定的影响。文章中提到了苏联人"神经质的世界观"和"苏联人的思维模式"。在这份心理学简报中，作者的名字仅仅被写成了"X"，这也戏剧性地表明了世纪中叶身份转变中严峻的利害关系；这种身份的揭露不啻国家安全问题。

《苏联行为的根源》肯定会在兰德公司的那些常驻工作人员中找到一个细心的听众。首先就是内森·莱特斯，这位政治学家因研究公审[36]而闻名，他是米德的重要合作者，迈耶·夏皮罗的通信者，也是肯南在国家战

34　Erik Erikson, *Childhood and Society* (New York: Norton, 1953)。身份、个性、主体性和异化的主题在当代文学中很受欢迎，例如 David Riesman, *The Lonely Crowd: A Study of the Changing American Character* (New Haven: Yale University Press, 1950)。对于艺术史上这种被称为"现代人话语"的流派的最佳分析，见 Michael Leja, *Reframing Abstract Expressionism: Subjectivity and Painting in the 1940s* (New Haven: Yale University Press, 1997)。

35　关于这一主题的主要传记是 John Lewis Gaddis, *George F. Kennan: An American Life* (New York: Penguin, 2011)。

36　show trials，此处似乎指苏联肃反运动，即"大清洗"。——译注

争学院（National War College）的同事。[37]然而，这篇文章在冷战早期文献中的名气掩盖了其在方法论上的新颖性：把敌人的行为确定为一种**模式**，进而预测未来行动的战略，并根据这一研究结果做出有条理的决定。事实上，到了1946年的时候，肯南几乎不需要向外交政策分析家、苏联学家或其他社会科学家解释这种语言了。至少从20世纪30年代开始，人类学就一直在稳定地塑造一种民族性格的概念，并将其作为一种模式——既是一种虚拟的，（对一些追随者来说）又是文化、信息和个性直接相交织的。

要理解"模式"作为一个时期特定概念的含义，就需要探究形成这一术语的文化和人格研究的总体兴趣，并描绘这些研究对视觉文化研究的新方法产生了怎样的影响，对抽象表现主义的接受又具有怎样的意义。文化和人格研究受了弗朗兹·博厄斯（Franz Boas, 1858—1942）的巨大影响，他被称为"美国人类学之父"，因为他在博物馆和学术界的许多机构里都有任职，并培养了一代文化人类学家和民族学家：本尼迪克特、米德、爱德华·萨皮尔（Edward Sapir）、阿瑟·克罗伯（Arthur Kroeber）、左拉·尼尔·赫斯顿（Zora Neale Hurston）等等。[38]当然，他的职业生涯并非没有争议。博厄斯对美国加入一战的立场坦率而清晰，他对人类学家在这一时期充当"间谍"的行为进行了抨击，这使他在美国人类学协会和哥伦比亚大学那里受到谴责。[39]但是博厄斯的行动主义，一直表

37　Nathan Leites, *The Operational Code of the Politburo* (New York: McGraw-Hill; Santa Monica: RAND Corporation, 1951).

38　文化和人格研究并不能完全代表这样一个学派，但在本世纪中叶，美国人类学界一些最有影响力的人物都不同程度地参与了被广泛归类为"C&P"的课题，包括米德、贝特森、克莱德·克鲁克霍恩、爱德华·萨皮尔等人。关于该主题的一个重要的早期编辑卷是 Haring, *Personal Character and Cultural Milieu*。

39　关于博厄斯谴责人类学家用他们的学术成果来掩盖他们的间谍活动，可见 David H. Price, *Cold War Anthropology*。1919年，博厄斯以此为由直接指责了几位美国人类学家。而美国人类学协会的全面报复是迅速的。博厄斯受到谴责，并被迫辞去了国家研究委员会的职务。

现在整个30年代的反种族主义、法西斯主义、优生学和反犹太主义的声明中，与他自19世纪90年代以来提出的进步方法论相一致，其原则是文化应该作为综合的整体被评价，而不是生理差异的结果。博厄斯反驳了英国人类学的进化论方向，因为它充斥着自身的殖民化动机；相反，他主张文化生产的语境性（contextual）、历史性和偶然性，也就是这样一种方式：一个民族的物质传统和行为由一系列"超有机性"（superorganic）的力量所塑造。由于他的主张基本上围绕着民族学博物馆的策展实践展开，所以他的贡献常常被简化为一种"文化相对主义"（cultural relativism）。[40]1897年，他写了一份关于此类博物馆的极权化逻辑的根本性论述，按照传统，这些博物馆会展示不同民族的相同的文物，来证明对文化发展的定向演化解读。"我认为，民族学收藏的主要目标应该是传播这一事实：文明不是绝对的，而是相对的，"他写道，"我们的想法和概念只有在我们这一文明的范围内才是真实的。"[41]

文化相对主义的信条是文化和人格研究的核心，它与目的论驱动的欧洲中心主义的意见截然对立。以前用以划分高级文化和"大众文化"、西方与其他国家、自我与他者的等级制度，将随着语境化标准的引入而逐渐黯然失色。正如玛格丽特·卡弗（Margaret Caffrey）在她为本尼迪克特撰写的那本传记里写到的，30年代中期，文化和人格研究得到了社会科学研究理事会（Social Science Research Council Committee）和国家研究理事

---

40 关于博厄斯和文化的概念，一篇很有启发的文章是 George W. Stocking, Jr., "Franz Boas and the Culture Concept in Historical Perspective," in Stocking, *Race, Culture, and Evolution: Essays in the History of Anthropology* (Chicago: University of Chicago, 1982), 195–233。

41 Franz Boas, "Museums of Ethnology and Their Classification," *Science* 9 (June 17, 1887): 589。Ira Jacknis 关于博厄斯分类、博物馆学和视觉文化的学术研究包括他的 "Franz Boas and Exhibits: On the Limits of the Museum Method and Anthropology," in George W. Stocking, Jr., ed., *Objects and Others: Essays on Museums and Material Culture* (Madison: University of Wisconsin Press, 1985)。亦见 Susan Hegeman, *Patterns for America: Modernism and the Concept of Culture* (Princeton, NJ: Princeton University Press, 1999)。该书严格地将20世纪初的"文化相对主义"概念与近来后现代主义相关的概念进行了历史性的比较。

会（National Research Committee）两家机构的系统支持。1931年，萨皮尔在耶鲁大学主持了一个关于该主题的研讨会。[42]文化模式或"模式化"（patterning）的概念从根本上满足了这类研究的兴趣，既是其特例，也是其总体方法。文化"模式化"了个人与社会的关系，这种关系又体现在她的行为与个性习惯上。个人在多大程度上是该文化——其模式——构成中的有效代理人，是个争辩不休的话题。

卡弗指出，博厄斯和他的学生早在20世纪10年代就首次使用了"模式化"的概念，尽管当时所讨论的是不同的研究主题。不难预料，萨皮尔关注的是它对语言的影响，即所谓的萨皮尔-霍夫假说（Sapir-Whorf hypothesis）；而克罗伯则主张"文化元素综合体"，即"标志不同文化群体的不同文化特征之间的模式化共存"。[43]换句话说，本尼迪克特远不是第一个使用这一术语的人，但她1934年出版的《文化模式》这本书却有效地普及了这个术语。这本书被翻译成14种语言，到70年代初时销量超过了一百万册，自发行以来不断地重印。在研究祖尼人（the Zuñi）、多布安人（the Dobuans）和夸库特人（the Kwakiutl）的过程中，本尼迪克特努力地同时解释了根深蒂固的传统和社会偏离行为，在这一过程中她希望通过这些模式来证明她始终"专注于其中的文化一致性问题"。[44]正如她所说，"一种文化，就像一个人，是一种或多或少具备一致性的思维与行动模式"，这种观察强调了集体与个人、整体与部分间的动态张力。[45]

---

42 Margaret M. Caffrey, *Ruth Benedict: Stranger in This Land* (Austin: University of Texas Press, 2013), 214.

43 同上。另外，概述这些定义和原则的一本指导性的教科书是 Jerry D. Moore, *Visions of Culture: An Introduction to Anthropological Theories and Theorists* (Plymouth, UK: AltaMira Press, 2012), 81。

44 Virginia Heyer Young in *Ruth Benedict: Beyond Relativity, beyond Pattern* (Lincoln: University of Nebraska Press, 2005), 10.

45 Ruth Benedict, *Patterns of Culture* (New York: Mariner Books, 2005), 46.

因此，文化行为的"模式"概念——以及由此引申出的身份问题——从属于一系列不同的来源，并在人文和社会科学领域产生了相应的广泛影响。[46]文化和人格研究在20世纪30年代和40年代的特殊牵引力可能是该领域自身那种混合状态的应然之物：它求助于语言学、心理学以及后来新兴的信息理论领域的学科研究，并与之相关联。反过来，文化人类学也从这些学科中汲取营养，作为支持其科学（和社会科学）声誉的一种手段，而此时与其竞争的其他人类学流派则可能会批评其方法更多是推测性，甚至审美性的，而不是经验性的。

在这点上，本尼迪克特、米德和她们的同事们特别关注20世纪20年代从德国传进的格式塔心理学流派。格式塔理论提出了一个整体论模型，这一模型建基于这样一种认识：我们应当从事物的那些动态的和关联的顺序上来认识它们——也就是诸如结构、轮廓或形状这样的东西——而不应该从对感官的行为主义切分或是原子化的数据这种将知觉视为感觉元素的集合的角度来入手。与拉德克里夫-布朗（Radcliffe-Brown）等人的人类学功能主义模式不同，格式塔理论为人类学家提供了构造（configuration）的概念，一种潜在的"模式的形式，将事实和事件与他们背后的看法和信仰联系起来"[47]。根据米德的说法，本尼迪克特的观点在20世纪20年代初的某个时候被容纳到了库尔特·考夫卡（Kurt Koffka）的《心灵的成长》（*The Growth of the Mind*）一书中；而就米德自己而言，她则在1925年将这种观点介绍给了萨皮尔。（萨皮尔很快就与心理学家亨利·斯塔克·沙利文[Henry Stack Sullivan]合作，阐述了他自己的文化和人格研究方法——鉴于后者随后对克莱门特·格林伯格的影响，这颇有一点内部传

46　Theodor Adorno, "Freudian Theory and the Pattern of Fascist Personality" (1951), in Andrew Arato, ed., *The Essential Frankfurt School Reader* (New York: Bloomsbury Academic, 1982), 118–137.

47　Caffrey, *Ruth Benedict*, 154.

承的意味。）[48]而围绕着这本书的讨论又由对荣格的共同兴趣进一步被推动。[49]本尼迪克特说得很清楚："格式塔心理学在证明这种从整体而非部分出发的重要性方面做了一些最引人注目的工作。"[50]

模式和格式塔的兴趣并不局限于人类学本身，而是像它们所审视的对象一样，在社会科学和自然科学中得到了普及。正如肯南的例子所表明的那样，模式的应用超出了学术界的范围，扩展到了地缘政治事务，以及隐含在战争成就中的那些战时产生的新策略和技术中。事实上，在《文化模式》取得成功后，美国国务院和战争情报局曾要求本尼迪克特撰写一份关于日本个性的研究报告。她的《菊与刀：日本文化诸模式》（*The Chryshemum and the Sword: Patterns of Japanese Culture*, 1946）忠实地反映了书名中所展示的精神和手法，向她的美国读者解释了日本人在战时的行为。

如果说格式塔心理学为人类学家1930年的调查提供了依据，那么**信息**中的模式概念将成为世纪中叶由数学家诺伯特·维纳和克劳德·香农等人推动的计算机革命的核心，他们二人都与冷战时期解码敌人信息的任务有重要关系。[51]特别是维纳，由于他与本尼迪克特、米德和贝特森在社交与智性上的接近，他成了军事战略上人类学转向中尤为突出的一员。他们

48　关于格林伯格对沙利文派（哈里·斯塔克·沙利文 [Harry Stack Sullivan] 的弟子）的强化治疗的观点，见 Caroline A. Jones, *Eyesight Alone: Clement Greenberg's Modernism and the Bureaucratization of the Senses* (Chicago: University of Chicago Press, 2008)。

49　见 Margaret Mead, in Mead and Ruth Benedict, *An Anthropologist at Work: The Writings of Ruth Benedict* (New York: Transaction Books, 2011), 207。

50　Benedict, *Patterns of Culture*, 51.

51　关于世纪中叶建筑、设计和企业文化中的"模式观察"概念的重要书籍——特别是关于杰奥吉·科普斯（Gyorgy Kepes）在麻省理工学院的工作的，可见 Reinhold Martin, *The Organizational Complex* (Cambridge, MA: MIT Press, 2003)。

第二章 大约1947年的模式识别

图2.7 乔舒亚·H.梅西会议,1953年。照片来自小乔舒亚·梅西基金会。

这些人都是那一阶段开创性的1946—1953年"梅西会议"的参与者。[52]这些由当时最重要的心理学家、数学家、人类学家和工程师参加的多学科会议已经成为控制论出现的代名词——控制和信息通讯的新科学,为数字时代铺平了道路。社会科学家与数学家、神经学家就格式塔进行了辩论,最终,"模式"的概念则被证明为一个经久耐用的、跨学科的构想。模式将成为控制论中的一个指导原则——在一个日益嘈杂的符号世界中进行交流的手段。正如维纳1950年在他的畅销书《人有人的用处》(The Human Use of Human Beings)中写的:"信息本身就是一种模式和组织

---

52 关于梅西会议,主要的叙事可以参考 Steve Joshua Heims, *Constructing a Social Science for Postwar America: The Cybernetics Group, 1946–1953* (Cambridge, MA: MIT Press, 1993); 以及 N. Katherine Hayles, "Contesting for the Body of Information: The Macy Conferences on Cybernetics," in Hayles, *How We Became Posthuman: Virtual Bodies in Cybernetics, Literature, and Informatics* (Chicago: University of Chicago Press, 1999), 50–83。

形式。"[53]

此处我需要停顿一下,给出一个明显的,或许也尤为重要的观点。绘制行为模式图作为一种确立身份、预测主体行动、制定策略或做出决定的手段,与识别绘画或造型模式几乎是两回事。制作这种模式和阅读这种模式并不是完全同等的行为。具体来说,对于个人而言,究竟如何就其前者来执行后者——即把文字模式解读为一组由文化塑造的行为的空间类比物,进而具体化为个人行动——这一问题的答案还远未能给出。文化构造很可能与物质构造不可分割;人类学家的预测很可能代表着阐释。"受训练的主观性"是对这种必然主观的追求的一种解释。

然而,本尼迪克特和米德可能偶尔会因将这些原则混为一谈而被指责。视觉艺术和媒体可能将这些行为模式形式化。因此,对形式的敏锐关注对于这种读解至关重要。正如米德在谈到本尼迪克特的方法时指出的那样,文化"被视为一个需要详细分析其具体形式的问题——壶沿的设计,一种特殊的篮筐制作工艺"。[54]人们从这一评论中可以看出,整个文化模式可以被简化为更局部或更为具体的视觉细节,无论是纺织品的经纱和纬纱,还是绕着壶或篮子的扎带。重点在于不要孤立地看待这些细节——毕竟这与格式塔的逻辑相矛盾——而是要评估部分和整体之间的关系。在此基础上,为了进一步与格式塔导向的思维保持一致,它试图将知觉行为描述为一个无限的有机或超有机的过程,而非离散的感官数据束。人类学家需要以类似的整体甚至双重效价(bivalence)的术语,来评估这些形式。米德指出:"当时试图强调一种可能存在的可逆性,即饱含表现性的设计可以成为可读解的几何或几何设计。"[55]

53　Norbert Wiener, *The Human Use of Human Beings: Cybernetics and Society* (Boston: Da Capo, 1988). See also Turner, *The Democratic Surround*, and Martin, *The Organizational Complex*.

54　Mead and Benedict, *An Anthropologist at Work*, 207.

55　Ibid., 208.

此处强调的是几何（即：抽象）模式和表现之间相互转化的动力；也就是说，在非客观和具象之间的振荡，在这种振荡的过程中，文化特征可以通过一种模仿形式分析的实践来加以确定。对形式的这种处理方法中隐含着格式塔主义者对视觉可逆性和图形/基底（figure/ground）关系的持久兴趣。米德所标榜的是视觉可逆性原则，在这一原则下，抽象的图案可能会对指涉的意义进行编码，而表现又可能被看作是抽象的。一个视觉图案——几何边框、一系列线条、分散的点、元素单元的对称排序这样普通的东西——并不是一个简单的标记制作的记录，而是传达了关于它所来自的文化的更广阔范围内的那些东西的载体。抽象的线条上可能附有一个具体的参照物；在一个姿态中传递出一种个性和文化。看似偏离正路的细节，经过严谨的分析，可能会传达一些关于它所产生的社会的全球性的东西，一种可以被提炼成点、线和破折号的世界观。而这一切都会作为一种手段来连接不同的事物，使不相似的事物变得相似：在差异的基础上建立相同的形态，所有这一切都在为"**犹如**"服务。

我们可以说，这与波洛克的滴墨画别无二致。

文化的距离：与兰德合作的艺术和人类学

我们现在已经来到了世纪中叶人类学和世纪中叶现代主义的交界处。我们在一开始就注意到了这种关系，一种特定类型的抽象表现主义批评很好地解决了这个问题。大多数文学作品关注的是人类学的原始主义化版本，在那里，原住民的物质文化被当作欧美优越性的证明，而历史学对这一领域做出的裁决就是斥责其不可挽回的殖民化。我们不能忽视波洛克翻阅美国民族学局（Bureau of American Ethnology）所有年鉴的意义；也不能忽视约瑟夫·坎贝尔（Joseph Campbell）在纽约学派各成员中的受欢迎程度；更不能忽略"原始"民族的符号学是如何在阿道夫·戈特利布或其他许多人的作品中被放大的。但博厄斯人类学的相对化维度——及其明确的自由主义政治——为我们关注的人物提出了一系列不同的问题，特别是当他们将自己的民族学透镜转向他们自己的文化时。

本尼迪克特在《文化模式》中充分地参考了艺术史，她引用了威廉·沃林格（Wilhelm Worringer）对希腊和拜占庭艺术的描述，并认为其中带有格式塔的整体方法色彩。[56]此外，她似乎还使用了与人类学不搭界的语言（而且确实也因此在该学科较为保守的学派中产生了争议），用尼采的美学来描述祖尼人的文化结构：她认为祖尼人的肃穆和严谨在很大程度上是阿波罗式的。[57]但是，如果这些仅代表30年代中期的反思，那么当模式识别在冷战解释学中占据一席之地时，**战后的**视觉和艺术领域又究竟为志同道合的人类学家们带来了什么呢？

就本尼迪克特和米德的"远距离文化"概念——研究人类学家在时间和空间上无法触及的文化——而言，将这些模式识别为一幅幅视觉图像使得这些模式得以与它们的民族主义主题进行战略性的接触。在这种相互作用中，使用视觉材料作为生成媒介，意味着人们不需要完全精通一门外语，也不需要忍受必要的田野考察，当然，无论如何这也无法在铁幕降下之后实现。在本尼迪克特和米德与兰德公司签订合同之前，这些视觉倾向的基础已经建立起来了，当时米德和贝特森在巴厘岛拍摄的大量摄影作品被认为是30年代末对民族志媒介的一种开创性使用。[58]当然，在这里我仅仅能承认：使用摄影技术作为一种新颖的媒介在处理民族文化类型的人类学分析时，是一种进步。

56　Benedict, *Patterns of Culture*, 51.

57　另一个文学参考文献是 Amy Lowell, "Patterns"（1917）。米德将叙述本尼迪克特对这首诗的极大钦佩，因为这与她对文化模式的分析有关。

58　了解米德关于人类学和摄影的文章可参考 Haring, *Personal Character and Cultural Milieu*, 78–106. 关于视觉人类学和摄影的使用，见 Ira Jacknis, "Margaret Mead and Gregory Bateson in Bali: Their Use of Photography and Film," *Cultural Anthropology* 3, no. 2 (May 1988): 160–177。

然而，这**确实**表明了对视觉透明度的某种信任；民族行为的重现将围绕对整个视觉文化光谱内的图像阐释而形成；这些图像所反映的主体身份相对于无边的"民族性格"概念而言是可识别的，观众可以通过他们自己对这些图像的反思来辨识这些身份。在这方面，《当代文化研究》（*Research in Contemporary*）以及其与兰德有关的那些项目处于冷战时期先锋派视觉分析的前沿。[59]以米德编辑的《苏联人对权威的态度》一书为例，该书是兰德公司委托的《苏联文化研究（1949—1950）》（*Studies in Soviet Culture* [1949—1950]）的成果之一。本尼迪克特从1947年起就与兰德公司的各种项目展开了接触。而到了1949年，即她去世后的那一年，这个智库已成为一个独立的非营利性机构，在圣莫尼卡和华盛顿都设有办事处。此后，兰德公司将继续与米德、美国自然历史博物馆以及哥伦比亚大学、耶鲁大学、哈佛大学和麻省理工学院的教授合作，完成一项名为《战后苏联的美国形象》（*The Postwar Soviet Image of the United States*）的研究。该项目的合作者，英国人类学家杰弗里·戈勒（Geoffrey Gorer）的文章《图形媒介在区域教学专家中的应用》（*The Use of Graphic Media in Teaching Regional Specialists*）表明了新视觉媒介的重要性这一立场。"没有任何机会访问这些国家的外国学生，"他写道，"通过对他们的图像艺术收藏的研究，可以对该地区人们在某些方面的态度有相当的了解。"[60]戈勒很清楚，他主要感兴趣的是"大众艺术"，即政治漫画、连环画以及类似的那些东西。因此，大量的"漫画样例"充斥着米德的档案，这些来自苏联和美国的视觉简报有助于说明对法西斯主义和冷战的集体态度。

59　Sharon Ghamari-Tabrizi, *The Worlds of Herman Kahn: The Intuitive Science of Thermonuclear War* (Cambridge, MA: Harvard University Press, 2005).
60　杰弗里·戈勒关于图形艺术和连环画的研究, Box I-62, Folder 2, Margaret Mead Papers, Library of Congress。

换句话说，冷战时期的媒介文化，它的当代视觉文化，正受到一个跨学科的思想家群体的空前关注。这种不断扩大的人类学档案不仅意味着对卡通、连环画和大众文化的介入，还意味着对现代艺术的批判。也许米德教育背景中的相对主义基础——博厄斯式的拒绝进化论的、比较主义的文学方法——有效地拉平了美术和流行视觉媒体之间的所有等级关系。

现代艺术在这方面具有重要意义：这群特殊的人类学家与官方认可的现代主义机构之间的交集颇多。[61]其中，诗人尼古拉斯·卡拉斯（Nicolas Calas）的例子尤其具有启发性。卡拉斯于1907年在洛桑出生，在雅典长大，曾参与过超现实主义运动，并在哥伦比亚大学做当代文化研究项目时和米德成了亲密伙伴。但是他对中城（Midtown）的兴趣完全不亚于上城（uptown），他在现代艺术领域和人类学学术的世界里都很活跃。1947年，卡拉斯在雨果画廊举办了《血焰》（*Bloodflames*）诗歌展览，他思想中的先锋色彩在策展方面得到了体现。在弗里德里希·基斯勒（Friedrich Kiesler）的设计下，展览包括了第二代超现实主义者——例如马塔（Matta）和威尔弗雷多·拉姆（Wilfredo Lam）——以及新兴起的纽约画派成员，包括野口勇（Isamu Noguchi）、戴维·黑尔（David Hare）和阿希尔·戈尔基（Arshile Gorky）。

重要的是，卡拉斯并没有将他的策展兴趣和他的人类学调查分离开来。在米德档案中的一份《远距离文化研究》手稿中，他将新的人类学方法解读为新的抽象艺术的延续，将其称为"无主旋律的"（athematic）：

---

61 玛格丽特·米德提议的"区域专家军队计划的建议材料"；"拟在现代艺术博物馆设立的战时区域材料单位"；格雷戈里·贝特森的"区域培训建议材料"，记载于 Early Museum History Administrative Records I.3.e, Armed Services Program, Gregory Bateson and Margaret Mead Proposals½" incl. correspondence, Museum of Modern Art Archive, 1943。贝特森曾于1943年在纽约现代艺术博物馆组织了一次他在巴厘岛的照片和物品展，以提高对日本占领后巴厘岛实地生活的认识。

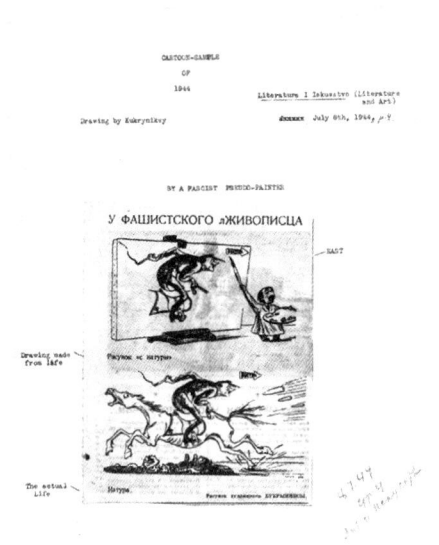

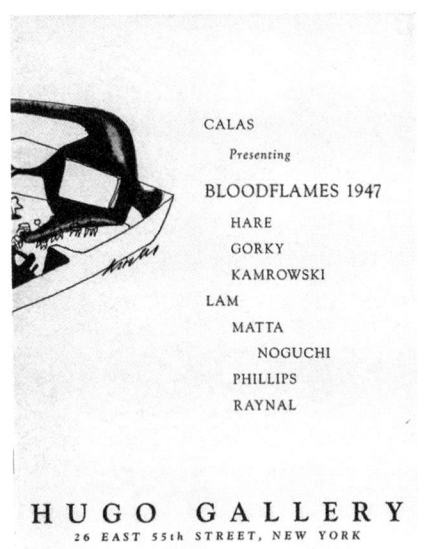

图 2.8　连环漫画样本。图片来自玛格丽特·米德文件，议会图书馆，华盛顿特区。

图 2.9　封面，"血焰"展览目录册，尼古拉斯·卡拉斯编纂，雨果画廊，纽约，1947年。图片版权属于路易斯安娜现代艺术博物馆（Nicolas Cals Estate, Louisana Museum of Modern Art, Humblebœk, Denmark）。

　　从三年前我开始从事哥伦比亚大学当代文化研究项目时起，我就意识到将这种类型的研究扩展到现代艺术领域的可取性……与其"解释"艺术作品——当我们用其经济历史取代对绘画的研究时必然会发生这种情况……的起源，不如让我们尝试将其还原为更广阔模式中其所属的那一小片段。[62]

　　其中，现代主义的抽象语言和人类学的模式不仅被视为可比较的，而

62　Nicolas Calas, "Précis for a Cultural Analysis of Modern Art," p. 3, in Box I-63: *Studies of Culture at a Distance*, Folder 5, Margaret Mead Papers, Library of Congress.

且被视为等同的：

> 当抽象艺术家被期望画出一些他未曾在世界上看到过的东西时……这也就只有当观众学会了根据这些东西所符合的心理模式来解释画面之后，他们才能理解这些画面。然而，画家使用的模式是更广泛的模式的一部分，这些模式在生活的每一个方面都有所显示，因此这种识别应该与该社会中人类活动的其他领域中可辨别的模式进行比较。[63]

卡拉斯进一步建议，将抽象绘画视为"以图像语言交流的文件"——一种特定文化的产物，可以"在精神分析的X射线水平上进行破译"。[64]

尽管他给出了一个值得严肃编辑的草稿，卡拉斯的文章最终并没有在《远距离文化研究》上发表。或许，他诗意的措辞无法担负起社会科学分析的责任。由于这个原因，该书的第七部分——投影测试的使用——在其将人文兴趣与社会科学方法结合起来的方面特别具有启发性。这一部分包括罗夏测试和一种崭新的绘画完成测试——可以称它们为墨迹和空方块，这些工具通过对视觉模式的解释来辨别民族性格的行为。而相当惊人的是，他们发现这种方法已经在社会上被广泛接受，甚至对世纪中期的抽象艺术都产生了令人惊讶的影响。

63　Ibid.
64　Ibid.

墨迹和空方块

20世纪中叶前后投影测试非同寻常的风潮——使用模糊的视觉媒介来评估受试者的个性——拥有一个漫长而错综复杂的背景，我只能顺带提一下。[65]历史学家们在莱昂纳多的污点——地板上的裂缝或墙上的口水——和罗夏墨迹之间建立起了一种长期的亲缘关系，它们都可以被用来作为对被试进行精神分析的视觉工具。就赫尔曼·罗夏而言，他是作为一名痴迷艺术且又注定成为一名科学家的年轻人想到这项技术的。[66]他从小就痴迷于墨迹画（klecksography）和布鲁托（blotto）的游戏，用十张卡片开发了他所谓的"形式解释测试"。罗夏的生活背景深深地植根于20世纪初瑞士的精神分析环境，他曾经跟着欧根·布洛依勒（Eugen Bleuler）学习，并受到了布洛依勒的助手卡尔·荣格的影响。荣格的词语联想理论在对罗夏测试的历史学研究中被证明是相当重要的，我曾经根据波洛克自己对荣格的关注指出过这一点。

罗夏关于这一主题的巨著《心理诊断学》（*Psychodiagnostics*）在1921年他去世后出版，当时这本书基本上被德语精神分析界忽视了，而其英译本则在1942年出版。但这并没有阻止"投影测试"的狂热在世纪中叶的美国兴起。对于他们的批评者来说，"投影测试"相对于"客观测试"——似乎给了测试者一种阐释的许可，而这种许可让社会科学难以接受。然而，一些最进步的社会科学家接受了这样的测试，声称视觉现象可以被形式化所收摄，而且被使用的图像的流动性是解决战后重要社会需求

65　科学史家对这一材料做了最重要的工作，包括：Daston, *Things That Talk*, and Rebecca Lemov, *Database of Dreams: The Lost Quest to Catalog Humanity* (New Haven: Yale University Press, 2015)。亦见于 Lemov's excellent, "X-rays of Inner Worlds: The Mid-Twentieth Century Projective Test Movement," Journal of the History of the Behavioral Sciences 47, no. 3 (June 2011): 251–278。
66　近关于赫尔曼·罗夏和墨迹的描述是 Damian Searls, *The Inkblots: Hermann Rorschach, His Iconic Test and the Power of Seeing* (New York: Crown, 2017)。

的关键。劳伦斯·弗兰克（Lawrence Frank），心理学家，米德、贝特森和维纳的朋友，以及"梅西会议"的重要参与者，在1939年创造了"投影法"（projective methods）这个术语。他在关于这类技术的基本陈述中，首先证明了它们在军事使用上的合理性：

> 很明显，作为一个民族，我们正表现出多种形式的人格障碍；这一点从义务兵役制的拒绝率，和各种人格障碍者从武装部队中退役的情况里可以明显看出来。[67]

由于可以"满足大量需要这种护理的个人所具有的诊断和治疗的需求"的精神科医生和精神分析学家的数量很少，弗兰克主张要更多地依赖于诊断性测试。他暗示，投影测试"可能会提供一个更直接的进入更短期心理治疗的观点"。[68]

彼时，艺术史学家们或许很难认真地接受本尼迪克特、米德和他们的同事们所认定的这种突破性的视觉媒介——这些媒介与所有形式的先锋绘画一样极端。这种拒斥是站得住脚的，我们已经讨论过将墨迹与波洛克比较的无趣倾向，这是两样从根本上绝对**不相像**的事物。然而在处理冷战与当代文化的相关性的时候，我们仍需要注意那些对特定方法的历史兴趣，尽管在当下看来这些方法或许是一种范畴错误。忽视这些方法历史的那一面很可能也会让我们错失掉反思当下我们观看习惯的机会。

诚然，这些方法的美学层面在冷战的战士和其最激烈的批评者中也找到了欢迎它们的听众。作为一个阶段性方法，投影测试将视觉媒介**可以**传递信息作为其关键。事实上，这种技术是如此普遍，以至于当时生活在美

---

67 Lawrence Frank, *Projective Methods for the Study of Personality* (New York: Josiah Macy Jr. Foundation, 1939), 1.

68 Ibid., 2.

国的一位其不寻常的受益者西奥多·阿多诺（Theodor Adorno）可以将其描述为"模棱两可又带有情感色彩的刺激材料……旨在允许从一个主体到另一个的最大程度的变化和反应"。[69]在1947年左右，在试图确定所谓独裁者人格行为时，阿多诺和他在加州大学伯克利分校进行"偏见研究"（Studies in Prejudice）的同事们将会探讨社会科学和视觉文化之间的不断缩小的距离，尽管阿多诺此时仍对日益陷入困境的审美自主保持着持续的抨击。[70]事实上，这位最狡猾的社会批评家本人对模式的修辞也没有免疫力，他在1951年发表了一篇关于法西斯主义宣传模式的文章。[71]而米德的那些研究，也同样在社会研究所进行了发表——这种联系对有些人来说可能是相当令人惊讶的。[72]

几年后，在《远距离文化研究》中，米德和她的同事西奥多拉·阿贝尔（Theodora Able）以及弗朗西斯·许（Frances L.K. Hsu）在分析生活于纽约的中国移民时使用了这种测试[73]，其中就包括了罗夏墨迹和另一项名

69　Theodor W. Adorno et al., *The Authoritarian Personality*, vol. 1 (1950; New York: Wiley, 1964), 16.

70　阿多诺和他在伯克利民意研究中心（Berkeley Public Opinion Study）的同事们一起，会偶尔使用罗夏测试和其他投射性方法来补充他们研究中臭名昭著的"F"量表——一份记录种族主义和民族中心主义态度的晴雨表，以此作为检测当代社会中"反民主力量"的手段。

71　Theodor Adorno, "Freudian Theory and the Pattern of Fascist Propaganda," in G. Róheim, ed., *Psychoanalysis and the Social Sciences*, vol. 3 (Oxford: International Universities Press, 1951), 279–300.

72　Margaret Mead, review "Malinowski, Bronislaw, *Coral Gardens and Their Magic*," *Zeitschrift für Sozialforschung* 5, no. 3 (1936): 69. 米德还将于同年在《社会研究杂志》（*Zeitschrift für Sozialforschung*）发表："Institutionalized Role of Women and Character Formation"。

73　罗夏测试可以作为比较中国男人、女人、男孩和女孩对美国文化的态度的一种手段。在中国的研究中，这些图像的标题和作者提供的描述，根据我们之前的讨论，读起来就像民族主义的模板，说明了模式识别的地缘政治动机，这并不令人惊讶。中国受试者将他们的画作命名为"杜鲁门美国的象征，原子弹"或"中国战争，团结的象征"。同时，对这些画的解释可能指向日本占领中国的创伤。这项研究由米德的同事西奥多拉·阿贝尔（Theodora Abel）和弗朗西斯·许（Frances L. K. Hsu）进行，并发表为："Some Aspects of Personality of Chinese as Revealed by the Rorschach Test," *Rorschach Research Exchange and Journal of Projective Techniques* 13, no. 3 (1949)。

图 2.10 封面（未知设计者），西奥多·阿多诺，《权威主义人格》，第一部分，科学出版社（Science Editions）印制，纽约，1964 年。

为霍恩-赫勒斯伯格绘画完成度（Horn-Hellersberg drawing completion）的测试。米德关于该主题的介绍性陈述指出了这种方法的潜在局限性，但也承认它们可能是"最合适的研究工具"，可能**提出了一种高度正规化和相对准确的材料编码方式**，以传达给其他投影测试工作者"。[74]

精神分析学家伊丽莎白·海勒斯伯格（Elisabeth Hellersberg）与另一名叫卡尔·霍恩（Carl Horn）的艺术教育家共同发明了绘画完成度测试。[75]这一测试在1945年获得了专利，它由3张纸组成，每张纸上有4个正方形的空格（后来这些正方形的空格又变成了长方形），而每一个空格里

74　Mead and Métraux, *The Study of Culture at a Distance*, 352。尽管米德在此期间对这种方法表示了一些保留意见，但她还是会用罗夏测试发表她的研究结果，如 *The Mountain Arapesh: The Record of Unabelin with Rorschach Analyses* (Garden City, NY: Natural History Press, 1968)。

75　米德关于霍恩·赫勒斯堡测试和"对现实的调整"的观点可见 *The Study of Culture at a Distance*, 690。

面又包含了一些从全球著名的画作中提取出来的线条。被试者则被要求用已经给定的这些线条在每个空格中完成一幅画。然后，她将被邀请在图片下写上标题或说明，并可以转动这幅画作让它可以朝向任意的方向。最后，她被鼓励不受限制地绘画，甚至可以超出画框。然后，分析师/人类学家将与受试者面谈，她对测试的解释和所画的图画都会被认真记录下来。

米德对绘画完成度测试的使用揭示了人类学对现代主义抽象的审美态度。1953—1954年，她在巴布亚新几内亚对马努斯岛民进行了实地考察，这距离她第一次访问那里已过去了20多年；这次旅行将会被记录在《旧世界的新生活》（*New Lives for Old*）一书中。[76]米德这次来到这里时，带来了一系列新的视觉测试，其中就包括班德视觉格式塔测试（Bender Visual Gestalt Test）、罗夏测试和其他的测试。并且，涉及绘画和雕塑的那些活动也被纳入她的实地调查工作中。[77]

米德会安排她的同事莱诺拉·施瓦茨（Lenora Schwartz）使用一种接近于人类学家工作的猜谜游戏，这一点决定性地触及了冷战方法和世纪中叶现代主义之间的关系。[78]让我们一起来看其中的一套绘画完成度测试。题为"延续"（Continuation）的一页立刻会让人联想到一种图形/基底反转的格式塔实践以及一种与立体主义静物之间的微弱相似性。一个长方形的网格被一系列名副其实的抽象姿态反复穿越和混淆：简短的阴影线标记；卷曲和循环；小的、有缺口的十字架。一些人物之间带有微弱的有机联系，而另一些则更像是几何图形。也许我们在这里或那里看出了一个

76　Margaret Mead, *New Lives for Old: Cultural Transformation—Manus, 1928–1953* (New York: Harper Perennial, 2001).

77　关于米德和特德及莱诺拉·施瓦茨部署的许多测试，见 Box N64, Folder 2, 8, and Box N63, Folder 4, Margaret Mead Papers, Library of Congress。

78　这些图画和附带的声明被存档在 Box N63, Folder 5: TS Rorschach, Margaret Mead Papers, Library of Congress. 值得注意的是，施瓦茨还在费城泰勒艺术学院写了关于《格尔尼卡》的硕士论文：Box N64, Folder 10, Mead Papers。

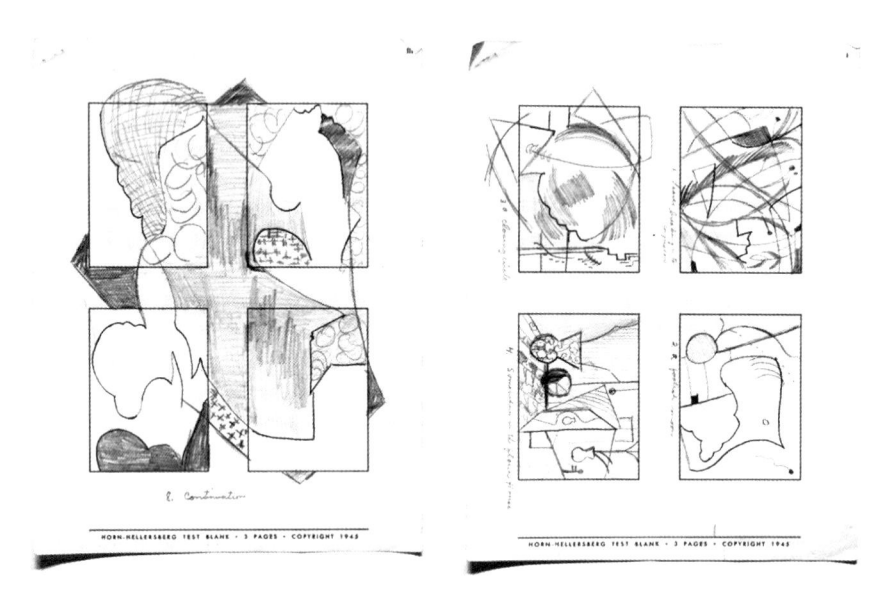

图 2.11 玛格丽特·米德和莱诺拉·施瓦茨，绘画完成测试，马努斯岛，1935—1954。图片来自玛格丽特·米德文件，议会图书馆，华盛顿特区。

图 2.12 玛格丽特·米德和莱诺拉·施瓦茨，绘画完成测试，马努斯岛，1935—1954。图片来自玛格丽特·米德文件，议会图书馆，华盛顿特区。

轮廓；同时，又有另一个单元格将黑暗置于光明之下。作为整个组合的基底，正如我们能看到的，背景中的一个侧向一边的暗色象限的暗示，使得画面因其所带来的奇异与未完成感而有了一种动态的感觉。

其他页面也同样证实了一种美学智性。在一张左上角题为"叶子陷入混乱"（Leaves breaking into confusion）的作品里，我们看到生物形态与几何形态在一个空间上模糊不清的、满幅的领域中会合。这幅画所附的陈述是这样写的："我认为每条线都有重要的意义，所以如果我有一条线往这边走，而它似乎显得过度地平衡或者说破坏了画面的平衡的话，那么接下来，我要么要做一条与之相抵消的线，要么就要在它后面另做一条线。"在这里，主体成了一个普通的形式主义者，对构图策略表现出了初步的掌握。她将描述一些模糊的表现性元素是如何碰撞出了完全抽象的阐释。例如，引入一个叶子的主题时，我们就会将分析拉向一个暗示性的方向。正如陈述中进一步写到的："是的，它们是叶子……一点点的现实主义或多或少是种提示，但其余的部分则来源于叶子的物理属性，而不是叶子的外观。"模式识别的两极在这里都得到了交代，即在一幅模糊的视觉图像中，悬浮着表现性和抽象性。

而右上角的一幅画，"一个愚蠢的月亮"（A Foolish Moon），其现代主义指称甚至更加明确。这是一个简单的联系，其中图像基底支撑起了超现实主义的主题和几何形状。创作者描述说，这件作品是"对米罗式人物的一个小小的调侃"。在对现代主义的关键人物之一进行打击的同时，她将继续对抽象表现主义的语言口技化（ventriloquize）。杰克逊·波洛克也是这样，他不由自主地让表象从他的抽象网络中浮现出来。这里，这个测试的主体几乎描述了一个与之相同的过程。"我试图完全在潜意识层面上创作，仅仅让我的手来指挥我，"她表示，"我不想思考太多。"这也就是说，这种抽象的形式——称之为"模式"更好——揭示了她的内心世界是如何运作的，没有经过任何的编辑、合理化或审查。

抽象是隐秘的、晦涩的、神秘的。在冷战初期，它所投射的意义必然地带有军事色彩。兰德公司委托的学者们将调集他们不同的专业知识来解读类似的模式，弥合艺术和更广泛的视觉文化之间，以及人文、社会科学和自然科学之间的鸿沟。这一史无前例的跨学科活动预示着当今许多大学中的实验室文化，其中，艺术，或广义上的视觉文化，作为一种可理解的资源材料，被用于整个学术界的研究。这种趋势的影响将会迁移到更大的范围内。之后的大约七十多年里，模式识别在算法和数据集的文化（以及**经济层面**上）中树立起了它的数字遗产。一台计算机现在可以在网上读解**我们的**行为模式；它可能在无孔不入地读解它们。然后，它可能反过来生产自己的模式，作为预测我们未来的沟通和获得信息手段，以及，最糟糕的是，预测我们的消费习惯。

1947年，军事上的纠葛已经够多了。为了几年前在现代艺术博物馆（MoMA）举办的一个展览，格雷戈里·贝特森为我们所关注的这一年写了一段几近于预言的话："人类学家的科学世界与艺术世界间有一个共同之处：在某种意义上，艺术家会表达自己。……战争时期，（这种想法）可能会变得像弹道学中的数学方程式一样严酷无情。"[79]正如兰德公司所表明的那样，这里需要复合的专家小组来破译艺术的模糊讯号。如同弹道学中的数学方程式，社会科学家也将试图从视觉领域中提取这些身份，这些为数众多的作为朦胧的、抽象的模式存在的身份。

---

[79] Gregory Bateson, MoMA press release, 1943, Museum of Modern Art Archive.

第三章
1973；或，新自由主义本原*

> 如果它有效，那说明它已经过时了。
>
> ——斯塔福德·比尔《公司的大脑》，1972[1]

人造文物1:《多节点元游戏》，第一部分，2007

德国西南部坐落着一座旧军工厂，曾经，这里是集中营的囚犯工作的地方。而现在，这个昔日的军工厂已被改造成了一个新媒体艺术的试验场地，一个知名的，囊括了材料、形式、平台和技术等种种丰富的艺术类型的场地。自1989年成立以来，卡尔斯鲁厄艺术与媒体中心（Zentrum für Kunst und Medien，简称ZKM）就展示了一些最先锋的美学实践，其中既有那些虚拟的、机器人的，又有生物的；既关注了机械外壳包裹着的硬件世界，又关注了那些由许许多多0和1组成的软件世界。而这一年也同时标志着冷战的结束。在这个通常被称为"数字包豪斯"的地方，常规的艺术创作材料——包括亚麻油、画布、成型的黏土、锻造的金属、纸张——只会显得过时[2]。这些是世纪中叶的遗物，如果不是被抛弃在过去，那么从任

---

[1] Stafford Beer, *Brain of the Firm: A Development in Management Cybernetics*, 2nd ed. (London: John Wiley and Sons, 1982), 致谢部分。

[2] 关于ZKM作为一个"数字包豪斯"，例见 Perla Innocenti, *Cultural Networks and Migrating Heritage: Intersecting Theories and Practices across Europe* (Routledge: London, 2016), 58。另外，在德国联合国教科文组织委员会的赞助下，"数字包豪斯峰会"将设计师和研究人员聚集在一起，"以更新包豪斯的哲学和设计的政治层面"：http://digitalbauhaussummit.de。

图 3.1 德国卡尔斯鲁厄艺术与媒体中心（ZKM），照片版权属于 Foto: ZKM | Zentrum für Kunst und Medien Karlsruhe, Foto: Artis Deck。

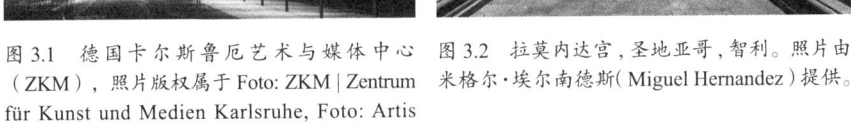

图 3.2 拉莫内达宫，圣地亚哥，智利。照片由米格尔·埃尔南德斯（Miguel Hernandez）提供。

何其他方面看都可能被视为历史。

然而本章介绍的第一件作品就将批判"新媒体"艺术，并用截然不同的方法去反思智库美学。我们核心的问题意识是历史本身。《多节点元游戏》于 2007 年以一种具有双重性又不可分割的形式出现，是智利艺术家卡特琳娜·奥萨·霍尔姆格伦（Catalina Ossa Holmgren，生于1982年）和恩里克·里维拉·加拉多（Enrique Rivera Gallardo，生于1977年）于2007年发布的一个正在进行的项目，统称为 or-am。它曾经试图"通过可联网的装置来连接世界的每个角落"，而这些角落现在则位于ZKM和智利总统府拉莫内达宫的文化中心。在圣地亚哥，它被展出在一个致力于展现智利近代历史"开放档案"的展览中。[3]而在卡尔斯鲁厄，作品则出现在一个名为 "YOU_ser: 消费者的世纪"的群展中，这个标题标志着普遍的数字交换。简单瞥一眼这里，它似乎满足了这种交换精神的所有标准。这里有黑暗的画廊，一个由移动的图像和滚动的数据组成的闪烁的屏幕，以及

3　or-am (Catalina Ossa and Enrique Rivera), "Prologue," in *Cybersyn: sinergia cibernética, 1970–1973: multinodo metagame 2002–* (Santiago, Chile: Ocho Libros, 2008), 7.

图 3.3 2007 年卡尔斯鲁厄 ZKM，《多节点元游戏》，or-am（卡特琳娜·奥萨和恩里克·里维拉），照片来自 or-am，由阿纳托尔·赛雷克瑟（Anatole Serexhe）拍摄，版权属于卡尔斯鲁厄艺术与媒体中心。

图 3.4 2007 年卡尔斯鲁厄 ZKM，《多节点元游戏》，or-am，细节。照片来自 or-am，由阿纳托尔·赛雷克瑟拍摄，版权属于卡尔斯鲁厄艺术与媒体中心。

图 3.5 2007 年卡尔斯鲁厄 ZKM，《多节点元游戏》，or-am，细节。照片来自 or-am，由阿纳托尔·赛雷克瑟拍摄，版权属于卡尔斯鲁厄艺术与媒体中心。

一个符合人体工程学的椅子，还有椅子扶手上嵌着用户友好字样的控制面板，项目鼓励观众与一个想象中的信息接受地建立实时联系。

这个游戏完全吸引了观众的注意，观众可以通过扶手椅的界面进行操作，其当下的状态也随着输入而显示在屏幕上。在这一点上，它完全满足了ZKM展览的背景，即庆祝观众作为**消费者**通过虚拟市场这一隐喻控制她的环境。在当代艺术博物馆——那个传说中的数字包豪斯——的此时此刻，我们正在引导一场数据的集会，在这里进行信息的交换和交易。

20世纪60年代维也纳的核心实验艺术家以及ZKM的创始人——彼得·韦贝尔将描述这种交换解放性的一面:"计算化的行星网络及其相应的技术,以及它们可能带来的'社会学'变化"的可能性。"本次展览所展示的这些装置见证了每个用户的贡献都被纳入了艺术范畴之中,并为'观众'和用户提供了解放的可能性。"[4]其结果是,每个人的输入最终相当于一个集体输出,这一过程将由信息的**循环递归**引导。由于这个原因,作品的时间性可以被描述为一种**预期**(proleptic),在时间上向前投射,以便于预测用户的"解放"。

然而,我们只需要在《多节点元游戏》上多待一会儿,就会有一些关键的事情发生变化,就好像这一作品试图使展览的实时性和预测性复杂化。在一个角落里,一台老式的旋转式幻灯机正在咔咔作响。一批档案文件被投影成了一本"数字书",打字机的古老按键出卖了它们的历史。与此同时,一本真正的书被放在邻近的玻璃柜里。对一位颇为年长男性的采访(系统理论和控制论的杰出人物)出现在附近的显示器上。70年代的背景音乐飘荡着淡淡的怀旧气息。换句话说,无论当代媒体产生了何种诱惑,历史都会把我们从游戏技术的新颖性以及持久的循环反馈中拉出来。我们了解到,《多节点元游戏》的原型可以追溯到1973年,比这两位艺术家对它的翻新改造早了30多年。我们也可以感觉到,如果不是误认的话,对他们来说,用美学或彻底的艺术术语对其原型进行分类似乎是一种挑衅的策略。因为那个原型的技术似乎和它最初的制造者的意识形态议程一样过时了。这是一个议程,在其中当代艺术的实践似乎只是附带的。

事实上,《多节点元游戏》将重塑并更新萨尔瓦多·阿连德·戈森斯(Salvador Allende Gossens)的智利计划经济的控制中心——控制室("Opsroom"),这一计划名为"Cybersyn"或"Synco"(协同系

4　Peter Weibel, quoted in or-am, *Cybersyn: sinergia cibernética*, 64.

图 3.6　斯塔福德·比尔，居伊·波西佩等人。Cybersyn 控制室，圣地亚哥，1973。照片由居伊·波西佩提供。

统）。**赛博控制**是对"控制论"和"协同作用"这两个这一时期术语的合并缩写，旨在成为智利人民团结政府（1970—1973）时代阿连德的新社会主义国家中一个激进的实时网络。这个左派团体的联盟在竞选中以最微弱的优势选举阿连德为总统，这也是他自1952年以来第四次尝试竞选。[5]而在阿连德担任总统的短短三年时间里，该项目的部分已经投入使用并被部署到了关键的位置（包括在1972年10月臭名昭著的卡车司机罢工期间），但

5　关于人民阵线，即在人民团结党之前的左派政党的选举联盟，见 Pedro Aguirre Cerda, "'Progress for All Social Classes': Campaigning for the Popular Front," in Elizabeth Quay Hutchinson, Thomas Miller Klubock, Nara B. Milanich, and Peter Winn, eds., *The Chile Reader: History, Culture, Politics* (Durham, NC: Duke University Press, 2013), 301–304。另见阿连德在智利国会发表的著名演讲："The Chilean Road to Socialism" (May 21, 1971), in Michael Löwy, ed., *Marxism in Latin American from 1909 to the Present* (Amherst, NY: Prometheus Books, 1992), 226–228。

整个系统还处于萌芽阶段。[6]控制室建在圣地亚哥市中心圣玛丽亚大道上的国家电信大楼的院子里,这个地方以前是《读者文摘》的智利办公室(其创建者以某种讽刺的方式指出了这一点)。[7]总统先生发出指令,要求在1973年9月8日将控制室搬到拉莫内达,但这个指令将永远无法实现。皮诺切特的心腹不了解它的用途,更不了解它的战略价值,在9月11日之后不久就把它销毁了。

赛博控制是由多国运筹学专家组成的团队创建的,而其中至少有一位参与者接受过先锋派的理论教育。其中,最重要的人物是英国管理控制论的先驱——斯塔福德·比尔(1926—2002)。正是他的《决策与控制》(1966)一书激发了费尔南多·弗洛雷斯(Fernando Flores)的灵感,后者不仅是一位国家发展联合会的内阁成员,还是一名智利工程师和学者,并于1971年邀请比尔来智利。该团队还包括劳尔·埃斯佩霍(Raúl Espejo),他是一名工程师,也是该项目的业务主管。而对我们来说,至关重要的人物则是居伊·波西佩。波西佩是一位德国工业设计师,与传奇的施瓦本格明德设计学院(Hochschule für Gestaltung),即德国乌尔姆镇战后现代主义的所谓新包豪斯密切相关,它是天主教大学的教员,也是INTEC(智利国家技术研究院)的主要成员。除了这三个人之外,项目的成功也离不开许多其他的工程师、设计师、学生和工人,他们监督系统的设计和实施(包括软件和硬件),然后管理其日常运作。这个团队包括索尼娅·莫尔多乔维奇(Sonia Mordojovich)、托马斯·科恩

---

6 Eden Medina, "The October Strike," in *Cybernetic Revolutionaries: Technology and Politics in Allende's Chile* (Cambridge, MA: MIT Press, 2011), 141–169。1972年10月,卡车司机和零售商的罢工持续了近一个月,但由于赛博跃进(Cyberstride)连接了电传机,这场罢工在很大程度上得到了缓解;每天传输的约2000条信息对确定替代的运输方式以保持货物和服务的流动至关重要。另见 Alexie Barrionuevo, Santiago Journal, "Before '73 Coup, Chile Tried to Find the Right Software for Socialism," *New York Times*, March 28, 2008, accessed March 30, 2008, http://www.nytimes.com/2008/03/28/world/americas/28cybersyn.html。

7 Beer, *Brain of the Firm*, 168.

（Tomás Kohn）、罗德里戈·沃克（Rodrigo Walker）、罗伯托·卡涅特（Roberto Cañete）、马里奥·格兰迪（Mario Grandi）、埃尔南·阿维莱斯（Hernán Avilés）和伊萨基诺·贝纳多夫（Isaquino Benadof）等人，也包括来自英国和其他地区的跨国顾问，以及一个由平面设计专业学生组成的团队，其中，佩帕·丰塞亚（Pepa Foncea）、露西娅·沃马德（Lucía Wormald）、艾迪·卡莫纳（Eddy Carmona）和杰西·辛托莱西（Jessie Cintolesi）都是女性。

仅仅将赛博控制视为计算机史上的一个重要事件，或者冷战环境下信息技术最有争议的片段之一，就太过于轻描淡写了。[8]对于历史学家来说，对赛博控制的描述需要面对相当大的挑战。这需要考虑其产生的特殊背景、无数的技术、材料和跨学科理论、国内和国际的众多参与者，以及智利政治支持——从结果来看，实际上也取决于世界各地的政治状况。归根结底，赛博控制分为四个相互联系的部分，其中包括：

（1）赛博网络（Cybernet），这一项目，正如比尔所说，使得"全国的每一个工厂，都被纳入国有社会经济中，并且都可以与计算机进行

---

8 这里，不可或缺的历史叙述见 Medina, *Cybernetic Revolutionaries*。关于比尔和其所写作的文献非常多，但在英国控制论的历史中，将他的贡献放在背景中重要一卷的是 Andrew Pickering, *The Cybernetic Brain: Sketches from Another Future* (Chicago: University of Chicago Press, 2009)。关于赛博控制的新闻报道，描述其对大数据的当代影响和社会主义控制论的潜在矛盾的是 Evgeny Morozov, "The Planning Machine: Project Cybersyn and the Origins of Big Data Nation," *New Yorker*, October 13, 2014, accessed October 9, 2017, https://www.newyorker.com/magazine/2014/10/13/planning-machine。莫罗佐夫随后的博文《关于我的控制论社会主义论文的一些说明》是在他的评论之后发表的，描述了他研究的漫长过程——该博客源于其在《纽约客》发表后爆发的批评争议。计算机信息与社会特别兴趣小组（SIGCIS）名单上的许多订阅者指控莫罗佐夫没有以任何实质性的方式引用梅迪纳。他还因为将她的工作描述为"娱乐性的"而受到批评，这种描述似乎暗示她的学术研究不那么严肃或严谨，甚至可能对她的研究做出了性别化的裁决。见 https://evgenymorozov.tumblr.com/post/99479690995/somenotes-on-my-cybernetic-socialism-essay。关于科技研究中的这一争议的一篇优秀博文是 Lee Vinsel, "An Unresolved Issue: Evgeny Morozov, the *New Yorker*, and the Perils of 'Highbrow Journalism,'" October 11, 2014, http://leevinsel.com/blog/2014/10/11/an-unresolved-issue-evgeny-morozov-the-newyorker-and-the-perils-of-highbrow-journalism。

第三章 1973；或，新自由主义本原

图 3.7 拿着雪茄的斯塔福德·比尔的肖像，无日期。照片由居伊·波西佩提供。

图 3.8 居伊·波西佩的肖像，无日期。照片由居伊·波西佩提供。

图 3.9 控制室图形设计师的肖像，从左到右：佩帕·丰塞亚（Pepa Foncea）、露西娅·沃马德（Lucía Wormald）、艾迪·卡莫纳（Eddy Carmona）和杰西·辛托莱西（Jessie Cintolesi），圣地亚哥，约拍摄于 1972—1973。照片由佩帕·丰塞亚提供。

交互"[9]。

（2）赛博跃进（Cyberstride），实时提供每个工厂数据的软件组。

（3）CHECO——"智利经济模拟器"，一种"建立智利经济模型并提供未来经济行为模拟"的工具，以便为"政策制定者提供……使不同的结果可视化的机会"。[10]

（4）控制室（The Opsroom）——即项目的交互界面，也是本章的关键所在。

赛博控制将建立在一个由500台电传机组成的网络上，这些电传机分布在4345公里长的国家内（赛博网络），并由两台计算机连接，一台IBM 360/50机器和一台Burroughs 3500机器，以运行赛博跃进程序组。[11]它将遵循比尔基于人类神经五级系统而创立的"可行系统模型"概念。这些新近成为国有企业的工厂将每天更新上传数据，数据在工人中实时分享和流通，进而形成一种数据驱动的集体主义。所有这些都是在拉丁美洲第一位民选社会主义总统的热情支持下发生的，这位医生总统对赛博控制的支持与它可以赋予"人民"（El Pueblo）的技术权利是一致的。在与比尔共同撰写的项目启动演讲中，阿连德宣称："你们今天将要听到的内容是革命性的……不仅因为这是一个革命性的项目……不仅因为这是第一次在世界范围内应用，而是因为我们努力将科学赋予我们的权力交给人民，使他们

9　Beer, *Brain of the Firm*, 252.

10　Medina, *Cybernetic Revolutionaries*, 121.

11　关于赛博网络的机制，比尔写道："赛博网络是一个系统，在这个系统中，全国的每一个工厂，都被纳入国有社会经济中，并且都可以与计算机进行交互。现在，理想的情况是，这种计算机是一台小型机器，在工厂当地，最好是在工厂内，它将处理任何对工厂管理而言至关重要的信息。……但是这样的计算机在智利尚不存在，该国也没有能力购买这些产品。……因此，有必要充分使用圣地亚哥的计算机能力；包括一台IBM 360/50机器和一台Burroughs3500机器。"见于Beer, *Brain of the Firm*, 252。

能够自由地使用它。"[12]

这段将控制论权力赋予人民的革命宣言彰显出了一种集体性和自由。通过计算机来实现经济的国有化这一愿景，作为一种极具技术胆识的表达，比互联网完全的全球化及其运作要早二十年，更比驱动当下经济的算法资本主义和大数据早得多。而在我们的叙述中，到目前为止，这种权力的使用与阿连德的规划大相径庭，其等级制度和指令是自上而下的，并且几乎完全是为了防御的目的从美国发出的。在那里，科学和理性可能会推动战争机器，为麦克纳马拉的规划、计划和预算系统或其在五角大楼的系统分析中的补充部分提供国防利益上的考量，合理化对东南亚一个小国的炸药和凝固汽油弹轰炸。但在发展中国家，科学和理性也可以另做他途，在智利主要的硝酸盐和铜资源早已被英国和美国公司征用的背景下，部分资源已被阿连德的前任总统爱德华多·弗雷·蒙塔尔沃（Eduardo Frei Montalvo）夺回[13]。同样，科学和理性在英国可能采取与美国不同的学科发展。合作和交流在跨国知识界是必不可少的，更不用说对那些军事上依赖运筹学进步的盟友们来说了。

由于所有这些原因，赛博控制的历史在计算机科学界以及媒体和技术文化研究中产生了极强的吸引力，它们首先出现在专门讨论控制论和管理的期刊中；在公告栏、聊天室以及博客帖子中；在严格论证和出色构思的论文中；在小说、戏剧，甚至电视连续剧中。最近，它以一种呼吁的形式

---

12 Stafford Beer and Salvador Allende, cited in Enrique Rivera and Catalina Ossa, "Absolutum Obsoletum: If It Works It's Out of Date," in *Latin American Forum III: Recent Histories of Electronic Culture in Latin America* (conference proceedings), International Symposium of Electronic Art, Dortmund, 2010, 407.

13 关于智利铜业的早期历史，巨蟒（Anaconda）和肯尼科特（Kennecott）等美国矿业公司在其中发挥的作用，以及二战后的国有化，见 Theodore H. Moran, *Multinational Corporations and the Politics of Dependence: Copper in Chile* (Princeton, NJ: Princeton University Press, 1974)。关于硝酸盐在智利经济和外交历史中的关键重要性，见 Xavier Ribas, ed., *Nitrate* (Barcelona: Museu d'Art Contemporani de Barcelona, 2014)。在这里我受益于凯尔·史蒂凡（Kyle Stephan）对胡安·唐尼（Juan Downey）艺术中的硝酸盐的研究。

出现在后资本主义时代对工作进行彻底的未来主义展望的宣言中，这些宣言登载在杂志和播客的报道中，将智利的实验与大数据和市场的邪恶入侵联系了起来。[14]

毫不奇怪，比尔的同事和朋友们一直在持续地进行讨论（他们从未停止过讨论）。但在2001年左右，青年学者伊登·梅迪纳（Eden Medina）在麻省理工学院撰写了一篇论文，专门研究比尔的控制论创新与人民团结政府领导下的社会主义智利的关系。她首先与韦伯、布鲁诺、拉图尔和ZKM的其他人合作，将赛博控制描述为"使智利经济公共化"的平台。2011年，伊登·梅迪纳出版了《控制论革命者》（*Cybernetic Revolutionaries*），这是她在博士论文的基础上对该项目的开创性描述。[15]安德鲁·皮克林（Andrew Pickering）则把比尔的贡献建立在英国控制论的整体环境中。同时，在2007年，韦尔拉和奥赛将从艺术的视角重新审视控制室，他们并不是唯一这样做的艺术家或设计师，几年前他们在圣地亚哥与一群志同道合的同事们共同开始了这个项目。事实上，越来越多的国际艺术家和设计师以赞美或批评的语气讨论了这个项目，其中就包括尼古拉斯·赫希（Nikolaus Hirsch）、米歇尔·穆勒（Michel Müller）和菲利

---

14 Nick Srnicek and Alex Williams, *Inventing the Future: Post-capitalism and a World without Work* (London: Verso, 2016), 149–150。亦可见于他们的 *#Accelerationist Manifesto for an Accelerationist Politics* (Mexico City: Gato Negro Ediciones, 2014), 39，其中一方面提到赛博控制是一个失败但重要的技术规划模式，另一方面则认为朝圣山学社是一个知识分子集体的模式，新的左翼政治可以模仿这一模式。一本关于赛博控制的科幻小说是 Jorge Baradit, *Synco* (Santiago: B DE Books, Kindle Edition, 2013)。凯伦·贝内兹拉（Karen Benezra）的一篇康奈尔大学的论文（在写本书时，公众读者尚无法看到）探讨了20世纪60和20世纪70年代拉丁美洲的美学、艺术和工业设计之间的关系；贝内兹拉（Benezra）现在是哥伦比亚大学拉丁美洲和伊比利亚文化系的助理教授。另见 Sebastian Vehlken, "Environment for Design: Die Medialität einer kybernetischen Untersuchung des Projekts Cybersyn in Chile 1971–3," MA thesis, Institut für Medienwissenschaften der Ruhr-Universität Bochum, February 4, 2004。

15 Eden Medina, "Democratic Socialism, Cybernetic Socialism: Making the Chilean Economy Public," in Bruno Latour and Peter Weibel, eds., *Making Things Public: Atmospheres of Democracy* (Cambridge, MA: MIT Press; Karlsruhe: ZKM, 2005), 708.

克斯·于贝尔（Felix Huber）、马里奥·纳瓦罗（Mario Navarro）、巴勃罗·德索托（Pablo de Soto）、AvANa集体和一个名为圣地亚哥模型室（FabLab Santiago）的设计团队[16]。在国际参与者和机构的合作下，or-am在后来的迭代中获得了最持久、最彻底的研究，并在此基础之上支持了有条不紊的诸多创作。实际上，可以说这些当代作品将呈现出赛博控制本身的精神内涵——一个招募多元的跨国参与者的包容的事业。

这些美学回归所坚持的以及它们对当下的特殊诉求是什么呢？我将在后面介绍《多节点元游戏》的具体细节，但考虑到本书的总体兴趣，我们需要在一开始就明确说明我们的情况。作为智库美学的案例研究，将控制室放在**艺术史**框架下处理既是重要的又是矛盾的。它可能无法被还原到符合学科内部的既有规则，但对于艺术史学家来说，这些问题是不可避免的。他们需要进行形式主义和谱系学上的探索；其中包括了设计理论和实践的交葛，以及美学和政治的纠葛；还有来自整个视觉领域的意外组合和惊人的同构。我们的问题集中在将植根于运筹学、经济和可计算性的国家控制论的运作方式重塑为一种艺术作品上，这类似于社会主义的总体艺术的意义。在这样做的过程——从学究气质到艺术气质的坦率蜕变——中产生了什么，以至于控制室在一种悬浮的动画中继续存在：既是历史的剩余物，又是可推测的艺术项目，同时围绕着过去、现在和未来回转？今天，人们可以同等地听到关于赛博控制项目的美学和政治的讨论，叶夫根尼·莫罗佐夫（Evgeny Morozov）在他的文章《计划机器》中指出，由

---

16 例如，于贝尔根据波西佩照片 (http://www.fshuber.net/projects/ops-room/ops-room_01.html) 设计的游戏操作室（2005 年）以及巴勃罗·德索托和 hackitectura.net 的项目情况室（Situation Room），它们都追踪了控制室到情况室的发展（注意，梅迪纳与该小组合作）。见 Pablo de Soto, *Situation Room: Designing a Prototype of a Citizen Situation Room* (Anman Grafigues de Valles, S.L, 2010)。智利艺术家马里奥·纳瓦罗将在他的作品《作战室的威士忌》（*Whisky in the Opsroom*）中提供对赛博控制的批判视角，2006 年。梅迪纳将作为许多此类项目的关键出发点和信息来源，见 Medina, *Cybernetic Revolutionaries*, 246n19。

于赛博控制目前经历的艺术迭代,这些讨论实质上只是一种心照不宣的倡议。[17]《多节点元游戏》和其他媒体对控制室的重演是否只是证实了先锋派对政治美学化的习惯性焦虑?历史上激进的现象是否被削弱为了众多的画廊奇观?或者,用一个同源的表述,这个过程是否只与赛博控制和它所设计的集体主义意识形态的命运一致——在通往冷战结束和随之而来的**历史的终结**这条快车道上?

这段历史的官方版本会告诉我们,阿连德的梦想只是一切事物自然进程中的一个小插曲。控制室注定要在拉莫内达出现,但最终也将在1973年9月11日奥古斯托·皮诺切特将军的政变后被摧毁。在尼克松的白宫、亨利·基辛格和中央情报局的外部支持下,在与奥地利学派、伦敦经济学院和芝加哥大学有关的自由市场经济学家骨干的有效制裁下,皮诺切特将领导拉丁美洲独裁时代最残酷的几场运动之一。[18]这场运动见证了3000多名公民被谋杀,政治异见者被绑架、折磨或失踪,大规模的流放,以及围绕着从阿连德到民谣歌手维克多哈拉(Víctor Jara)等人的死亡而出现的诡异场景,这场运动留下的创伤仿佛仍历历在目,同时也成了这个国家公

17　Morozov, "The Planning Machine."
18　围绕 FUBELT 项目(中情局针对阿连德的秘密运动)、皮诺切特的政变、在智利的芝加哥学派、1989 年投票将皮诺切特赶下台的公民大会以及为引渡他并将其绳之以法而进行的旷日持久的国际法律努力,包括与中情局有关的大量文献材料,可见 Peter Kornbluh, *The Pinochet Files: A Declassified Dossier on Atrocity and Accountability* (New York: New Press, 2013); 亦见 Roger Burbach, *The Pinochet Affair* (London: Zed Books, 1973); and Marcus Taylor, *From Pinochet to the Third Way* (London: Pluto Press, 2006)。关于"芝加哥男孩",见 Juan Gabriel Valdés, *Pinochet's Economists: The Chicago School in Chile* (Cambridge: Cambridge University Press, 1995)。关于皮诺切特在"秃鹰行动"——这是一项国家资助的恐怖主义计划,针对包括阿根廷、乌拉圭、玻利维亚、巴拉圭、巴西和秘鲁的独裁政权,并协调在美国本土的对前智利外交官奥兰多·莱特利耶的暗杀——中的作用,见 US Federal Bureau of Investigation, "Operation Condor and the Transnationalization of Terror," in Hutchinson et al., *The Chile Reader*, 465–467. 关于阿连德的这一时期的一篇文章是 Regis Debray, *The Chilean Revolution: Conversations with Allende* (New York: Vintage Books, 1971)。阿连德的演讲和写作,见 James D. Cockcroft, ed., *Salvador Allende Reader* (Melbourne: Ocean Press, 2000)。关于智利后独裁时代的文化和文学,见 Francine Masiello, *The Art of Transition: Latin American Culture and Neoliberal Crisis* (Durham, NC: Duke University Press, 2001)。

众想象中永恒的试金石。[19]赛博控制的记忆将首先与逃离皮诺切特行刑队伍的那些工程师和设计师一起散去。其中，至少有一个人（弗洛雷斯）在道森岛被监禁了三年，其后先后被流放到帕罗奥图和伯克利。另一个人（埃斯佩霍）会逃去英国，他将在那里成为一个有影响力的教授；而第三个人则将逃到巴西、阿根廷以及硅谷（波西佩的行程）。就比尔而言，他是智库美学史上一个显要而色彩斑斓的人物——一个大胡子的酒鬼，他身上总是带着现成的威士忌、巧克力和雪茄，而他也将被大卫·惠特克所说的"朋友的丧失和梦想的残酷破灭"所不可逆转地改变。[20]1973年的创伤迫使这位控制论者改变了方向。他将撤退到威尔士中部的一个小屋，在这个既没有电也没有自来水的小屋里过起了苦行僧的生活。那些安静的追求——写诗、密宗瑜伽、绘画——将占据他的晚年。[21]同样地，他最终也将会证明自己是一个美学家。

正如我们在这段简要的介绍中可以注意到的，控制室是一个失败的乌托邦，在那个历史时期，数据汇总的未来就相当于经济的集体化。它的命运将与阿连德的倒台和皮诺切特的上台纠缠在一起。换句话说，这是新自由主义近代史的根本，在新自由主义的历史中，意识形态伪装成了一种理性事业——将经济学视为沉闷的社会科学，它被从其他地方引进，但又和

---

19 最近的两个事件强调了智利由皮诺切特时代带来的持续和创伤性的对抗。第一件事是在2011年对阿连德的尸体进行挖掘。这项工作是针对阿连德是在拉莫内达自杀还是被皮诺切特的军政府谋杀的持续争议而进行的，其行为看起来就像是他自杀了。例见 Agence France-Presse, "Chile Orders Exhumation to Settle how President Allende Died," *New York Times*, April 15, 2011, http://www.nytimes.com/2011/04/16/world/americas/16chile.html。第二个例子是维克多·哈拉的遗孀为将谋杀他的人绳之以法而在佛罗里达州提起的诉讼和裁决。见 Jorge Poblete and Chris Kraul, "Florida Verdict in Victor Jara Case Resurrects Ghosts of Pinochet Era in Chile," *Los Angeles Times*, June 29, 2016, http://www.latimescom/world/ mexico-americas/ la-fg-chilevictor-jara-20160628-snap-story.html。

20 David Whittaker, "Chilean Beer," in or-am, *Cybersyn: sinergia cibernética*, 14.

21 David Whittaker, "Tigers at Play: Stafford Beer's Poetry," *Kybernetes* 33, no. 3–4 (2004): 547–553.

当地的暴乱脱离不了关系。1973年左右的智利预示着新自由主义的大踏步前进，而1989年则通常被认为标志着柏林墙的倒塌。智利很可能是冷战时期的所谓"创造性破坏"的一个测试案例，这个词被用来泛指资本主义有效地破坏特定经济、文化和生活方式以建立新的市场，维护美国利益的一种方式。[22]也正是由于这个原因，正如彼得·科恩布鲁（Peter Kornbluh）尖锐地指出的那样：智利成了"这一时期美国外交政策制定过程中最体现出其厚颜无耻的一个研究案例"。[23]但是，想要了解这样的历史是如何被叙述为既成事实或"新宿命论的意识形态"（正如恩斯特·曼德尔所说）的，则需要更仔细地比对这一时期的种种叙述。也许像美学和艺术作品这样看似与这个辩题无关的东西，可能会让我们了解到作为话语的历史本身的运作，当我们注视着新自由主义的当下，历史的材料有可能更加急剧地滑向冷战的过去。

本章以赛博控制的艺术新生出发来重建这些今天已经被广泛误解了的历史，这些历史本身也是一种人造文物，而在今天它们都被妖魔化为某种意识形态的发明，新自由主义的卑微战利品。弗朗西斯·福山（Francis Fukuyama）是兰德公司政治学部的成员，后来则成了兰德公司董事会的理事，他在1989年的一篇文章中就直言不讳地采用了他著名的《历史的终结和最后的人》一书中的那种观点，"经济和政治自由主义的毫不掩饰的胜利"标志着"唯物主义经济理论的贫瘠"。[24]对这句话的一个认识是，来自芝加哥和维也纳的学者所代表的经济和政治自由主义压制了对赛博控制来说至关重要的马克思主义目的论（历史唯物主义）。正如米尔顿·弗

22　可见于，比如说，Naomi Klein, *The Shock Doctrine: The Rise of Disaster Capitalism* (New York: Picador, 2008)。奥地利经济学家约瑟夫·熊彼特在1942年首次提出了"创造性破坏"的理论：Joseph A. Schumpeter, *Capitalism, Socialism and Democracy* (New York: Harper Torch Books, 1962)。亦见 Taylor, *From Pinochet to the Third Way*。

23　Kornbluh, "Introduction," in *The Pinochet Files*, xv.

24　Francis Fukuyama, "The End of History," *National Interest*, no. 16 (Summer 1989): 3–18.

里德曼（Milton Friedman）和弗里德里希·哈耶克等人所理解的那样，智利只不过是他们自世纪中叶以来一直倡导的自由市场政策的一个实验场。关于新自由主义的话题，弗里德曼1951年写道："公民将因自由市场的存在而受到保护，以对抗国家……并通过维护竞争而相互对抗。"[25]我们将看到，弗里德曼、哈耶克、卡尔·波普尔和路德维希·冯·米塞斯是战后智库及其相关的社会和知识界的常客，他们首先是朝圣山学社的创始成员（这一组织，用迪特尔·普勒维的话说，是一个新自由主义的"思想集体"，或者说是追随哈耶克的"研究小组"），然后也是华盛顿特区的美国企业研究所、斯坦福大学的胡佛战争研究所、革命与和平研究所和卡托研究所等其他这样的组织中的重要成员。[26]在这个人物网络中，哈耶克是极为重要的，他凭借着自身在系统话语和控制论方面的博学串联起了整个网络。

为了实现这个目标，我们将在这章接下来的篇幅中描绘出一个人造物集合，进而归纳出关于将控制室作为历史和艺术史研究对象的三大主张。[27]在这些历史片段中，我们并不能找到一条直接的路径，也不能将它们凝聚成一个具有必然性的叙事；而是以比尔和or-am的作品所倡导的多节点和**递归**的方式来呈现这些片段：将它们作为一个更大的网络中交流和传播所需的不断扩散的一个个点。就像它们所表现和重现的对象一样，它们

25　Milton Friedman, "Neo-Liberalism and Its Prospects," in *The Indispensable Milton Friedman: Essays on Politics and Economics*, ed. Lanny Ebenstein (Washington, DC: Regnery, 2012), 3.

26　Dieter Plehwe, "Introduction," in Philip Mirowski and Dieter Plehwe, *The Road from Mont Pelerin: The Making of the Neoliberal Thought Collective* (Cambridge, MA: Harvard University Press, 2015)。其他关于朝圣山学社的专著包括 R. M. Hartwell, *A History of the Mont Pelerin Society* (Indianapolis: Liberty Fund, 1995)。一个相反的观点——说得温和一点——是 David Harvey, *A Short History of Neoliberalism* (Oxford: Oxford University Press, 2007)。

27　在这里使用"集体"一词是为了特别表明集体理论，该理论最著名的版本由吉尔斯·德勒兹和费利克斯·瓜塔里描述，并由后来的思想家，从曼努埃尔·德·兰达到黄爱华阐述。关于集体，见 Deleuze and Guattari, *A Thousand Plateaus: Capitalism and Schizophrenia* (Minneapolis: University of Minnesota Press, 1987)。

的关系可以被描述为世系的（alineal），而非米歇尔·福柯（Michel Foucault）在分析话语的统一性时所说的那种"预先存在的连续性形式"。[28] 归根结底，我考察了将控制室作为艺术作品进行的重新想象为何注定是一场关于历史的竞争，又如何成了新媒体协议上的竞争，在此基础上，我也考察了历史项目中那种一致的递归时间性。我把控制室、其相关的表象以及有效地被整理和分散于其中的人和物的虚拟集合体视为新自由主义的本原（arche）。

我们要停下来看看**本原**一词在这里是否合适。[29]鉴于我们与1973年9月11日的相对历史距离，这个词的词源、哲学渊源以及其有关年份所隐含的精准性，都只能被解读为一种自相矛盾。相比之下，本原这个词标志着

28　Michel Foucault, *The Archaeology of Knowledge and The Discourse of Language* (New York: Pantheon Books, 1972), 24.

29　根据亨利·乔治·利德尔和罗伯特·斯科特编撰的标准希腊-英语词典，arche 这个词有很长的哲学谱系。其最直白的定义是"开始"或"起源"，但这一"开始"不一定要在目的论或历史编年的意义上来理解：正如下文所讨论的，这里的关联更接近前苏格拉底对宇宙作为原始和秩序物质的概念。Arche 同样可以表示"第一原则"或"元素"，但也可能意味着"总和"、"治理方法"（帝国或王国）、"权威"、"主权"和"命令"，其最后一个定义则进一步与"天上的力量"联系。见 Henry George Liddell and Robert Scott, *A Greek-English Lexicon, Revised and Augmented Throughout by Sir Henry Stuart Jones* (Oxford: Clarendon Press, 1968), 252。本章强调了这个术语与宇宙学、权力和控制有关的更大的、相互关联的价值，以及领航的这一额外含义：这个概念与控制论的修辞和利益有根本的联系。关于 arche 和"宇宙"之间的关系，见 G. S. Kirk, J. E. Raven, and M. Schofield, *The Presocratic Philosophers*, 2nd ed. (Cambridge: Cambridge University Press, 2007), 88–94。这一概念下，关键人物是米利都的泰勒斯和阿那克西曼德，以及亚里士多德对他们的处理，其中 *arche* 部分地被理解为"所有事物的原始构成材料"和"持续存在的基底"（91）。关于泰勒斯的生活的一些观察对于在此背景下论证的宇宙学原理是有启发的：传统上认为他是希腊最早的物理学家，他因其在天文学方面的工作而具有传奇色彩，曾预测过日食。希罗多德指出泰勒斯也是舵手和工程师——具有强烈控制论价值的职业。另一方面，关于阿那克西曼德的讨论集中在 arche 和 apeiron（通常被理解为无边无际、不确定、甚至是混沌）之间的关系上。在这里，arche 被视为一种"起源性"物质，"引导一切，控制一切"（108–116）。从这种古典的试金石出发，更广泛的 arche 和档案的概念已经在文学批评、大陆哲学和艺术史中被采纳（除了上面提到的媒体考古学著作），如 Jacques Derrida, *Archive Fever: A Freudian Impression* (Chicago: University of Chicago Press, 1988); Foucault, *The Archaeology of Knowledge and The Discourse of Language*; Yve-Alain Bois, "Matisse and *Arche* Drawing," in *Painting as Model* (Cambridge, MA: MIT Press, 1993); and Hal Foster, "An Archival Impulse," *October* 110 (August 2004): 3–22。

一个与前苏格拉底哲学家以及那位写作了《范畴篇》、《物理学》和《形而上学》的亚里士多德有关的起源问题。它代表了基础、第一原则和原始物质或基质。在这里使用这个词的时候，本原也暗示了权力、控制、命令和宇宙这些多重的含义。然而，这并不是说赛博控制的消亡是新自由主义"时代"之类的任何事物的起源，这种说法至少在历史上和方法论上都是站不住脚的。[30]实际上，使用这个词是为了为艺术赋予权威，使这些事件具有视觉和物质的形式，从而开启与这些历史的对抗，使它们得以成为当下辩论的场合。沃尔夫冈·恩斯特（Wolfgang Ernst）提醒我们，"古希腊人对本原的理解，与其说是关于起源，不如说是关于命令"[31]。这种指挥和控制的概念，在冷战时期智库的原数字世界（proto-digital worlds）中得到了更新，它表明了智库对可资利用的权力和认识论的兴趣。如果说我们对这种媒介的访问和使用就相当于面对那些治理、主权和市场问题，以及那些将这些问题的演变置于其中的互相竞争的历史叙事的话，那么这些问题就会成为我们今天正在面对的媒体、控制和历史的问题。

本原还引导人们去关注"媒体考古学"和相关的那些文献。那是一套不同的处理媒体历史和理论的方法，包括从与弗里德里希·基特勒（Friedrich Kittler）和恩斯特相关的唯物主义分析（他们两人都会把他们的工

---

30 关于新自由主义的大量文献描述了多个机构起源，包括与弗莱堡大学的"弗莱堡学派"（以及 *Ordo* 杂志）相关的秩序自由主义者流派，以及如上所述的朝圣山学社。例见 Michel Foucault, "Governmentality," in *Power: The Essential Works of Foucault 1954–1984*, vol. 3 (New York: New Press, 2001), 201–222。关于福柯和秩序自由主义者的出色解读，见 Thomas Lemke, "The Birth of BioPolitics: Michel Foucault's Lecture at the Collège de France on Neo-liberal Governmentality," *Economy and Society* 30, no. 2 (May 2001); Wendy Brown, *Undoing the Demos: Neoliberalism's Stealth Revolution* (New York: Zone Books, 2015); 以及 Harvey, *A Short History of Neoliberalism*。哈耶克特别欣赏沃尔特·欧肯或奥多·里尔派，他本人于 1962 年至 1968 年在弗赖堡大学经济系任教。近期对新自由主义历史学文献的一个尖锐贡献可见：Daniel Zamora and Michael C. Behrent, eds., *Foucault and Neoliberalism* (London: Polity, 2015)。该书为福柯与新自由主义的一些原则之间有条件的、多于偶然的亲缘关系做了大量论证。

31 Wolfgang Ernst, *Digital Memory and the Archive* (Minneapolis: University of Minnesota Press, 2012), 57.

作与这些标准分开，或至少对这种关系质疑）到通常与英美学者相关的更多文化研究方向。媒体考古学被称为"流浪的学科"（一个没有稳定的、机构性的据点的研究分支）。[32]本章既不关注冷战策略，也不关注为媒体考古学文献提供信息的历史学，而是将冷战在时间和空间上的流动性作为假设。这一学科强调了对过时媒体和脱节了的时间的关注：对"死胡同、失败者和从未进入历史的发明"的更广范围内的关注。[33]埃尔基·胡塔莫（Erkki Huhtamo）将类似的美学实践称为"展厅里的时间旅行"模式，戏剧化地展现了当代媒体和过时的物品之间混乱的时间动态。[34]我们也将遵循这一线索在不同的时空间穿梭。

从这一设想出发，本章的一个兴趣点是考察控制室对当代艺术的耽延（belatedness）。总体而言，我认为它对当代艺术的吸引力在于：在赛博控制构成和消亡的时刻，它提供了一个**网络**的历史的和美学的形象，一个面向它从未实现的历史承诺的难以解开的结：一方面它随着皮诺切特政权的到来而被摧毁，另一方面它却存活在了当下永久的重新想象中。如果控制室被赞美或嘲笑为"阿连德的互联网"，那么当其运筹学的跨学科使命被一个因过于复杂而难以被简单表征的网络的象征维度所超越时，它就会以艺术的形式重新获得传播。[35]对我们在这方面的思考而言，设计师居伊·波西佩的角色至关重要，因为他将系统话语、符号学和控制论带入了

32　Jussi Parikka, "Operative Media Archaeology: Wolfgang Ernst's Materialist Media Diagrammatics," *Theory, Culture and Society* 28, no. 5 (2011): 52–74.

33　Erkki Huhtamo and Jussi Parikka, "Introduction: An Archaeology of Media Archaeology," in Huhtamo and Parikka, eds., *Media Archaeology: Approaches, Applications, and Implications* (Berkeley: University of California Press, 2011), 1–25.

34　Erkki Huhtamo, "Time Travelling in the Gallery: An Archaeological Approach in Media Art," in Mary Anne Moser and Douglas MacLeod, eds., *Immersed in Technology: Art and Virtual Environments* (Cambridge, MA: MIT Press, 1996), 233–268.

35　关于网络和界面的表述，见 Alexander Galloway, *The Interface Effect* (Cambridge: Polity Press, 2012)。关于工业内部界面设计的早期描述，见 Gui Bonsiepe, *Interface: An Approach to Design* (Maastricht: Jan van Eyck Akademie, 1999)。

艺术、设计和现代主义教育学。除此之外，其他的那些知识网络——冷战知识分子之间令人惊讶的社会关系，哈耶克也在其中——也将出现在我们的讲述中。

第三，**本原**将与它在考古学中更寻常的那些关联产生共鸣，比如关注埋藏在事物表面之下的东西，或要求历史挖掘工作的"证据"，甚至是最近的过去这种概念。控制室将与其他作品组合在一起，这些作品乍看起来可能与本章目前的重点并不一致，但其历史学、意识形态和美学方面的亲缘关系确实无可辩驳且有启发意义的。其中的一个例子——罗德琴科在1925年巴黎世界博览会上展出的《工人俱乐部》——是历史上先锋艺术的一个原型。像赛博控制一样，其乌托邦式的感受力也同样是一种系统地展示知识和信息的设计，这样的设计被相信可以促进集体的利益。而另一件艺术品，帕特里西奥·古斯曼（Patricio Guzmán）拍摄的令人揪心的电影《怀旧的光》（*Nostalgia de la luz*，2010）展望了宇宙、时间和权力之间的相互作用——某种类型的本原——这些东西从根本上决定了皮诺切特政权的灾难性。

"如果它有效，那说明它已经过时了。"斯塔福德·比尔在《公司的大脑》的序言中喃喃地写下了这句话。也正是这句话激起了我们对or-am的兴趣并将我们带向了下文即将追溯的线索。但是，如果赛博控制一开始就没有真正发挥作用（就像控制室未能做到的那样），那么它就**从未**真正过时。这引出了我们的核心问题：对于赛博控制的重新想象或许暗示出了那些关于它的各式各样的历史叙述中存在着怎样的有意的突出与篡改，它为何具有一种奇怪的时间性，以及有哪些美学和媒介被用来呈现它？或者，更直截了当地说：这段**历史**——如果像我们所认定的那样，本身就是这一时期的一种人造文物——本身究竟是怎样的？在冷战持续地渗入我们的当下的背景下——虽然通常认为冷战在1989结束，作为胜利的"历史的终结"，这是控制室为智库美学提出的问题。

人造文物 2：控制室

在这一章里，我们从当代艺术作品所依据的那个历史人造文物——控制室开始，并简要介绍了它所代表的赛博控制项目。而我们关注的重点则是美学问题。梅迪纳将控制室称为"项目的象征性核心"，正是这一点将我们引向了其形式特征。我们将以一种严谨的态度审查它表现出的那种明显断断续续的特征——模仿对其展开讨论的叙事中的那些历史中断——并始终与其更早的原型以及其所蕴含未来主义的愿景进行比照。

在《控制论革命者》的封面上，或者在展示《多节点元游戏》的ZKM展览的动画页面上，我们可以看到一张由居伊·波西佩在1973年拍摄的原始控制室的照片（由工业设计组提供[Grupo de Diseño Industrial]），它传达了对未来的憧憬，虽然这一憧憬并不会实现。这张图片在网上有无数次的更新迭代。它描绘了一个轮廓模糊的室内环境，照片后面的墙壁倾斜，房间的中心似乎有些隆起，仿佛我们是通过鱼眼镜头看到的一样。[36] 白色的椅子点缀在房间的中心，而墙壁上的屏幕似乎准备好接收数据和图像。我们可以参考《星际迷航》《2001太空漫游》等电影中的作战室，这样对赛博控制的描述是司空见惯的（考虑到其70年代的历史，也是非常贴切的），但很少有人讨论其内部的现代主义美学。我们有充分的理由认真对待科幻小说的隐喻，我们稍后会说明这点，但无疑这就是现代主义的写照，形式服从功能，为人民团结（Unidad Popular）的目标服务。此外，一个控制国有经济运作的房间也需要符合人体工程学。它的外观应该投射出一种对未来的自信，在效率和乌托邦之间取得艰难的平衡。在这一点上，控制室在70年代初的圣地亚哥就像阿尔伯特·沃尔斯泰特在月桂谷的

---

[36] 梅迪纳描述了操作室的几次迭代，然后设计者才确定了现在奉为圭臬的波西佩照片中的版本。参见 Medina, *Cybernetic Revolutionaries*, 114–133。

家一样令人回味。将其分别置于意识形态的两个极端来看，二者都充满了历史的可能性。[37]

沃尔斯泰特的世纪中叶沙龙展示了斜靠在沙发上沉思着的国防知识分子。而在控制室里，我们遇到的既不是传统的权力控制，也不是森严的等级秩序，而是英国式的作战室与当代绅士俱乐部之间的融合。梅迪纳评论说，这个房间将那些不同的男性空间合并在了一起，从丘吉尔在威斯敏斯特宫的地下内阁厅到封闭的男性社交世界。房间用深色的木板和深色的地毯装饰，都是用易得到的材料制作的。考虑到阿连德总统任期内无休止的货币危机，经济上相对是非常艰巨的，但这种色调仍然投射出其使用者的都市感。那么，在这里，我们见证了20世纪70年代初期令人向往的棕色。

尽管我们可以注意到心照不宣的男性权威的那些痕迹，控制室在规划、家具和五个数据显示器中则展示了其民主化的特性，这其中的每一项都由一些相互关联的元素组成。特别需要注意的是房间的硬件，它是比尔所说的"决策环境"的初始界面。[38]一个半六边形房间提供了空间上的开放性和流通性，这种建筑形式象征着沟通上的透明；而设计中更大的计划还包括一个小厨房和控制室外的维护区。七把玻璃纤维转椅——让人想起埃罗·沙里宁标志性的1957年郁金香椅子——放在正中央。"'椅子'是（赛博控制的）收集信息的递归系统的核心。"正如莫里斯·约尔斯（Maurice Yolles）所观察到的那样；也正因这一点，它的作用远远超过了单纯的家具。[39]在椅子右扶手上，安装了一个键盘，上面有十个键，分布

---

37 Grupo de proyecto Diseño Industrial, "Informe final: Diseño de una sala de operaciones," Intec: Comite de Investigaciones Tecnologicas—Corfo (Santiago de Chile, March 1973), 2.
38 关于"决策环境"，见 Beer, *Brain of the Firm*, 268。
39 Maurice Yolles, "Cybersyn, An Evolving Approach," in or-am, *Cybersyn: sinergia cibernética*, 19.

在三条线上，与显示单元中的数据处理（DATAFEED）相对应。椅子的左扶手上则有一个支持性的设备，其功能较为日常：一个烟灰缸。这样它的使用者就可以坐在一个本身就可以燃烧尼古丁的座椅上，而不需要寻找其他容器来接住烟灰。房间里没有提供的东西和提供的东西一样重要。没有办公桌（或任何书写面）则表明，赛博控制的先锋决策模式不会用到笔和纸这样的老式工具。

如图所示，这就是控制室的基本架构。从波西佩的照片上看，排列在墙上的五个信息单元显得不太明显，但对赛博控制项目来说，实时数据流的可视化非常重要。在这方面，如果不考虑意识形态的不同，这个房间与阿特丽斯·科洛米纳（Beatriz Colomina）、莱因霍尔德·马丁（Reinhold Martin）和弗雷德·特纳在冷战建筑、美学和通信文献中讨论的多屏幕环境（不仅仅是控制室）完全一致（特纳将指出这种环境与美国自由主义主体的构建有关）。[40]控制室的展示单元包括：（1）数据处理（DATAFEED），由四个玻璃纤维柜中的丙烯酸屏幕组成，一大三小；（2）比尔的"可行系统模型"的图形模型，一个基于神经系统的五级系统，描述了在信息传输中"调节极复杂系统的管理结构"（它在团队中被称为"小斯塔福"[Staffy]）；[41]（3）两个背光旋转投影仪，在系统没有完全运行的

---

40 见 Beatriz Colomina, "Enclosed by Images: Eames Multimedia Architecture," *Grey Room* 02 (Winter 2001): 6–29; Reinhold Martin, *The Organizational Complex* (Cambridge, MA: MIT Press, 2003); 以及 Fred Turner, *The Democratic Surround: Multimedia and American Liberalism from World War II to the Psychedelic Sixties* (Chicago: University of Chicago Press, 2013)。

41 此处参见 Medina, *Cybernetic Revolutionaries*, 35–38。梅迪纳对可行系统模型进行了有力的解析，将其看作理解交流系统的一个生物学隐喻。系统一是"感觉层面"，由肢体和身体器官组成，成员与环境直接接触。系统二"作为控制论的脊髓"，使"不同身体部位和器官之间快速横向交流"。系统三监控每个器官（系统一）的行为，被比喻为脑盆、延髓和小脑。系统四（"相当于脑下垂体、基底神经节和大脑第三脑室的组合"）调解自愿和非自愿控制。最后，"正如大脑皮层将数以百万计的神经元相互连接起来一样，第五系统并不是由一个单一的管理者组成……[而是由一群经理人组成，他们纵向与他们的直接上级和同事沟通，横向与他们正式等级之外的经理人沟通，斜向与比他们职位高几级但在指挥系统之外的经理人沟通"。这种安排被称为"多节点"。

图 3.10 斯塔福德·比尔、居伊·波西佩等，圣地亚哥 Cybersyn 控制室，1973 年。

图 3.11 斯塔福德·比尔、居伊·波西佩等，圣地亚哥控制室的数据反馈，1973 年。

情况下，通过在数据处理屏幕上投影手绘的图像来模拟显示面板；（4）一个"代数"单元（这个概念来自比尔的"感觉节点"[Algedonode]概念），它将对系统内的潜在干扰发出信号，由可行系统模型中的更高阶部分来加以纠正。[42] 最后，还有一个"未来面板"——一个用毛毡覆盖的金属板，上面有彩色编码的磁铁，这块面板旨在绘制从一个行业到下一个行业的信息流。这种直接的流程图模拟诞生于70年代初智利的技术和物质匮乏。在"将一切公之于众"（Making Things Public）的文件中——这是控制室在or-am的《多节点元游戏》之前，在ZKM的首次亮相——梅迪纳描述了控制室如何"呈现了一种社会主义现代性和控制的幻觉，掩盖了智

---

42 "感觉节点"（Algedonode）是比尔创造的一个新名词，正如梅迪纳所指出的，它由两个希腊词组成——痛苦（algos）和快乐（hedos）。作为可行系统模型的一部分，感觉信号（algedonic signal）在系统一（肢体）内发挥着对更大系统的刺激作用，提醒"更高层次的管理层注意一个离散的事件……从而将紧急情况对系统其他部分的影响降到最低"。参见 Medina, *Cybernetic Revolutionaries*, 39。而比尔则用以下这段术语来描述 algedonode。"控制系统中的一个决策元素基本上由一个输入……和一个输出组成。……这一决策元件构成了构成控制系统的网络中的一个节点。而整个的这套方案就是感觉节点。"参见：Beer, *Brain of the Firm*, 67。

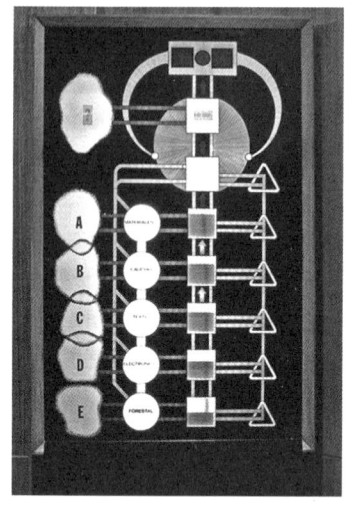

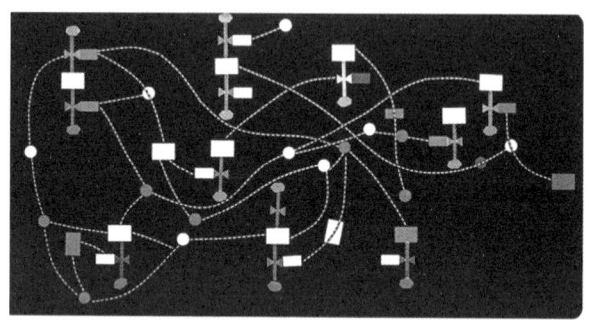

图 3.12 斯塔福德·比尔、居伊·波西佩等，圣地亚哥控制室的"小斯塔福"可行模型，1973 年。

图 3.13 斯塔福德·比尔、居伊·波西佩等，圣地亚哥控制室的未来面板细节，1973 年。

利经济转型的困难和国家秩序的不稳定"。[43]尽管这样，这一系统的总体目标是提供一个即时可读的、图形化的且有序的经济数据，一个视觉冲击，与它将推动的先锋政治同样，这种想法大胆而有影响力。

　　对这些极富远见的新技术及其外观的描述也引出了一个问题：赛博控制是如何形成的？梅迪纳叙述了赛博控制相对于人民团结目标的演变，而比尔作为控制论编年史中的重要人物，他的工作得到了埃斯佩霍、皮克林和大卫·惠特克（David Whittaker）等人的关注。就智库美学的研究兴趣来说，比尔的背景和管理哲学勾画出的轮廓自身就足以构成一种人造文物。1971年，也就是弗洛雷斯与他联系的那一年，比尔作为管理控制论之

43　Eden Medina, proposal and various exchanges with Heike Ander Tasja Langenbach, Valérie Pihet, and Peter Weibel, "Making Things Public," archives of ZKM, Karlsruhe, Germany, 2003–2005 (my emphasis).

父，早已享有了成功的职业生涯。此前他主要在私营部门工作，从1956年到1961年，他在英国联合钢铁公司负责运营研究和控制论，然后与罗杰·艾迪生（Roger Eddison）一起在一家名为SIGMA（综合管理科学）的咨询公司担任联合董事。正是在那里，运筹学和控制论的经验有机会可以转移到企业的利益上；大约在1962年，SIGMA与智利的钢铁行业进行了接触，从而与其铁路部门开展了一个项目。可以说，早在20世纪50年代，比尔的影响力就已经很大了。他1959年开始发表文章，从《控制论与管理》开始，他就是一位多产和有影响力的作者，并且在私营企业和学术界都找到了受欢迎的读者，即使他所受的正规教育并不亮眼。[44]在赛博控制消亡之后，他继续为墨西哥和委内瑞拉政府从事控制论管理方面的工作。他的档案中体现了他与在英国、欧洲大陆、美国和拉丁美洲工作的最重要的控制论学者间的广泛交流，从他的导师沃伦·麦库洛赫（Warren McCulloch）到海因茨·冯·福尔斯特（Heinz von Foerster）、罗斯·阿什比（Ross Ashby）、亨伯托·马图拉纳（Humberto Maturana）以及布莱恩·伊诺（Brian Eno），他在广阔的领域内受到尊崇。正如莫罗佐夫后来指出的那样，他甚至有机会与具有强大影响力的经济学家们展开交流，这些人都是来自奥地利的（新）自由主义思想家，我们很快就会讲到。

  皮克林将比尔的方法置于英国控制论传统之中。与许多（尽管不是全部）美国同行所崇尚的军事传统相比，一些最重要的英国控制论学家参与了战后精神病学的广泛应用。[45]皮克林将英国控制论描述为"适应大脑的科学"，他概述了其对**功能性大脑（performative brain）**——也就是大脑的适应机制——的强调，而不是现代科学巩固起来的大脑的稳定表征

---

44 比尔曾是伦敦大学学院的学生，但在1944年退学参军。见 Stafford Beer obituary, *Guardian*, September 4, 2002, https://www.theguardian.com/news/2002/sep/04/guardianobituaries.obituaries。

45 Pickering, *The Cybernetic Brain*, 8.

（表征主义[representationalism]）。[46]是功能而非表征指导了比尔的工作。在皮克林对这一"变化无常"的和跨学科的研究领域的考察中，涉及了其特别的时间性：它"不是一个可以以可理解的因果性来把握的世界，而是一个实在'始终处于生成之中'的世界"，因此也就需要"一种革命性的，而不仅仅是因果性的或是可计算的对于时间性过程的把握"。[47]罗斯·阿什比对比尔具有相当大的影响，他对控制论时间的看法也是一针见血。在《设计大脑》中，阿什比强调，这种过程不能被简化为目的论。他指出："我们永远不会使用这样的解释——执行某种行动仅仅是因为它会对动物有利。"相反，他强调"操作"方法本身就是"生存艺术"的一方。[48]而比尔本人则会强调新的社会主义国家的递归本体论是其成长和适应问题的根本。"递归地来看，智利作为一个国家置身于诸多国家组成的世界中，而政府则置身于国家中，"他指出，"管理问题的时间尺度是其所涉及的最重要的参数之一。"[49]

比尔在私营部门的工作经历或许促成了他对政府的这种洞察力。具体来说，对比尔而言，战后的管理工作就意味着处理"公司大脑"。（这是他1972年出版的书的名字，该书的第一版可以看作是赛博控制主要部分的使用手册，而第二版则在事后广泛地详述了比尔在智利实验中起到的作用。[50]）像任何有机体一样，公司需要适应当前商业环境下日益复杂的情况才能生存。一个全面的管理方法，一个强调稳定与适应、部分与整体、投入与产出之间平衡的方法，是最基本的。比尔认为："当我们谈到管理

---

46 Ibid.

47 Ibid., 18, 19（作者强调）。

48 Ross Ashby, *Design for a Brain: The Origin of Adaptive Behavior* (Mansfield Center, CT: Martino Publishing, 2014). 9.

49 Beer, *Brain of the Firm*, 249 and 251.

50 第二版于1981年由威利公司出版，包括一个新的部分——"第四部分：历史的进程"，介绍了比尔参与智利实验的情况。

时，无论是公司、国家还是国际事务，都存在着同样的适应问题。"[51]这个问题最终集中在了一个术语"多变性"（variety）之上，而其解决方案则将通过比尔的五级"可行系统模型"来确定。第五系统，这个基于神经学模型的系统的最后一层，与大脑皮层并无二致，它在传递信息的过程中将数百万个神经元相互连接。这种多节点的安排是一个"有冗余的互联系统"，可借此提高系统的生存能力。[52]

在这方面，阿什比的"必要多变性定理"——本质上来说，就是"只有多样性才能控制多样性"的概念——将被公司的控制机制内部化。"可行系统模型"与阿什比的大脑概念和"生存的艺术"相吻合：正如比尔所说，可行系统是"一个能够生存的系统。它有凝聚力。它是完整的。它在内部和外部都是平衡的"[53]。

我们应该暂停一下，对比尔在表面上看来不同的系统之间所得出的等效关系进行一些探讨：即控制论在这些系统格子不同的管理和分析问题中的可移植性。这意味着**公司**、**国家**和**国际关系**都可能被提交给一个共同的运作逻辑。比如，比尔在20世纪50到60年代在联合钢铁公司或SIGMA的工作经验可能反过来会对70年代初的一个新政府有用。如果我们认真地将英国控制论的原则看作"适应性大脑的科学"（或其美国的变体，一种关于动物和机器的信息和控制的理论），那么为什么企业管理的自我调节命令不能在其他系统（如政府）中被模仿呢？系统理论通常不是关于不同有机体和组织之间原则上的同构性的吗？那么，把意识形态加入这个组合中，尤其是在冷战的关键时刻，又该如何处理呢？维纳曾在1960年访问过苏

---

51 Beer, *Brain of the Firm*, 21.
52 Ibid., 38.
53 Beer in Medina, *Cybernetic Revolutionaries*, 33.

联，在那里他受到了英国摇滚明星般的待遇。[54]那么，作为南部锥形地区民主社会主义的初始实验室——在这里，抵抗依附是国家自治和经济增长的核心——智利为什么不能这么做呢？[55]

控制论中基本的生物学隐喻使这种可能性成为可能。比尔将自己的方法描述为"从神经心理学中提取的控制论模型"，"同样适用于政府"，但也有重要的限定条件。[56]在他看来，智利的例子（以控制室为核心）最终将使工人对经济的控制力远远超过以前在非阶级系统中的想象，就好像这个新的控制论下的控制室是车间里的工人们的未来主义模拟物。也就是说，他所想象的控制论的应用（如果不是现实）将不存在自动化时代激烈争论的计算技术官僚的问题。梅迪纳很清楚，那个时期很少有智利工人真正记得或者参与了它的实施，但是支持它的民粹主义精神与通常的二元论场景对立，老大哥是一个巨大的主机，从高处指挥人民。

---

54 关于维纳1960年的苏联之行，见Flo Conway and Jim Siegelman, *Dark Hero of the Information Age: In Search of Norbert Wiener the Father of Cybernetics* (New York: Basic Books, 2005)。苏联语境下的描述可见Slava Gerovitch, *From Newspeak to Cyberspeak: A History of Soviet Cybernetics* (Cambridge, MA: MIT Press, 2002)。这里请注意格罗维奇（Gerovitch）对斯大林主义反对控制论和美国控制论者的宣传运动的讨论，在其与维纳迟到的接触之前，他将其视为西方的"帝国主义乌托邦"或"伪科学"。近期对格罗维奇的控制论的历史研究可见Benjamin Peters, *How Not to Network a Nation: The Uneasy History of the Soviet Internet* (Cambridge, MA: MIT Press, 2017)。

55 "依赖理论"描述了全球南方不发达国家与北方工业化国家之间根本上的不平等经济关系，这种关系不仅源于世界市场和跨国资本主义的主导地位，还源于内部经济、社会和政治因素的融合。依赖理论的标准描述经常使用"边缘"的语言来谈论现代和去殖民化进程中的不发达问题。这一理论的出现一定程度上是对战后马克思主义分析的快速发展做出的回应，同时也是对现代性的批判分析。在这一背景下，其在20世纪60年代和70年代在拉丁美洲广为流传，这种流传部分也是通过联合国的拉丁美洲经济委员会（ECLA或CEPAL）推进的。关于智利（和阿根廷）视角下的依赖理论的两个经典论述，见Andre Gunder Frank, *Capitalism and Underdevelopment in Latin America* (New York: Monthly Review Press, 1967)，以及Fernando Henrique Cardoso and Enzo Faletto, *Dependency and Development in Latin America* (Berkeley: University of California Press, 1979)。

56 Stafford Beer, letter to Fernando Flores, July 29, 1971, Box 55, Letters, Folder: Chile First Visit, Correspondence, Stafford Beer Collection, Liverpool John Moores University, consulted June 10–11, 2010.

弗洛雷斯在1971年7月13日写给比尔的信中表明，他很清楚这一点。这封信很值得引用，因为它既表达了对控制论在新的社会主义国家中应用的信心，也表达了这个国家在成立之初必须克服的几乎不可逾越的障碍。他写道："你或许已经很清楚了，智利发生了一些政治变化，对大多数人来说，这些变化正将这个国家带入社会主义。"紧随这句轻描淡写的话语后的则是可怕的要求：

> 眼前的一个重要问题是彻底改组经济中的公共部门。政府正在寻求按生产部门对国有工业进行分组，并希望通过一个集中的规划机构来控制它们。这个机构就是 CORFO（Corporación de Fomento de la Producción），它创建于1939年，是一个长期规划的工具，现在正被转换和合并为一个控股公司，以承担整个公共部门的控制职能。……在智利，建设社会主义的起点可以说是相当好的，因为在本届政府成立之前，最重要的企业中大约有140家属于公共部门。……
>
> 我非常感兴趣地阅读了您的许多出版物，并非常仔细地研究了您的《决策与控制》。几年前，当我在智利国家铁路公司的运筹学团队中工作时，曾与 SIGMA 公司的两个人一起工作。SIGMA 的运筹学工作给我留下了深刻的印象，后来，在阅读您的书时，我可以看出您的许多思想特征。……
>
> 我最近被任命到了一个新职位上，有可能可以在全国范围内实施科学的管理和组织，在这个问题上控制论思维是非常必要的，而这也就是为什么我希望您会对刚才我描述的挑战性项目感兴趣。[57]

---

[57] Fernando Flores, letter to Stafford Beer, July 13, 1971, Box 55, Letters, Folder: Chile First Visit, Correspondence, Stafford Beer Collection, Liverpool John Moores University, consulted June 10–11, 2010.

控制论思想通过拥抱复杂性来管理它，以递归的方式。弗洛雷斯在阐述他的议程时直言不讳，这是由他在铁路工作上与SIGMA的共同工作经验铺垫而成的。然而，其动机与往常的商业工作并不相同，它放大了这位工程师的信息中隐约存在的重音。这封信提出了梅迪纳在《控制论革命者》中提出的核心问题之一：控制论如何**成**了社会主义在自由和控制之间维持微妙平衡的工具的？

梅迪纳将比尔提出的控制论系统（他的可行系统模型）与人民团结的民主社会主义放在一起进行了比对。事实上，她证明了控制论是由意识形态相当不同的工程师和社会科学家共同推进的，并强调了控制论在全球南方的政治应用中的不统一性和随之而来的复杂性，而兰德公司则是其意识形态的反面。

控制论的方法很快就传到了学术界之外，并影响了美国政府在20世纪50年代到60年代的量化社会工作，尽管其在方式上与智利政府在70年代初所追求的大不相同。麻省理工学院和兰德公司这样的国防智库等机构将控制论和运筹学的技术用于管理复杂的社会和组织问题。在兰德公司，这些技术与博弈论、概率论、统计学和计量经济学等领域相融合，形成了一种更具一般性的"系统分析"理论。兰德公司的系统分析员试图通过将复杂的社会和政治现象重塑为一系列的方程来量化世界，这些方程的变量可以被输入到电子计算机中进行计算。[58]

控制论恰恰也不是一门为相同的意识形态和学科任务服务的单一科学。在《人有人的用处》流行之后的几十年里，不同的学派、不同的年代、不同的方法论和民族主义观点——英国、苏联、德国、美国、智利等等——都将影响到对控制论的处理。不管它作为一门通用科学的主张是什么，在控制论的内在政治性上学界并没有达成共识，对于它的党派倾向也

---

[58] Medina, *Cybernetic Revolutionaries*, 23.

没有做出裁决，更不用说它的生物学和精神病学应用了。更为紧迫的是，至少对公众而言，对其过度控制能力的焦虑，与战后自动化的总体叙事及其破坏性的和反乌托邦的修辞有关。

英国和智利媒体围绕赛博控制的辩论正是就这种潜在的滥用可能展开的。一些人认为，比尔是一个独裁者和技术官僚，也有人认为比尔是一个帝国主义者。比尔开发了"一个强大的政府工具，它是'在秘密的情况下由高层强加给人民的'"[59]。比尔对这些指责和其背后的阴谋诡计感到愤怒。他可以简单地声称自己"设计自由"，这一陈述意味着即使是设计的概念也具有了一种特定的控制论效价。正如皮克林解释的那样："如果说我们通常的设计概念需要制定一个计划，然后把这一计划强加给物质，那么控制论的方法则需要与人类和非人类的材料持续互动，以探索可能实现的目标——这可以被称为设计的进化方法，而这必然需要对他人表现出一定程度的**尊重**。"[60]

对"他人"的尊重指的是比尔的设计最终要面向的那些人，这种方法强调持续的和可维系的互动。因此，无论他最初作为古怪的巫师兼管理大师可能行使过什么控制权，最终都将让位于智利当地的实际情况——控制室中划时代的工人车间。智利是一个充满乐观主义、希望和可能性的空间，但也是一个管理未知变量和非凡复杂性的实验室。如果按照阿什比的说法，只有多样性才能控制多样性，那么阿连德的智利（或者说赛博控制对其经济的管理）就是一个实验国家的典范。对于一个持怀疑态度的对话者，比尔谈到了智利近期浮现在地平线上的非凡可能性。"我在智利发现了世界的希望之一，这也是事实。它是一个处于实验状态的国家：而

---

59 "The Cybernetic Brain of Stafford Beer"（interviewer unknown）, *Computing*, March 29, 1973, 14–15（由 Haymarket 出版有限公司为英国计算机协会每周出版）, Stafford Beer Collection, Liverpool John Moores University。

60 Pickering, *The Cybernetic Brain*, 35.

许多国家都被牢牢地锁在自己的毁灭之路上——或者至少在我看来是这样。"[61]实验，对比尔来说，是与一些有希望和有成效的东西相联系的，智利在科学和政治方面都开辟了一条道路。在他看来，世界上的其他国家正在虚无主义的快车道上飞驰，通往无可避免的崩坏。

在1973年，历史将会向哪个方向发展？是《通往奴役之路》还是《走向智利》？一条分岔路寻求着抉择。把这一年称为新自由主义的**本原**可能暗示了一个无以避免的建立在离散的因果机制上的转折或转向——也就是一个粗糙的目的。而以这种方式回答可能看起来是对一个软弱无力的修辞问题的一个制式回应。但在1971年，其后的1972年，直到第三年的9月11日，事情既不那么清晰，也没有那么不可阻挡，尽管控制论治理的复杂性在成倍增加，通货膨胀急剧上升，街道上挤满了罢工者，比尔和他的同事们对官僚机构惯常的陷害越来越感到沮丧。然而虽然时局不稳，但确定阿连德总统任期的命运的那些证据还不明确。特别是"FUBELT项目"，也就是美国方面曾有效地试图平息阿连德的崛起带来的影响的外部干预，它此时也像控制室本身一样，虽然还没有开始运作，但正处于某种创造世界和不朽的事物的边缘，这些事在历史上是无法确定的。

皮克林称英国控制论为"关于不可知的本体论"，这个短语在本章中还会得到更多的关注。正是这种未知性使得控制室的来生既是一种历史，又是尚未过时的东西。因此，如果说我在对弗洛雷斯和比尔的声明中的修辞变化的讨论中逗留得比赛博控制技术的实际情况更长，或者说如果我担心现代主义美学牺牲了这一项目的反向通道，这都是为了强调赛博控制在面对尚未到来的历史时只能成为一种预示。换句话说，表象和形式（以及那些还看不到的东西）将是有意义的。它们将被证明是赛博控制默示的历史政治的形成因素，无论是在它的时代还是在它的时代之外。

61　"The Cyberretic Brain of Stafford Beer."

即使是阿连德在1972年4月写给比尔的简短照会,也似乎在乐观和谨慎之间交替,仿佛跨越了两种可能性:

> 我以智利人民的名义深深感谢你们在我们克服不发达的斗争中积极的合作,我希望在未来可以继续依靠你的宝贵支持,我们将共同开启一系列新的任务。[62]

克服不发达和依赖的前景是存在的,阿连德对比尔的支持非常感激。这是一个谦虚的提议,语气谦虚,甚至有点腼腆。但是最终对控制论者的有条件的请求("我**希望**在未来可以继续依靠你的宝贵支持")读上去,与其说是礼貌的讲话,不如说是对即将到来的事情的一种对冲。毫无疑问,阿连德会有他的理由。在这个时期,历史也会有它的理由。

人造文物3: 历史 1947/1991

> 实际上,几乎历史上所有的政府都会通过发行货币这一专有权力来欺骗和掠夺人民。[63]
> ——F. A. 哈耶克,《货币的选择》,1976年

> 历史是我们的,是人民创造的。[64]
> ——萨尔瓦多·阿连德在拉莫内达向智利人民发表的最后一次广播讲话,1973年9月11日

---

62 Salvador Allende, letter to Stafford Beer, April 1972, Stafford Beer Collection, Liverpool John Moores University.

63 F. A. Hayek, *Choice in Currency: A Way to Stop Inflation* (London: Institute of Economic Affairs, 1976), 16.

64 Salvador Allende, "Last Words Transmitted by Radio Magallanes: September 11, 1973," in Cockcroft, *Salvador Allende Reader*, 240.

本节开头的这两句话不仅在语气和时态上泾渭分明，在历史和意识形态内涵上也大相径庭。第一句话是由一位诺贝尔经济学奖获得者撰写的，他将历史解读为一种陡峭的滑坡，并因政府对人民和货币的滥用而扭曲、崩溃。第二句则由智利的社会主义总统撰写，在他面对军政府死亡威胁的前几分钟，向他的选民播放了一段平静而又颇具挑衅性的遗言。他的命运已经注定，但他仍然对未来表示乐观，这是一部即将到来的人民的历史。这两句话为1973年前后的历史画上了句号，但第一句话却将我们带回到了1947年，也就是我们上一章的那一年。如果从考古学来看，任何一个年份都显得过于精确，但我们的雄心是要理解每个日期作为话语所做的工作：一些被认为像日历页一样不言自明的东西，却陷入了自己那些不同视角的历史斗争之中。

事实上，随着对控制室的讨论，我们从1947年突然跳转到了命名本章的智库美学历史中的一年。这种转折绕过了其间二十多年来关于冷战理性和艺术史之间关系的诸多案例研究（这些研究可谓是汗牛充栋）。但我们也通过追踪多模态历史中错综复杂的不同矢量组织起了这一段时间的各种材料，并通过**本原**的修辞来阅读其间这些历史的矛盾。我们正在追踪一条从冷战技术到新自由主义时刻的断断续续的道路，或许只有历史才能澄清这条道路上到底发生了什么，并为智库美学作为一个历史上分散集合体的当代性提供理由。为了提出这一主张，历史本身需要被看作可以进行历史学和认识论分析的一个人造文物。"历史"将被视为一种意识形态发明，它是智库及其相关社团、研究小组和学术学社的研究议程中的一种特权。

最后一章考察了一种对象、方法和思想的奇特复合体（一种模式，用这一时期的语言来说的话），这一复合体与玛格丽特·米德、露丝·本尼迪克特和他们的许多同事直接相关，它部分地由兰德计划、战前和战后美国军方以及包括哥伦比亚大学和现代艺术博物馆在内的一些学术和文化机构支持。还有什么比艺术作品（前卫绘画）更适合做人类学家和国防知识分子制定的各种同等水平的实验性分析模型的试金石呢？杰克逊·波洛克的抽象作品会让人想起罗夏测试，这是当时人类学家、社会学家和心理治疗师等试图描绘专制人格轮廓的人可使用的最具创新性的心理诊断技术之一。但是，认为波洛克**就像**罗夏测试，则只是为了冷战解释学的方便，后者在其烦琐的编码和解码程序以及系统话语产生的一系列同构现象上与前者建立起了联系。这种联系为一系列晦涩、模糊的文化模式赋予了意义。最终，它将把系统理论的同构倾向内化为其一条基本原则。

当时间不断接近1973年时，同构性将发挥出其他的一些作用。就此而言，1947年也是弗里德里希·冯·哈耶克、卡尔·波普尔、米尔顿·弗里德曼、路德维希·冯·米塞斯、迈克尔·波兰尼等人作为朝圣山学社成员在瑞士日内瓦湖附近同名的阿尔卑斯山脉的度假胜地聚集的一年。严格来说，该学会并不是一个智库（至少根据宾夕法尼亚大学智库和公民社会项目发布的《全球智库指数报告》的最新版本），但该学会在古典自由主义和新自由主义思想的漫长国际谱系中占据了一个特殊的位置。同时，它的创始成员与许多冷战时期的智库有着不可磨灭的联系，包括经济事务研究所（也许是对撒切尔夫人的政策最具影响力的英国智库）、传统基金会、美国企业研究所、卡托研究所和圣地亚哥的公共研究中心。[65]它的许多成员至少从20世纪30年代就开始了彼此间的讨论，并在1938年沃尔特·李普曼（Walter Lippmann）在巴黎召开的讨论会上聚集在一起。事隔多年，李普曼因推广"冷战"一词而被人记住，而他当时对"民意"的创新概念也巩固了他未来的理论遗产。然而，在20世纪30年代，李普曼最密切的读者们则聚集在一起，讨论他的《美好社会》一书，该书有力地抨击了法西斯主义和极权主义浪潮给欧洲带来的冲击。近十年后，他们因志同道合组成了朝圣山学社。

65　Plehwe, "Introduction," in Mirowski and Plehwe, *The Road from Mont Pelerin*, 9.

这个由经济学家、社会学家和硬科学工作者组成的团体，与维也纳学派、伦敦经济学院和芝加哥大学有着为人熟知的联系。1947年4月1日至10日，这一团体举行会议讨论了自由主义随着国家干预和"计划"（社会主义的隐蔽代号）而陷入困境的状况。值得注意的是，后者的经济利益与该组织反对的历史模型密不可分。在介绍该学社年度公报的"目标声明"中，作者指出：

> 文明的核心价值正处于危险之中。……组织认为，国家干预的发展是由否认所有绝对道德标准的历史观和质疑法治的可取性的理论二者的发展所助长的。组织还认为，对私有财产和竞争性市场的不信任也助长了这些发展。[66]

在简短的介绍之后，该声明概述了"进一步研究"的六个重点，包括"打击通过滥用历史来推动敌视自由的信条的方法"。[67]正如迪特·普莱威（Dieter Plehwe）所指出的，鉴于该学社的雄心壮志，这是一条令人惊讶的建议。在所有的事物中，历史被列入这样一个限制性的名单，这表明了这一主题在这一时期的紧迫性——对历史的批评性分析、阐述、误认，甚至妖魔化。历史不仅仅是一个学术辩论的问题，也不是那些知识分子的特权，而是一场具有创造世界意义的竞赛。因为历史本身将是冷战中的一个演员，扮演两个相互竞争的角色，他们各自的演说以不同的口音、优先次序和观点进行。一方面，它可能是历史唯物主义的化身，从西方马克思主义的某些章节中体现出的消极或精神分析的层面，到东欧集团的极权主

---

[66] "Statement of Aims," The Mont Pelerin Society (Printed for Private Circulation), 1948, Box 1, Folder 1, Mont Pelerin Society Papers, Hoover Institution Archives, Stanford University, Stanford, CA (my emphasis).

[67] Ibid.

图 3.14　1947 年在瑞士举行的朝圣山学社第一次会议，哈耶克坐在最左边。照片由加利福尼亚斯坦福胡佛战争、革命与和平研究所提供。

义要求，以各种方式展示社会中的不平等。而在另一方面，它则可能被叙述为个人代理人的群体特权以及他们的主权选择，就像市场的无形之手一样，影响着自由的事业。

　　对于朝圣山学社以及在未来几十年中跟随它的脚步的许多机构来说，为分析和生产历史而制定新的方法是合理的。在学会成立之前，哈耶克作为该学会的第一任主席，于1931年加入了伦敦经济学院的教师队伍，并与约翰·梅纳德·凯恩斯（John Maynard Keynes）就福利国家问题进行了激烈的辩论。1944年，他在剑桥大学国王学院政治学会的一次演讲中也强调了历史在象牙塔之外的用途。在《历史学家和欧洲的未来》中，哈耶克考察了战后对德国公民进行再教育的前景，以及历史学家在其中广大的任务范围，他还谈到了阿克顿勋爵对德国观众的潜在兴趣。哈耶克强调了其中不同的利害关系："有不止一个理由表明，在未来，历史的影响无论好坏，都可能比过去更大。"[68]

历史将成为自由主义谱系和新自由主义谱系经典文本中无情批判和辩论的对象。在朝圣山学社成立前后，其成员的一些出版物巩固了他们自己以因果关系为驱动的历史叙事，甚至还将马克思主义对历史的解读降维成几幅系列漫画。在其维也纳同胞恩斯特·贡布里希（Ernst Gombrich）的支持下（一个重要的艺术史学家和一个冷酷的战士之间的另一个奇特的相遇），卡尔·波普尔将出版他的两卷本作品《开放社会及其敌人》和《历史主义的贫困》，对黑格尔和马克思的历史方法以及柏拉图的历史方法进行驳斥。[69]在弗里德曼1951年的文章《新自由主义及其前景》中，他认为新自由主义"为更好的未来提供了真正的希望"，以对抗近代历史中的集体主义。[70]哈耶克则在1951年9月11日主持了朝圣山学社关于"资本主义和历史学家"的会议，并随后发表了几篇文章。1944年，他在劳特利奇出版了《通往奴役之路》，随后由芝加哥大学出版社出版了这部著作的美国版。1945年4月，《通往奴役之路》被删节后由《读者文摘》出版；同年，《展望》（*Look*）杂志将其论述中的精髓提炼为18幅系列漫画。当时《读者文摘》的发行量约为500万册，拥有广泛的、非学术性的读者群，这一点强化了哈耶克作为公共知识分子的角色，即使此时朝圣山学社和各

68　Friedrich A. von Hayek, "Historians and the Future of Europe: A Paper Read to the Political Society King's College, Cambridge, on 28th February, 1944," 2, in FriedrichHayek Papers, Box 61, Folder 6, Hoover Institution Archives, Stanford University, Stanford, CA.

69　Karl Popper, "Introduction" and "Historicism and the Myth of Destiny," in *The Open Society and Its Enemies*, vol. 1: *The Spell of Plato* (Princeton, NJ: Princeton University Press, 1945), 1–11。这部多卷作品中提出的许多观点在波普尔后来的文章 *The Poverty of Historicism* (London: Routledge, 1957) 中被进一步提炼。

70　Friedman, "Neo-Liberalism and Its Prospects," 3–11.

图3.15 弗雷德·鲁德肯斯，哈耶克"通往奴役之路漫画"，《展望》，1945年2月。

种智库都仍在对历史的运作保持着闭门讨论的传统。[71]

这些思想被传达、传播和转化的过程将有效地发挥意识形态真正的**本原**的作用，在整个学科宇宙中分发一种相对于其他领域而言特定的历史叙事。思想很重要（特别是历史的塑造过程），不同的专家将被要求评估这些思想，这种评估进而形成了冷战时期历史学的一个新流派。这里，为了我们的整体目的，关键是要注意到：朝圣山学社的方法论原则的特点与冷战时期的智库是一致的。我们很快就会看到，源于控制论和系统论修辞的对秩序和复杂性的关注是如何促进了哈耶克在与经济学以外的专家们互动

---

[71] 例如，1951年9月朝圣山学社的会议专门讨论了"资本主义和历史学家"。其中，一些会议记录被出版为 F. A. Hayek, ed., *Capitalism and the Historians* (Chicago: University of Chicago Press, 1954)。另见 Mont Pelerin Society, Box 1, Folder 2, Hoover Institution Archives, Stanford University, Stanford, CA。

时的想法。对哈耶克和他的同事们来说，这些跨学科的趋势将允许他们颠覆那种赛博控制将在控制室中体现出的历史主导地位。正如普莱威所指出的：

> 朝圣山学社新自由主义知识分子并没有受到标准的（多元的、非政治化的）理念中对学术学科严格分离的理解的限制，也不受少数那些有限的单一问题领域发展知识的需要的限制。相反，这一群体的努力可以被描述为跨学科、跨领域……和跨学术的（尽管与公众的联系主要是通过智库和出版商间接组织的）。[72]

根据这一描述的精神，你可以说朝圣山学社在推进自由市场政策的同时，也促进了学科的自由化。知识将跨越任何数量的学科界限，以便解除对信息的管制（以及对历史的管制）。毫无疑问，在知识和经济之间进行的类比是粗暴的，但它可以突出一个关于知识作为数据的价值（如果不是完全货币化的价值）的观点。某种特定的历史解读往往会受到另一种解读版本的拒斥，被误认为普遍化和步调一致的历史唯物主义解读就遭遇了这样一种拒斥，后者认为个人的单一行为和市场的力量会把历史的潮流拉向一个完全不同的方向。出于对这个完全归纳性的和决定论的马克思主义历史理论的拒绝，并认定其视野仅仅被圈定在西方且没有史学或批判性上的细微差别，这些新自由主义的拥护者选择将历史看作消费者选择和个人自裁，一个以主体为中心的历史。

朝圣山学社的这段历史预示着哈耶克和弗里德曼作为公共知识分子的崛起，而紧随其后的则是：皮诺切特1973年的政变、弗里德曼1975年对圣地亚哥的访问、哈耶克1977年和1981年对智利的访问，以及他们各自在

72　Plehwe, "Introduction," in Mirowski and Plehwe, *The Road from Mont Pelerin*, 9–10.

1974年（哈耶克）和1976年（弗里德曼）获得诺贝尔奖。1947年，弗里德曼已经在他的母校芝加哥大学教了一年书，他所在的这个系在20世纪50年代初被认定为一个"学派"。如果说弗里德曼的声名鹊起有助于该系在理论上的同质性的声誉，那么，正如胡安·加布里埃尔·巴尔德斯所指出的，该过程的演变并没有遵循一个"简单或机械的过程"，也没有采取一个必然的"阴谋"转向。[73]但是，到了1991年，当经历了苏联首次公民投票，以及这场投票在该年12月导致的苏联解体之后，弗里德曼将在《资本主义与自由》（1962）中重新审视自己的历史预测，作为对未来裁决的一个测试案例。

在"经济自由、人类自由、政治自由"这一部分，他简要地考察了印度以及最突出的智利的经济命运。他并不支持皮诺切特政府，这一点他想要清楚地表达出来，但最终他也不得不赞叹这位独裁者被迫遵循的经济计划，以及它所带来的国家的进步。

> 皮诺切特和智利的军方在接管后被引导着采用了自由市场原则，当然，这只是因为**他们没有任何其他选择**。
> 幸运的是，智利唯一没有被阿连德社会主义者所玷污的经济学家群体是所谓的"芝加哥男孩"们。
> 他们之所以被称为芝加哥男孩，是因为他们几乎完全由在芝加哥大学学习并在芝加哥大学获得博士学位的经济学家组成。他们没有受到污染，因为芝加哥大学拥有几乎是当时美国唯一的一个由强大的自由市场经济学家组成的经济学系。所以在绝望中，皮诺切特求助于他们。[74]

73　Valdés, *Pinochet's Economists*, 60.

74　Milton Friedman, "Economic Freedom, Human Freedom, Political Freedom"（1991）, in Micheline Ishay, *The Human Rights Reader: Major Political Essays, Speeches and Documents from Ancient Times to the Present* (London: Routledge, 2007), 340–346（作者强调）。

在这一充满各种修辞的声明中，有太多东西需要解析。太多关于芝加哥男孩和他们在智利当地的"意外"存在可以讨论。太多关于自由市场经济学家的"污点"值得关注：仅仅在三句话里，污点的概念就出现了两次。也有太多关于一个背负人命的独裁者的"绝望"如何不可避免地走向了特定的经济政策可说。关于这段作为冷战人造文物的历史，我们需要强调弗里德曼是如何颠覆"选择"这一术语的。皮诺切特在这个问题上没有选择，他只能这么做。

似乎，对独裁者来说，选择拥有一种自相矛盾的强制性。它强制性地保证了历史运动的定向发展。

人造文物4:《多节点元游戏》，第二部分，2002—

> 一个自组织系统必须永远是有生命力的，永远不会结束，因为结束是死亡的另一个名字。[75]
>
> ——斯塔福德·比尔

2010年，在赛博控制被摧毁近40年后，亨利·里维拉（Enrique Rivera）和卡特琳娜·奥萨（Catalina Ossa）在第16届国际电子艺术研讨会（ISEA）上做了一个简短的演讲，该会议在多特蒙德、埃森和杜伊斯堡等城市同时举行。在"拉丁美洲的媒体艺术和文化"小组中，他们选择了一个能表现控制论所处困境的标题："绝对无效：如果它有效，那说明它已经过时了。"作为《公司的大脑》的序言，这个神秘的短句成了《多节点元游戏》——里维拉、奥萨和他们的合作者以or-am为名制作的作品——所面对的一条咒语。这句话一方面表明了他们作为智利当代媒体艺术家对于

---

[75] Stafford Beer, cited in or-am, *Cybersyn: sinergia cibernética*, 5.

赛博控制的立场，另一方面也表明了他们的这一项目所追踪和促成的特定历史和时间。

在艺术家们关于该项目的两本出版物之一中，奥萨和里维拉指出，《多节点元游戏》这一标题的灵感来自比尔的著作，包括《公司的大脑》中一个冗长而复杂的章节以及这位控制论者的诗作："多节点"，"是指需要在不同的地理位置建立组织节点，以促进实时沟通"，而元游戏则是"比尔在他的诗中使用的一个词，指的是人类在平行宇宙空间中所遭遇的戏谑状况"。[76]

这一当代作品的标题概括了历史上控制室的构想。同时，它也推进了1973年原型中未实现的梦想的一个方面——借用韦伯的话，在"地球规模"上进行分散的、分布式的通信，将圣地亚哥和卡尔斯鲁厄两个遥远的地方连接起来。它还将这种工作重新塑造成一种游戏，一种用户和她的信息环境之间通过反馈的递归循环进行的不那么严肃的谈判，这种构思在技术上和物质上可能都超过了早期的原型。虽然这种游戏性的联想可能看起来与控制室最初的目标相去甚远，但这种构思在历史的角度上看是准确的，它的历史可以追溯到冷战时期游戏文化的控制论和运筹学。战后对游戏的研究——从兰德公司内部的军事模型和战争游戏，到零和博弈，再到普通公民为核灾难进行的古怪演练，这些内容背后的基础都是冷战时期的治理、经济政策和军事战略。[77]这些游戏具有深刻的战略价值。"玩"这些游戏是为了模拟个人和集体行为的形式，为冷战决策的最关键情况做准备并使之合理化。游戏不只是游戏这么简单，而一个元游戏就更不是

---

[76] or-am, *Cybersyn: sinergia cibernética*, 8. For Beer's discussion of the *Multinode* as "System Five," see Beer, *Brain of the Firm*, 201–225.

[77] 关于博弈论、后现代主义及其在艺术批评中对"当代"讨论的后遗症的处理，见 Pamela M. Lee, *New Games: Postmodernism after Contemporary Art* (London: Routledge, 2012)。亦可见本人的 *Cold War Historical Painting: Fählstrom against Monopoly* (Stockholm: Moderna Museet, 2017)。

这样了。

事实上，根据定义，元游戏是"关于"这样一个游戏的游戏：一个动态的和自组织的事业。这个术语意味着一种递归的或自生的系统关系（一个二阶系统）能够适应并继而管理一个特定环境中的复杂性。[78]在《多节点元游戏》的案例中，这个游戏同时在智利和德国进行，这样一个游戏一方面将永远呼应历史"过去"的原型；另一方面，又随着一个巨大的当代行动者网络的构建和输入，原则上得以无限次地重新创造这个作品。这两个装置都达到了这种元历史反思的目的。例如，在ZKM，一本"数字书"使参与者能够虚拟地翻阅档案文件，而一本真正的书——比尔的《公司的大脑》——则被放在邻近的玻璃柜中。同时，在拉莫内达——大约50年前的9月11日灾难发生的地方——参观者获得了一种与这段不远的历史之间场景特定的关系。

考虑到赛博控制在技术上从未过时，甚至就没有能完全发挥过其功能（绝对的洞察力！），一个关于媒体考古学的本体论问题就出现了。基于赛博控制的元游戏将隐晦地表明，游戏本身是没有终点的（不定论），这体现在双重意义上：第一，仍有待完成的研究；第二，随着新变量和信息的引入和管理，实时再生的游戏具有一种适应性原则。这种递归的时间性所带来的东西永远不可能完全稳定，无论所处理的现象在历史上有多长。因此，游戏的结果是实时上演了一个历史学特例：历史不是从过去到现在，而是同时由其解释者现在所处的时态和他们的未来猜测所决定的。事实

78　修饰词"元"（meta）对几代控制论者来说都有着重要的关联，包括冷战初期和美国反主流文化中一些最有影响力的人物。格雷戈里·贝特森在其重要著作《心灵生态学导论》(*Steps to an Ecology of Mind*, New York: Chandler Publishing, 1972) 中提出了"元对话"的概念——关于对话的结构和机制的探讨，这一探讨试图超越这种封闭的交流中偶尔出现的对抗性维度。可见 Gregory Bateson, "Metalogue," in *Steps to an Ecology of Mind* (New York: Chandler Publishing, 1972); 亦可见作者的 "The Metalogic Imagination," an introduction to Saul Anton, *Warhol's Dream* (Zurich: JRP/Ringier, 2007)。

上，比尔的**绝对的洞察力**的反面是丽莎·吉特曼（Lisa Gitelman）关于新媒体的特殊时间性的表述：它"始终是新的"。[79]

奥萨和里维拉在2002年左右开始他们的项目，同时参与的还包括艺术家、工程师、音乐家、瑜伽教师和当代圣地亚哥的"自学者"。在开发《多节点元游戏》之前，他们与他们的同行一起寻求创建一个混合空间，其中包括画廊、"一个控制室"和一个瑜伽修行院，这一空间最终被命名为"人格画廊"（Galeria Persona）。[80]这个空间的多种功能并非像蜂巢一样彼此独立，而应该整体地、协同地（借用那个时代的行话）来理解它们。这是在普罗维登西亚地区拉康塞普西翁的一栋老房子里，用建筑或空间术语设想出的一个跨学科网络。"在艺术、科学、精神和技术之间相互交流的空间里，面向智利社会文化的现实。"[81]

该小组一个显要的目标是研究智利历史上早期的那些项目，这些项目将艺术、科学和技术结合在了一起。这反过来又促使人们进行概念和方法上的思考，并通过这些思考促成一个当代媒体实验室，类似于"多学科融合平台"。这个将来正式成为or-am的团体的雄心不会仅仅落实到生产那些经常在画廊或其他市场驱动的场所展出的稀有领域的艺术作品上，而是指向一个"事件、概念和技术的集合"，并以智利媒体的历史为关键的试金石。围绕人机互动、交互性和艺术等主题组织的"广泛的对话和研讨会"将为这个"跨学科研究小组"奠定基础并进一步确定方向。它就像一个智库，但与冷战时期的前辈们相比，他们的议程有很大的不同，在这里，他们各自在工程、艺术和"知识管理"方面的专业知识因其互动的集体性质而更加复杂。

79　Lisa Gitelman, *Always Already New* (Cambridge, MA: MIT Press, 2006).
80　or-am, "Introducción," in *Cybersyn: sinergia cibernética*, 7.
81　Ibid.

这样一幕标志着这些自组织的自学者的行动所具有的偶然性和多节点的维度，他们共同书写了一部智利媒体的历史沿革的历史。值得注意的是，该小组与赛博控制的第一次接触既不是通过任何在这个故事中从智利幸存下来的主角，也不是由当局编写在易获得的书籍中的那些剧本，也不是圣地亚哥的讲堂上的讲授。相反，作为硕士研究生，埃尔韦·博伊西尔（Hervé Boisier）和何塞·佩德罗·科尔德罗（José Pedro Cordero）参加了一个视频会议，其中一位瑞典的信息和通信理论教授随口讲述了一段轶事。[82]这位身在远方的老师谈到了一位名叫斯塔福德·比尔的英国人，他是管理网络学的先驱人物，然后顺便提到了比尔为阿连德的新社会主义国家设计的实验：赛博控制。科尔德罗立即觉察到这个历史悠久的智利项目与互联网之间的联系，但该小组不可能预料到这个参考未来将会有多么突出。"当然，我们从来没有听说过赛博控制项目，当我们第一次提到它的时候，我们并没有意识到它的真正重要性。"or-am报告说。[83]但是经过漫长的讨论、阅读和实地研究，他们很快就发觉了"赛博控制项目持久的概念化和它与今天的种种措施之间的相关性"[84]。

　　对or-am来说，智利的官方记录中被清除了的这些材料来源于一种文化，这种文化将当下的直接性置于其自身的历史之上，即使是非常近期的历史。如果说稍早一代的智利艺术家在作品中关注皮诺切特时代的历史创伤，直面记忆、损失和失踪的话题，将近代历史的幽灵作为当下的影子人物，那么一群年轻的艺术家和工程师则会将他们的问题直指媒体的这种隐

82　Ibid., 8 和脚注 1。
83　Ibid., 9。
84　Ibid.

含文化。[85]无论赛博控制在其时代如何创新，又如何具有突破性，它都通过公司和技术官僚政府而被"即时性"、商业化和商业突变所淹没。这种影响强迫着我们在技术领域过快地发展，而在内容的反思和分析领域则非常缓慢，在充斥着这些巴比伦式的创新带来的模型和效果中艰难维生。[86]

艺术家们将资本主义总是需要新的产品和金融工具的贪婪，与同时作为平台**和**消费对象双重角色的技术联系了起来。在媒体的新鲜感和市场的新颖性之间，高度的时间紧迫性加剧了这些动态。

然而，市场和技术文化不断加速的速度与可能批判性地分析这一现象的历史反思成反比。就最近智利的"社会文化现实"而言，市场、技术和历史之间的失败联系在赛博控制中找到了一个典型的同构体，虽然前者带有强烈的军事倾向。对于赛博控制来说，一种非同寻常的、尚未成熟的通信技术在埋葬阿连德社会主义政府的那场血腥政变中连带着被扫地出门了。皮诺切特的政变也催生了（更准确地说，是释放了）那些市场驱动的力量一心想要抹去的某些历史模型，并为个人自由的故事提出了残酷的要求。朝圣山学社及其智库为这些力量铺平了道路，包括哈耶克、波普尔、波兰尼、米塞斯和弗里德曼。再听听弗里德曼在1991年对皮诺切特政权的历史必然性的看法，该学社早在1947年就宣布历史是一个跨学科的战场。具有讽刺意味的是，鉴于该组织强调个人的选择，弗里德曼的声明传递出一种完全消极的关系——独裁者被迫接受的历史力量是理所当然的，自主

85　内莉·理查德（Nelly Richard）是颇具影响的《文化评论》杂志的编辑，她也许是智利当代艺术、政治和文化方面最杰出的思想家；她的作品涉及创伤、近代历史记忆以及独裁统治后的过渡。关于智利当代艺术的最重要的英文著作是她的这本：*Margins and Institutions: Art in Chile since 1973* (Melbourne: Art and Text, 1986)。亦可见 Richard, *Cultural Residues: Chile in Transition* (Minnesota: University of Minnesota Press, 2004。关于近来对智利当代艺术的深入调查，见 Gerardo Mosquera, ed., *Copiar el Edén: Arte reciente en Chile* (Santiago: Ediciones Puro Chile, 2006)。

86　or-am, *Cybersyn: sinergia cibernética*, 9.

性、选择和自由意志都被诅咒了。皮诺切特和智利的军方在接管后被引导着采用自由市场原则，只是因为他们没有任何其他选择。

or-am将根据他们自己在当代所面临的经济压力重新激活了这段历史的技术层面，展开一场塞巴斯蒂安·维达尔·巴伦苏埃拉（Sebastián Vidal Valenzuela）所说的"救援行动"，[87]这对于媒体考古学的学生来说，是最根本的复原。这是一种谱系方法，为主流技术史提供了反叙述，但对我们的阅读来说，同样重要的是，它推动了这些关于历史本身的冷战争论。彼得·韦伯在描述"YOU_ser: 消费者的世纪"（YOU_ser: The Century of the Consumer）展览的生动构思时，承认这种谱系是ZKM展览"新媒体"艺术使命的组成部分，并以类似的术语说明了《多节点元游戏》：

> 多年来，ZKM不仅致力于信息社会最新媒体和概念形式的展示和发展，它还非常重视这些设施的历史，在最广泛的意义上将公众与这二者联系起来。历史视角以某种批判性的距离理解当代的分析要求，并提供了将当代的东西与历史上的愿景联系起来的可能性，而这些愿景在当时是不可能的。[88]

最后一句话与媒体考古学的历史方法中的递归转向相一致。《多节点元游戏》展示了当下的现象是如何与历史背道而驰的，以时间旅行的形式将这些材料重新翻新。赛博控制向我们讲述了一个网络的故事，它还没有完全实现，以一系列意识形态阵痛的形式形成了历史的断裂；而《多节点元游戏》则将这些问题转化为当代的问题抛给我们。赛博控制被摧毁时基本还是个原型，这一概念带有一种指向未来的自相矛盾性——永远未完

87　Ibid.; Sebastián Vidal Valenzuela, "Cybersyn y una tercera apologia de la muerte del arte," in ibid., 75.

88　Peter Weibel, in or-am, *Cybersyn: sinergia cibernética*, 65.

成，旨在推进未来的人的历史。

有助于实现《多节点元游戏》的那些研究和工作一方面将这些原则文字化，另一方面又重复了赛博控制被设计来执行的过程。记录这些工作的文档描述了在圣地亚哥和卡尔斯鲁厄两地由学者、艺术家、工程师和机构组成的合作和跨学科网络：它们包括ZKM、拉莫内达宫文化中心、Fondart 2007、智利外交部文化事务局、圣地亚哥的英国委员会以及利物浦约翰摩尔大学的图书馆。[89]一个提供技术和历史支持的跨代际也跨国际的指导委员会由比尔的亲密伙伴和家人组成，同时还包括了一些档案员和控制论者（劳尔·埃斯佩霍，克莱夫·霍尔特姆，西蒙·比尔，亨伯托·马图拉纳）。阿里尔·布斯塔门特（Ariel Bustamente），一位年轻的声音艺术家，使其软件可以快速运行。在得知梅迪纳的研究后，该小组也邀请了这位学者来圣地亚哥演讲。

该项目实例化的关系网不断扩大，以指数级的增长规模模拟了其原型的组织复杂性。《多节点元游戏》采用了控制室彼时刚刚诞生的技术。这一点在该作品在圣地亚哥（一个专门讨论智利档案问题的展览）和卡尔斯鲁厄（一个新媒体艺术中心）的展示中表现得最为明显。《多节点元游戏》的展览不应被理解为两件独立的艺术作品，或同一作品的两个版本，而应该被理解为一个系统的实现，该系统现在实时运行，在物理机构上被分割成一个致力于当代艺术的欧洲博物馆和一个关注保存智利历史的中心。这两个节点在当代、历史和未来之间产生了一个反馈回路，是不可分割的和连续的。他们将游戏的不断变形这一特征具体化为美学残余、历史文献和对艺术作品的思考。

在关于《多节点元游戏》的艺术批评中，塞巴斯蒂安·维达尔·巴伦苏埃拉仔细地审查了这一作品在美学和记录之间的双效价特征，并扩展了

---

89 Ibid.

通过新媒体的逻辑将这两种条件结合起来，甚至混淆起来的前景。巴伦苏埃拉首先描述了游戏的"双重条件"，然后借助阿瑟·丹托的美学哲学提出了一个更大的关于艺术"终结"的哲学问题：

> 这个用于我们可以称之为艺术救援行动的设备，我们可以叫它多媒体装置，它也同样可以是一个美学对象。以这种身份，它触发了《多节点元游戏》的双重条件；一方面，它是一件重新创造的设计（物品）；另一方面，它又是档案和叙事的展览（文件）。[90]

这个游戏的每一"面"都被安置在了不同的大洲，彼此实时传输着档案和美学材料，由ZKM或拉莫内达的地点特定的议程所制约。但是，这些类别之间的关系既不稳定，也不是完全离散的，因为游戏本身"为用户提供了通过在互联网规则下运行的软件进行交流的体验，并赋予了展览第三个特征：网络艺术"。[91]该作品作为**网络艺术**的第三种特性引出了关于其表现功能的问题——赋予传统艺术作品的一般地位——以及它所置身其中的、它将要塑造和投射的情况。控制室的重塑既是上演这些美学关注的剧院，又是一个执行其历史原型只能投射到未来的那些行动的场所。举例来说，ZKM的控制椅是否就暗示了"在一个通常被艺术作品（那些表现领域的物件）占据的领域中象征性地安装了一个真实的物体"？[92]同时，在拉莫内达，作品被呈现在了一个"文献空间"中，它的位置开启了"适应不同媒体场所的可能性……就像一个混合的作品，在展览厅、图书馆或公司大楼等这些地方都能很好地运作"。"它所需要的，"他提醒我们，"只

90　Vidal Valenzuela, "Cybersyn y una tercera apologia de la muerte del arte," 75.
91　Ibid., 76.
92　Ibid.

第三章 1973；或，新自由主义本原

是连入一个互联网。"[93]

巴伦苏埃拉强调《多节点元游戏》的可变性超出了这些惯常的类别，抵制了稀缺的艺术对象的地位，而这正因为它是不可还原的投射或表现。这篇文章在这方面相当具有前瞻性，它对游戏的逻辑结构很敏感，而这一点洞察又来源于它在考古学议程下显得尤为关键的媒体动态。除此之外，这篇文章不是特别关注使游戏本身充满活力的内容或背景：作为社会主义"决策环境"的控制室，以及创造了当代环境的那些彼时的政治和经济影响。这一点或多或少与or-am自己对项目的记录及其在媒体、艺术与历史中的**存在目的**相一致。or-am将其重点放在比尔和管理控制论上，这一点毋庸置疑。这个作品和这些文件标志着赛博控制的毁灭以及它在1973年9月11日——炸弹投向拉莫内达的那个日子里——所代表的那些东西。艺术家们同等地谴责了技术主义和市场对当代艺术领域的入侵。尽管如此，他们对支撑了这一原型的具体意识形态，以及赛博控制的未来对当下政治的影射，又都陷入了沉默。[94]

当然，我们不应该要求艺术作品在任何时候都是万能的。它们也不可能在任何时候都被看到。这一概念同样适用于创作此类作品的艺术家。指责艺术家们在面对赛博控制的政治遗留方面的任何感知上的失败都是错误的：20世纪70年代降临到智利一系列变革上的动力与比尔所设想的并不一样，智利成了新自由主义的实验坩埚。你可以推测到，艺术家们对这些话题的沉默反映了智利当代艺术创作场景的一些实际境况及其对近期政治、政治主题和代际观点的追索，甚至还可以发现某种意识形态的疲乏。或者，也许这些主题根本不属于他们的批判议程，因为有那么多极其复杂的技术材料在争夺他们的注意力。当然，这都没关系。这部作品既是基础又

93　Ibid., 80.
94　在巴伦苏埃拉这篇文章所在的这部大约117页的书中，有四次简要的、未加探讨的对皮诺切特的提及。但没有对社会主义、马克思主义或新自由主义的广泛提及。

- 191 -

是指令——是一个**本原**——在广度和范围上都是多节点的。

确实，英国控制论是一种"不可知的本体论"，它代表着一种对未来某种还不确知的事物的占位符，为我们创造了一种相对沉默的理解环境。对于赛博控制来说，比尔宣称其主要特征之一就是对信息不间断的接收，这意味着随着新知识和数据的引入，它有可能"永远活着，永无止境"。最后，艺术和媒体领域中的其他历史和人造文物也都汇聚于此。在关于赛博控制的讨论中可能出现的弯路——或者，或许更好的形容是短途旅行——被一一追查。总体而言，他们共同展现了这一原型美学维度中的意识形态分层——网络化的、元历史的，而且事实证明是无止境的。

人造文物 5：工人俱乐部，约 1925 年

不协调的环境充斥在世界各地的博物馆和画廊中：巴塞罗那、纽约、雅典、柏林、威尼斯、圣彼得堡、阿姆斯特丹、芝加哥等等。[95]在白方块内，一套红黑相间的国际象棋摆放在一张特制的桌子上，相邻的演讲台彼此之间离得不远，它们也拥有白色的外壳。两者都呈现出果断的现代主义形象，干净、大胆、锐利。旁边有一个摆放着19世纪的新媒体的架子；还有一张长桌，配备了时尚的，尽管有些笨拙的椅子，供画廊的参观者了解旧新闻。在这里，作为博物馆的现代和当代艺术的当下场景——文化的大教堂和臃肿的新自由主义仓库——装载了另一个特定原型，跨越了政治和美学，也揭示了or-am是如何将赛博控制重建为一个关

---

95 在伦敦泰特现代美术馆以及罗兹举办的一次未发表的讲座中，玛丽亚·高夫指出，截至2017年为止，70年代以来已经有"超过半打"工人俱乐部的重建作品。高夫的讲座主要涉及罗德琴科的空间结构：她的怀疑态度部分源于这些作品在媒体上的重塑压制了其生产的历史性和艺术家劳动的实际条件。她的观点进一步延伸到对工人俱乐部的重建中，认为这一重建不过是"舞台布景"或"活动空间"，与体验经济保持了一致。高夫质疑，在这样的重建中，"博物馆的参观者是否真的能够从他或她的表现经验中感受到什么"。

图 3.16 亚历山大·罗德琴科，工人俱乐部，巴黎国际装饰和工业艺术展，1925 年。照片来自罗德琴科与斯捷潘诺娃档案馆（A. Rodchenko & V. Stepanova Archive）。

于未来的历史文物的。[96]

亚历山大·罗德琴科为1925年夏天在巴黎举行的国际现代装饰艺术和工业博览会附属的工人俱乐部做了内部装修，这个装修场景是我们讨论的历史长河中一个明显的现代主义节点，在这里，集体主义具体地表现为知识剧场、媒体、行动实践、美学，甚至游戏。它包括了一张可容纳12把椅子的公共长桌、一个可移动的演讲台（或演说台）、用于存放当前新闻、

---

[96] 对艺术批评领域来说，"装置"一词可以说是姗姗来迟，并且需要对其加以限定。这一词语本身指向一种具有矛盾自主性的、沉浸式的艺术作品，而工人俱乐部作为一个实际媒体空间的原型，肯定不是这样（当然，对于赛博控制在当下的重新想象，或许可以这么说）。出于这个原因，"装置"一词在这里要被谨慎地使用；然而，它在传达工人俱乐部和赛博控制的历史方面仍然是有用的，因为它们是围绕着审美兴趣以及当代艺术和博物馆学的术语逐步组织起来的。另一方面，正如凯尔所指出的，鉴于她所详述的构成主义对象的社会主义理论对意识的刺激，罗德琴科的例子不能被正确地称为"室内设计"。见 Christina Kiaer, "Rodchenko in Paris," *October* 75 (Winter 1996), 6。

图像和文学作品的多媒体展示架，还有一个"列宁角"——这是 1924 年 1 月列宁去世后兴起的小型的、颇受欢迎的纪念空间之一，我们看到的这个版本与相邻的国际象棋相辅相成。[97]鉴于列宁近期刚刚在仍处于动荡不安的年轻的苏联去世，罗德琴科在世界舞台上的作品必须"投射出一种自信、刚毅的未来"。它需要在"效率和乌托邦之间取得一种不稳定的平衡"，正如控制室的预期效果那样。

工人俱乐部以其模块化、精简的美学完美地满足了这些条件，补充了一种当时的新媒体呈现给读者的高度创新和灵活的形式。这里，在我们的时空漫游中引入它（即使在历史和地理上与赛博控制和or-am都有相当大的距离）则是为了扩展后者的话语网络，它们在其多节点架构和乌托邦承诺上一致。这三者之间有几个切入点，使我们对本原的阅读产生了时间上的兴趣。首先，罗德琴科的作品被设想为一个前沿的媒体空间。正如利亚·迪克曼（Leah Dickerman）所指出的，它采用了"同步信息技术"，让工人在一个人造决策环境中获得最及时的信息，这与赛博控制所呈现的原数字车间并不一样。第二，它所呈现的社会主义先锋的和集体创新的意识形态面貌暗示着阿连德的智利实验控制室；第三，它的现代主义，特别是建构主义美学，在历史上植根于罗德琴科及其同事的作品，这种风格将以一种知识背景的方式间接影响到控制室的首席设计师居伊·波西佩。[98]最后，我们需要考察当代艺术世界在其制度性语境下是如何对苏联原型进行多种重构的。苏联，在其短暂存在之后的无数次迭代中，将会出现在博物馆、画廊和各种其他不同的地点，以此作为其先锋博物馆学可能未来的尾

97　Ibid.

98　Leah Dickerman, "The Propagandizing of Things," in *Rodchenko* (New York: Museum of Modern Art, 1998), 75.

图 3.17　亚历山大·罗德琴科，工人俱乐部重建，列支敦士登艺术博物馆，2015年。照片由斯特凡·阿尔滕伯格摄像馆（Stefan Altenburger Photography）于苏黎世拍摄，版权属于列支敦士登艺术博物馆（Kunstmuseum Liechtenstein）。

声。[99]换句话说，它的来生将以一种惊人的方式与它的原型相融合。它们不处于同一个世界，又相隔数十年，此刻却在同一间手术室里被融合在了一起，后者仿佛回到了艺术历史的过去，并最终由or-am更新了它在现在和未来的美学特权。

迪克曼指出，工人俱乐部是一个"新的后革命实体，一个旨在在工作结束后提供政治思想启蒙和更新的公共场所"。[100]克里斯蒂娜·凯尔（Christina Kiaer）在写到罗德琴科第一次也是唯一一次对西欧的访问时，

99　博览会结束后，罗德琴科将原型捐赠给了法国共产党，但有关其储存、保存和最终消失的细节仍然模糊不清。而那个苏联艺术家只是背弃了博物馆的假设，则被主管前卫艺术的苏联文化官僚机构的历史记录所掩盖。关于这段历史，见 Maria Gough, "Futurist Museology," *Modernism/Modernity* 10, no. 2, (2003): 327–348.

100　Dickerman, "The Propagandizing of Things," 72.

谈到了艺术家在20年代的巴黎所遇到的那个不可思议的新商品世界，这使他进一步思考了建构主义中社会主义物品的理论和历史：它们从实验性的艺术作品转变为实用性的——或许也是实验性的——设计。作为对世界博览会和世界博览会的潜在的意识形态的指控，罗德琴科为工人俱乐部所做的内部装饰在国际论坛上传达了苏联集体主义进步的信息，而其他国家的展示则面向资产阶级的私人消费仪式。它的公开亮相标志着日常工人如何获得休闲，如果他们有资格将时间用于休闲的话。他们既可以把时间用于媒体上流通的信息，又可以获取知识，还可以做一些官方认可的消遣，比如列宁最喜欢的游戏之一——国际象棋。[101]正如迪克曼注意到的，从各个方面来看，房间里想象中的"赞助人被认为是知识的消费者"，而不是典型的那些在世界博览会中流通的大量商品的消费者。[102]

与这种先锋派的观点相一致，工人俱乐部将充分利用罗德琴科的建构主义激进美学，特别是其后期的生产主义阶段。"建构是通过材料和预定目的来实现一个对象的系统。"建构主义第一工作组的一般原则这样说道。[103]从1920年开始，罗德琴科设计了一系列空间结构，1921年5月这些作品在莫斯科的青年艺术家学社（OBMOKhU）首次展出。这些抽象物体由胶合板制成，并涂上银漆以看起来更像是金属，它们可以说是展示形式、材料和环境之间动态关系的示范作品。它们是内部（即相对于它们的形式和形状，有效地激发了它们的内部结构）和外部（相对于它们同时居住并被其直接环境改变的方式）的系统递归的练习。克里斯蒂娜·洛德（Christina Lodder）指出："同心的几何形状是从一块平整的胶合板上切割下来的"，然后，"这些同心的元素被安排在彼此之间，并从二维平面

---

101 关于国际象棋和前卫艺术之间的关系，特别是在苏联背景下，见 Manuel Segade, *Endgame: Duchamp, Chess and the Avant-Gardes* (Barcelona: Museu Picasso, 2016)。

102 Dickerman, "The Propagandizing of Things," 72.

103 Christina Lodder, *Russian Constructivism* (New Haven: Yale University Press, 1983), 27.

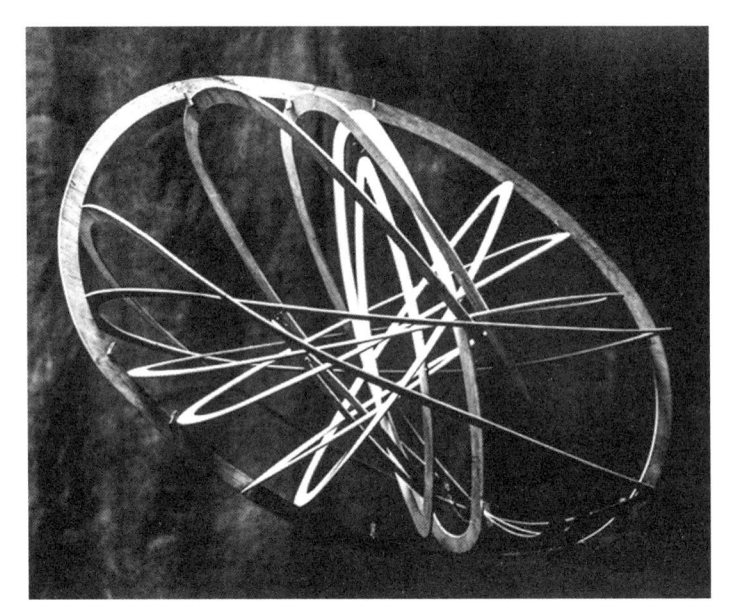

图3.18　亚历山大·罗德琴科,空间结构#12,椭圆,"反射光线的表面"展览,1920—1921年,尺寸可变。照片来自 A. Rodchenko & V. Stepanova Archive。

旋转到三维空间……通过金属丝来固定位置"。[104]但是,除了是一种对形式和物质性的探索(无论是人造冶金术,还是智利在建造控制室时遭遇的物质稀缺所要求的一种功能)之外,他们还推进了与观众互动的新模式,表面上来看,观众可以实时体验这些悬挂在空间中的作品不断变化的各个角度。正如凯尔对该系列中两个不同的结构所指出的,每一个结构"都以平面的二维圆形形式开始,其表面刻有一系列同心圆。……当每个同心截面向空间的不同点打开,结构从上方悬空时,它就可以在其自身系统的逻辑中无限转化。"[105]

104　Ibid., 24.
105　Kiaer, "Rodchenko in Paris," 5.

这些模块化的结构与它们的场地也有着系统的关系，它们会在罗德琴科后来为工人俱乐部设计的功能中找到自己的呼应。在描述构成原型的元素时，艺术家瓦尔瓦拉·斯捷潘诺娃（Varvara Stepanova，1894—1958）强调了因工人们可以实时地布置它们，所以这些物体都具有一种动态灵活性，这实际上也加强了新媒体环境近乎夸张的功能。"一套模型设备是为专门用于列宁角而设计的。"她说道：

> 一个用于储存和展示材料、文件和照片的可移动壁柜，其上还有空间放置新闻和论文，一个用于张贴海报和标语的可移动展示柜，一个用于展示最新摄影材料的可移动展示柜……一个用于会议、集会和"现场报纸"表演的装置。这个装置由以下几个部分组成：一个供演讲者使用的平台，一个供负责人或报纸编辑使用的地方，一个用于展示说明性材料的拉出式墙面屏幕，一个用于展示口号和幻灯片的旋转式卷轴屏幕。[106]

在这里，一连串的过渡性元素结合在一起形成了一个更大的系统，一个显而易见且融入环境的界面。运动是毋庸置疑的常态，在互动功能的推动下，房间里出现了大量不断变化、不断更新、不断旋转的媒介：报纸、照片、插图、标语和幻灯片，它们聚集在一起，旋转着，喧闹着，充满活力。房间里充斥着新的通信技术的设备。它通过在集体环境中透明的知识交流，对工人的自我提升进行了纲领性的呼吁。当然，称工人俱乐部为原数字俱乐部或许有点夸张。举例来说，它的人体工程学被批评为并不适合实际的需要休闲的身体（椅子不舒服，不适合长期阅读）。尽管这个俱乐部看起来很现代，很前沿，经过了精心的组织，功能也很齐全，但它和控

106　Ibid.

制室一样，仍然是一个从未投入实际生产的艺术品，虽然在很久以后人们还记得它的形式美学。

事实上，就设计这一命题而言，工人俱乐部不能被称为"失败"。根据定义，"失败"意味着存在一个完全工具性的标准，而这里，原型永远无法在结构上被接近。与控制室一样，工人俱乐部的内部装修代表了集体主义想象中的一个特殊节点，一个集合了休闲、团结和教育的聚会场所：一个来自20世纪初的激进媒体空间，同时预示着将在几十年后出现的控制室的那种对系统的兴趣。同时，时间反转来看，智利的例子也为工人俱乐部注入了新的技术和博物馆学的效价，可以把这种特定的艺术类型看作一种社会主义"装置"——这是一个因其明显的不符合当下潮流而需要立即进行限定的术语。在重建控制室和工人俱乐部的过程中，一个艺术史上的谱系出现了，并延伸到世界各地的画廊和博物馆中，既作为现在的对象，也许一开始有点奇怪，又作为历史上稀有的设计原型。而对于当代观众来说，这两件作品体现了一种美学感受力，它体现了潜藏在社会主义过去中的那个未来的历史，更新了凯尔所描述的"社会主义的物体理论"，并在此过程中折叠了艺术和设计的类别。

就本章所关注的更宏大的问题而言，这些物品为新自由主义本原最根本性的历史提供了一个竞争的平台。他们以坚持不懈的美学方式这样做，这使我们得以从中看到居伊·波西佩的身影，以及他在参与赛博控制之前所接受的那些培训。

人造文物 6：课程

视觉设计师们越是专注于他们设计美学上的完美性，就越能有效地掩盖通信行业固有的支配关系。坚持美学考虑作为设计的一个方面无疑是很重要的。多年来，这被认为是一个关键因素。

但美学并非自命清高,脱离于社会且与政治无关。曾几何时,它被期待可以从理论上实现解放,帮助人们挣脱因果关系的束缚。但后来,美学遭遇了一个意外的命运。人们逐渐清晰地意识到完全有可能把它应用于压制的目的。统治的形式已经升华了。在这种升华之后,美学——过去和现在都是人类解放的承诺——被权力利益集团所占据,从而被用于获取和维持统治地位。

——居伊·波西佩,"通信与艺术",1968年[107]

1934年出生的居伊·波西佩正坐在他位于阿根廷拉普拉塔的书房里,讨论如何将控制室重新想象为当代艺术和设计。现在是2016年8月,当一位艺术史学家和平面设计师向他提出关于美学和政治、控制论和系统论、设计和工具理性的问题时,波西佩耐心地点头听着。在《多节点元游戏》利用赛博控制的单一表象进行创作之前,他足足有几十年的时间来思考如何做出回应。此时距离他发表《通信与艺术》已经过去了50年,但其中的信息——关于美学、设计和"通信行业"之间的投机财富和潜在危险——多年来却变得越来越丰富。1968年,这篇文章成为这种日益激烈的关系的风向标,无论是在德国还是不久之后的智利。而到了2016年,该信息则几乎在全球范围内得到了传播。

然而,在他给出这个观点之前,波西佩讲述了他作为控制室的主要设计师的经历,以及他是如何一路走到1970年的圣地亚哥的。这位工业设计师从德国走上了一条充满偶然的道路,在那里他先是一个学生,然后成了乌尔姆(Ulm)设计学院的一名教师。之后,他从那里前往意大利,与他在乌尔姆的前导师,阿根廷画家和设计师托马斯·马尔多纳多(Tomás Maldonado)展开了合作:两人将合作设计米兰最著名的百货公司文艺复

---

[107] Gui Bonsiepe, "Kommunikation und Kunst," *Ulm* 21 (1968).

兴公司（Rinascente）的标识，以及奥利维蒂公司的主机界面。再然后他去了阿根廷，得到了马尔多纳多的部分赞助，其后又去了智利。他在圣地亚哥的天主教大学找到了一个教学职位，并将在国家技术研究所（IN-TEC）领导工业设计小组，其间他还为该研究所的杂志做出了重要贡献。不久之后，他被费尔南多·弗洛雷斯招募来为人民团结开展一个神秘的新项目，该项目涉及一种新颖的计算形式，而这个形式又需要一个同样新颖的界面。弗洛雷斯在波西佩的图书馆中看到比尔作品的副本后更加确定地邀请他参与这一项目。可以说，就在这次相遇中，控制论的色彩就已经被投射到了这一项目中。然而，就这一事件究竟如何在时间中展开而言，剩下的并不完全是历史，当然也没有像这一连串的事件所暗示的那么常规化、明确化或不言而喻。因为在那个紧张的地缘政治时刻，这种设计的用途，与艺术作品的用途一样，会被激烈地辩论；而在70年代初的智利，或60年代的德国，或在前卫艺术的地缘政治范围内的任何地方，这种讨论都不是一个定论。

与此同时，波西佩和他的学生们开始为阿连德的智利创造原型，在工业和平面设计之间循环往复。未来主义美学、工业和技术的电报以及手工制作的物体之间的分裂，表明了那个时代的物质短缺、官僚主义现实和技术滞后。这个年轻的社会主义国家被匮乏的危机所困扰，任何解决物质匮乏、最大限度地减少生产的复杂性以及对抗智利"技术依赖进口"的手段都被鼓励。[108]1974年，政变后的第二年，波西佩发布了《向社会主义过渡的设计》，记录了智利当地的设计理论和实践，这篇文章分三版刊登在了《设计问题》上。这一过程中，约有22件作品被制作出来。例如，对"切菜机"（一种为牛切草料的机器）的精简化重新设计是新近国有化的农

108　Gui Bonsiepe, "Design in Transition to Socialism. A Techno-Political Field Report from Unidad Popular's Chile (1971–73)," reprinted in *Civic City Cahier 2: Design and Democracy* (London: Bedford Press, 2010), 5–29.

业部门的一个重要原型，是一项"减少对粮食进口的灾难性依赖的首要任务"。[109]而模块化的家具是其主打产品——简单、便宜，还有淡淡的建构主义色彩。还有一套堆叠在一起的陶器，将通常的25件一套减少到9件；以及便携式唱片机的原型——最终被认为是在粮食短缺时期"没有理由"的"奢侈项目"。对设计美学的自我反思是一种政治态度。过程将反映出原型想象中的命运；而理论将为这些实践提供支持，如果不是完全合理化它们的话。波西佩的任务可以这样描述："设计过程本身的集体化或'社会化'应该使理性的、跨学科的设计能够紧密结合生产领域的细节和能力以及人们的需求。"[110]依赖理论（depencency theory）的语言渗透其中，浴室、冰箱和婴儿椅的设计——所有形式的工作日常用品——都是为了推动那些"资本主义生产的边缘"。[111]该出版物上大范围地展示了这些生活用品，而这只是为了使控制室其后在上面的出现更加引人注目，虽然有点奇怪。但它就在那里，与日常生活中的工具共享同一页面，出现在波西佩那张现在已经为人所熟知的、不乏幻想色彩的照片中。在这里，我们见证了一个高度未来主义的场景，作为几十年后可能出现的一切的模板。

在《控制论革命者》中，随着波西佩的叙述向控制室的最终迭代推进，梅迪纳引入了波西佩的传记。她详细介绍了这个过程和参与其中的许多人，并将其最终结果推向高潮。例如，就波西佩对赛博控制的贡献而言，她考察了从天主教大学信息学院招募的四名女性平面设计师艾迪·卡莫纳（Eddy Carmona）、杰西·辛托莱西（Jessie Cintolesi）、佩帕·丰恰（Pepa Foncea）和露西亚·沃马尔德（Lucía Wormald），她们在没有一个可以正常运作的数字系统的情况下，手工绘制了许多投影在控制室展

109　Ibid., 8.
110　Ibid., 7.
111　Ibid., 6.

图 3.19　居伊·波西佩，原型设计，圣地亚哥，1971—1972 年。照片由居伊·波西佩提供。

板上的幻灯片。[112]此时，我们的历史回溯迫使我们再次转身，通过网络来思考和比照赛博控制的来生，将苏联的原型、朝圣山学社和历史演进自身囊括其中。

一个使这些联系得到强调的人造文物是波西佩学生时期吸收的先锋课程，在这里，它不仅仅是一个遥远的记忆信号。这门课程在乌尔姆教授，并将作为设计实践和理论传播到更远的地方。就像已经遇到的其他人造文物一样，它似乎在地理和话语上都与20年代的巴黎、后列宁时代的莫斯

112　Medina, *Cybernetic Revolutionaries*, 111.

科、前皮诺切特时代的圣地亚哥或我们无处不在的新自由主义时刻相距甚远。但当我们转向乌尔姆，这个保守的德国南部城市，我们会注意到，有影响力的设计学校在那里蓬勃发展了大约15年。如果我们追溯这种同时作为一门课程和理论的辩论与实践的美学和媒介兴趣的分布，并为此在历史和战后先锋派之间来回穿梭的话，我们将从中发现赛博控制和元游戏中的预测性、递归性和多节点方法，并可以将现代主义、控制论、系统论以及早期历史时刻的社会主义精神联系起来。

事实上，波西佩在智利的网络化展望可以在乌尔姆的意识形态和跨国际愿景中找到原型。[113]1953—1968年间，乌尔姆首先由一个私人基金会赞助，该基金会以汉斯和索菲·烁尔兄妹的名字命名，两人在1943年因参加白玫瑰社团的抵抗活动被纳粹处决。正如赫伯特·林丁格（Herbert Lindinger）指出的那样，学校的"明确的反法西斯意识"在德国战后重建时刻引起了极大的关注。[114]似乎是为了对抗刚刚过去的激烈的民族主义，乌尔姆设计学院似乎培养了一个世界性的学生和教师群体：在其办学的过程中，大约40%—50%的入学者是外国人，他们来自大约49个国家。[115]波西佩指出，乌尔姆是"德国的学校，但不是德国人的学校"，这些由学校外部带来的多样性使得教师和学生群体具有更广阔的社会政治视角。[116]同时，正如格特·卡洛（Gert Kalow）所观察到的，"脱离全球形势来看待

---

113 关于乌尔姆历史的最有用的一卷是 Herbert Lindinger, ed., *Ulm Design: The Morality of Objects* (Cambridge, MA: MIT Press, 1990)。亦可见他的介绍文章 "Ulm: Legend and Living Idea," 9–16。关于乌尔姆信息部的一项出色的研究 David Oswald and Christiane Wachsmann, "Writing as a Design Discipline: The Information Department of the Ulm School of Design and Its Impact on the School and Beyond," AIS/Design *Storia e Ricerche* (2015)。

114 Lindinger, "Ulm: Legend and Living Idea," 9.

115 Ibid.

116 Pamela M. Lee and Geoff Kaplan, interviews with Gui Bonsiepe, La Plata, Argentina, August 22–25, 2016.

德国今天的情况，是没有好处的"[117]。在1968年出于政治动机关闭学校时，该校已经成为地区和国家争论的对象，这场争论名义上是围绕其作为公共资助的私立机构的地位展开的，但更可能是由对其意识形态倾向的误解引起的。[118]

当然，乌尔姆不是单一的某个东西，也不是教学上的一言堂，而是一个将与包豪斯相关的手工艺制作模式重新定位为战后工业生产的需要的地方。"新包豪斯"是它有时被提及时的简称，这一称呼捕捉到了其创始宣言和历史中的精神，以及其大体上对战前先锋派的依赖，无论后者是指广义上的建构主义、风格派，还是相当关键的，混凝土艺术的多样性。这个词也记录了包豪斯的那些传奇人物早期带来的影响，比如约瑟夫·阿尔贝斯、沃尔特·格罗皮乌斯和约翰内斯·伊腾（Johannes Itten）。[119]可以肯定的是，一位包豪斯的校友，瑞士艺术家和设计师马克斯·比尔（Max Bill），在乌尔姆的建立中发挥了重要作用，并于1953年成为该校的第一任校长。

然而，与董事会在教学和概念上的分歧导致比尔很快就辞职了，而这段时间恰恰也是波西佩在那里的时候，其间他先是一名学生，后是一位教师。在马尔多纳多的训练下，波西佩对设计的看法（以及对政治的看法）将更加犀利。1944年至1946年间，马尔多纳多活跃在布宜诺斯艾利斯的混凝土艺术学社（Asociación Arte Concreto-Invención，AACI），与他的同事一起在拉丁美洲范围内革新现代主义抽象派。马克思主义对再现的批判启发了"不规则框架"的非具象作品——正如他所说，打破传统的绘画再现形式，以使艺术与物质现实有更多的接触。在这方面，马尔多纳多和他

117　Gert Kalow quoted in Lindinger, "Information," in *Ulm Design*, 172.
118　波西佩回忆说，当时在乌尔姆只有一个名义上的共产党员，但没有指明其性别。见 Lee, interview with Bonsiepe, August 22–25, 2016。
119　见 Otl Aicher, "Bauhaus and Ulm," in Lindinger, *Ulm Design*, 124。

的同事正在研究俄罗斯和西欧的建构主义——马列维奇是其中的一个关键人物。然而，当他1948年第一次前往欧洲时，比尔的具体主义在这里正风行一时。在乌尔姆，马尔多纳多将这些美学兴趣与他们的社会文化、技术和符号学相结合。也是在此时，理论与实践、美学与政治之间几乎处于平衡状态的这个转折点将成为波西佩关注的一个关键问题。而到了70年代前期这一平衡将在智利再次得到表达。

关于乌尔姆设计学院课程的投机性一面，波西佩指出："乌尔姆设计学院的特点之一是对即将到来的问题有高度的敏感性。"[120]直到那时，可以代表这所教学机构的课程兴趣的设计话语——通常与基于时代现实的政治实践之间具有一种张力——才刚刚浮出了地平线。法兰克福学派的批判理论是许多人形成自身意识形态背景的必读内容。行政和技术官僚的逻辑也是如此，它与战后的科学和数学的修辞是一致的，在系统、信息和博弈论、控制论、运筹学和许多其他与冷战智库相容的新语言中得到了发展。然而，后者并没有被全盘接受——波西佩认为它们"不是……一种迷信"。这样的想法之所以被采纳，至少部分是因为当代设计话语尚未详细说明与战后工业管理语言（"工业文化"）之间的自我反思关系，尽管其实践现已完全嵌入其中。在马尔多纳多和一批有影响力的教师的领导下，乌尔姆的课程将开始接受这样的新理论和新方法论。有一种半开玩笑的说法称乌尔姆为"方法论的修道院"，这表明了其对横跨不同媒体和行业的设计认识论的崇敬，甚至是虔敬。[121]

乌尔姆设计学院的创新和跨学科课程围绕着四个部门（产品设计、视觉传达、建筑和信息）以及其形成性的、不断发展的"基础研究"课程推进。同时，它成立于1961年的电影课程更是叫嚣着要进行其创始人亚历山

---

120 Interviews with Bonsiepe, La Plata, Argentina, August 22–25, 2016.
121 Interview with Bonsiepe, August 22, 2016.

大·克鲁格（Alexander Kluge）所说的"精神革命"。[122]那场**精神**革命似乎是要应用那些（至少是联想到）通过适应性大脑这样的术语描述的新科学的功能。在20世纪50年代末和60年代初，乌尔姆的客座讲师包括诺伯特·维纳、巴克明斯特·富勒和查尔斯·埃姆斯。后比尔时期的那些课程将越来越多地反映出这些访客的实际贡献。正如肯尼斯·弗兰普顿（Kenneth Frampton）所写的，马尔多纳多的"运筹学"课程从阿纳托尔·拉波波特（Anatol Rapoport）的工作中获得了灵感，后者是博弈论发展中的关键数学家，也是一般语义学和系统理论运动中的关键思想家，还是（在本书的这一点上，也许并不令人惊讶）兰德公司一个有影响力的存在，是麦克纳马拉国防部的顾问（我们会在一个递归循环中再次遇到他）。[123]另外三位导师——阿布拉罕·莫尔斯（Abraham Moles）、马克斯·本泽（Max Bense）和霍斯特·里特尔（Horst Rittel）——在通过此类材料重塑课程方面也同样颇具影响力。同时，莫尔斯在计算机美学方面做了初步的工作，而本斯则在信息课程中向学生们介绍了一系列相关的思想体系，以及关于控制论和符号学的补充性课程。[124]

对于波西佩和他的同事们来说，这种合理化的语言对设计的具体实践和美学有什么影响，将被证明是一个具有存在性意义的问题。波西佩对系统理论和战前先锋派——管理控制论和现代主义那些最激进实验中的形式严谨性——的吸收在50年代末和60年代初乌尔姆设计学院的内部和周边的出版物中都得到了充分的表达。发表在乌尔姆杂志上的一篇1962年的文章用这个时代最先进的语言文字描述了正在进行的模块化组件系统的设计：

122　Alexander Kluge, quoted in "Filmmaking," in Lindinger, *Ulm Design*, 183.

123　Anatol Rapoport, *Operational Philosophy* (New York: Harper and Brothers, 1953).

124　关于马尔多纳多对运筹学的兴趣，见 Kenneth Frampton, "The Ideology of a Curriculum," in Lindinger, *Ulm Design*, 130–148。

> 成套的圆规、单元家具、带有一个动力单元和一系列附件的厨房机器是模块化组件系统的常见例子。像一般的系统一样，它们构成一个子类，由各种元素共同组成。这些元素必须相互关联，无论是在尺寸上、形式上还是其他属性上。一个系统只有在其元素可以被协调时才会出现。[125]

波西佩通过系统的修辞阐明了乌尔姆设计中的关系层面：一种对曾经独立的元素（包括家具、电源和电器）进行生态性协调的愿景。这样的讨论将与课程中持续存在的具体的和现代主义的例子同时进行，在马尔多纳多的影响下，这些讨论现在通过控制论的语言和拉丁美洲对这些历史的改造而得到了更新。[126]在这种维度、形式和"其他属性"的基础上，我们在这里所讨论的课程与斯捷潘诺娃对工人俱乐部的描述之间的谱系关系渐渐浮现了出来，战前和战后的例子都坚持要求这些元素的整合，并在功能上进行协同。在乌尔姆，源于这种意识的作品随处可见，从成叠的餐具到工业化建筑，从墙纸到汉莎航空的广告。

设计的外观应该是高度现代的、流线型的和系统的。灰色的亚光表面，半径角被精确冲压：这就是被驯化和消费的世纪中叶的外观。这样的设计代表了新的工业生产模式，在系统的话语中得到了进一步的洗礼，它的美学被证明对国际观众——无论是中产阶级消费者还是以前的鉴赏家——有巨大的吸引力，如博朗、奥利维蒂和柯达的那些标志性的设计，许多例子现在已经成为纽约现代艺术博物馆的永久收藏。然而，尽管这些

125　Gui Bonsiepe, in *Ulm* 6 (1962), quoted in Lindinger, *Ulm Design*, 88.

126　可见 *Tomás Maldonado in Conversation with María Amalia García*, with an introductory essay by Alejandro Crispiani (New York: Fundación Cisneros, 2010), 26–48. 而关于阿根廷新混凝土艺术的开始，对文献的一个非常好的补充是"At Painting's Edge: Arte Concreto Invención, 1944–46," in Monica Amor, *Theories of the Non-Object: Argentina, Brazil, Venezuela, 1944–1969* (Berkeley: University of California Press, 2016)。

产品在美学上很吸引人，它们依然标志着处于学校创始使命的核心位置上的那种结构性的矛盾。正如他在1968年提交给乌尔姆杂志的文章中所提出的，波西佩将反复直面这些方法所暴露出来的裂痕。为了满足"传播工业"（这一说法让人想起阿多诺、霍克海默、克鲁格和汉斯·马格努斯·恩岑斯伯格）的需要，他断言乌尔姆的设计师们最终将被强迫着站到这一机构所要求的进步利益的对立面。他认为，美学最终将为统治提供有效的掩护。

换句话说，美学不可能高高在上，从工业糟粕和企业股东认可的存在理由中解脱出来。美学不可能是非政治的。但是，美学可以作为一个复杂性的杠杆来运作，正如系统的课程所表明的那样。就这一点而言，美学可以在很多意义上被使用：无论是一个以信息话语为基础的感知模型，还是那些以艺术的纯洁性为由与信息作战的人，或是那些可能将信息作为自己意识形态武器库中的工具的人。事实上，虽然波西佩处理了当前设计中一些最有害的影响，但总还有许多其他的途径通往其工具性的一面。即使就在乌尔姆，从对其可量化目标的强调到美学问题如何超越战后设计的要求，设计中的种种矛盾不会就此停止。把这个问题换个角度来说就是：如何弥合工业工程的技术和内在逻辑与社会文化背景的外向性要求之间的裂隙？

举个例子，在谈到亚伯拉罕·莫尔斯的教学时，波西佩探讨了艺术是如何受到其在语言或交流中那些相应对象所受的相同的合理化原则制约的。莫尔斯在1959年出版的一本有影响力的书——《信息和感知的理论》（*Théorie de l'information et perception esthétique*）中写道："试图计算一个物体或……你看到的东西的**美学**品质。"[127]这种方法可能会对排版设计的分析产生影响——特别是在其对交流、透明度和秩序的强调方

127　Lee, interview with Bonsiepe, August 24, 2016（强调为引者所加）。

图 3.20　TC 100, 堆叠餐饮服务, 1959 年。这一产品是学生汉斯（尼克）罗里希特的毕业设计，由 Rosenthal AG.Product 制造。照片由沃尔夫冈·西奥尔拍摄，由 HfG-Archiv/Ulm Museum 提供。

面——但它却无法捕捉到对内容的运作以及长期以来被想象为抵制这种计算的美学维度。波西佩认为，从定义上讲，信息理论本身不足以应对这样的挑战，正如它的两位最具创始性的思想家所建议的那样：

> 维纳和香农的信息理论的弱点是完全排除了意义……他们也非常相信我们把自己限制在了定量的无意义上……[他们]对意

不感兴趣，而是对作为意义承载者的信号的传输效率感兴趣。[128]

信息理论可能还不具备应对内容和意义的能力，但是这些认识论上的缺陷在其他方面被证明是有益的。"香农和韦弗对你传输信号的效率感兴趣，"波西佩回忆说，"作为符号和意义的物理承载者。但他们并没有，也许这样反而是幸运的，……去计算意义或试图计算意义。"[129]波西佩指出，如果信号的效率是"通信工业"顺利运作的关键，那么无论是内容还是美学的无法计算都可能会阻碍该行业的工具性任务，而在这样一个系统中，控制可能是唯一合乎逻辑的终局。

在实践中，设计师可能会把这种美学引向彼此竞争的意识形态兴趣，正如波西佩在圣地亚哥所做的那样。对于任何接受过先锋派最基本课程的人来说，这都不足为奇。但这是一个对我们的案例研究具有重大意义的观察结果。正如莫罗佐夫提醒我们的那样，今天，人们很可能会**同等地听到关于赛博控制的美学和政治**。对于一些读者来说，这一观点或许意味着对赛博控制的美学兴趣的失效，因为它只是一种装饰品，特别是与政治和规划的艰苦事业相比而言的话。而另一方面，实际上，美学也**能够帮助**赛博控制的政治方案复苏，并将其呈现为某种接近于（艺术的）历史的问题。

几十年后，控制论将被解读为一种"不可知的本体论"，一种随时可以使用的咒语，被用于围绕赛博控制的多节点的和不确定的历史。但在乌尔姆，从20世纪50年代末开始到1968年结束的这段时间里，谁能预见到这些理论在随后的几十年里会发生这样奇怪的转变，这种转变中就包括了它们对设计、媒体和艺术的实际影响，以及赛博控制在今天所象征的经济和

128　Lee, interview with Bonsiepe, August 25, 2016.
129　Ibid.

历史问题。马尔多纳多在谈到法兰克福学派和乌尔姆设计之间的兴趣冲突时,回顾了这种可能性是如何发生的,一项连接了过去和现在的技术所产生的影响是未知的:"我们当时没有今天普遍了的东西:个人电脑。"[130] 乌尔姆不是数字包豪斯,这是肯定的,但它也绝不是一潭死水。

对于波西佩来说,在乌尔姆和其他地方,其他的重要课程则是关于如何调解社会政治和技术文化背景下的美学维度的。2016年8月,他在向他的外国客人谈论应急措施和乌托邦的时候,引用了阿兰·巴迪欧关于想象未来的共产主义可能意味着什么的论述。但对于这位在战后德国和阿连德的智利都工作过的工业和界面设计师来说,从控制论中得出的一个更为平凡但关键的原则预测了任何一个系统都可能发生的极其偶然的转变:"每个系统都有崩溃的内在可能性,而知道这些故障可能发生在哪里,并回答这个问题,这就是好的管理。"[131]

人造文物 7:哈耶克的网络

> 卡托学院
> 1700 蒙哥马利 / 旧金山,CA 9411
> 1977 年 6 月 13 日
> F.A. 哈耶克教授
> c/o 人文研究所
> 大学路 1177 号
> 加利福尼亚州门洛帕克,CA 94025
> 上周五晚上能与您见面,进行简单的交谈,并得知您的良好

---

130 Tomás Maldonano in Lindinger, *Ulm Design*, 222.
131 Lee, interview with Bonsiepe, August 24, 2016.

精神状态后，我非常高兴。我必须说您的演讲确实令人吃惊。我本来只是准备参加一个有趣的饭后谈话，但却发现自己听到了一段包含一些深刻见解的演讲，例如不同的社会经济体系和不同的道德体系之间的关系。可以说，事后交谈中不难发现，我的反应是一些年轻学者们的共同反应。……

最后，我们向您转发了……一些关于智利专政的材料。它们已由国际特赦组织收集和出版，该组织是一个高度智识化、广受尊重且基本上无党派的组织。我认为，这份材料中包含了您可能希望考虑的与您提议的行程有关的信息。在我看来，鉴于目前对军政府的了解，一位国际知名的自由主义学者访问智利将不可避免地在世界媒体上引发一些问题。[132]

此致。

拉尔夫·莱科

薄透明纸上印下了这些油性文字。一位名叫拉尔夫·莱科（Ralph Raico）的历史教授代表一个名为卡托研究所的新型智库给他的芝加哥大学博士生导师写了这封信。该机构成立于1974年，最初被称为查尔斯·科赫基金会，是以其三位创始成员之一，一位在堪萨斯州出生的亿万富翁命名的。科赫与他的兄弟大卫是一家跨国集团的联合主席，该集团主要从事石油、化肥、金融和纸制品业。查尔斯·科赫基金会于1976年改名为"卡托书信"，这个名字来源于英国作家约翰·特伦查德（John Trenchard）和托马斯·戈登（Thomas Gordon）在18世纪20年代出版的一系列经典自由主义文章。这些文章又以罗马政治家小卡托的名字命名，他是反对暴政的

---

[132] Letter from Ralph Raico, Cato Institute, to F. A. Hayek, June 13, 1977, Box 14: 20, Cato Institute Hayek Papers, Hoover Institution Archives, Stanford, CA.

共和主义战士以及朱利叶斯·恺撒的传奇敌人。

通过卡托研究所，我们对冷战时期的智库又有了新的认识：即战后不久的军事投资逐渐变为了智库的经济遗产。[133]与它的前身相比，卡托的纲领与其说是专注于严密的国防分析、博弈论和核战略，不如说是推进语言和历史叙述，以宣传意识形态作为政策。换句话说，曾经像兰德这样的机构的隐秘运作现在开始在接近公共话语的活动中浮现。杂志、电台广播、教育活动，以及周日早上在电视上露面的不断膨胀的专家阶层将构成我们这里考察的考古学记录。"基于个人自由、有限政府、自由市场与和平原则发起、传播和增进对公共政策的理解"是卡托研究所的使命。而哈耶克，作为这种倡议的背后的杰出多面手，自然应该在其中发挥一些作用。卡托研究所将在哈耶克首次智利之行的几年后正式邀请他担任其杰出高级研究员，而哈耶克也欣然接受了这个邀请，但提出了一些条件。[134]首先，他已经担任了胡佛研究所的荣誉研究员，并且早先与华盛顿的传统基金会也有联系。同时，他还被任命为公共研究中心（Centro de Estudios Públicos）的名誉主席，这是一个最近成立的智利智库，里面有很多自由市场经济学家。[135]另外，他年纪也不小了，他不能像以前那样经常旅行了。但是，不管莱科发出的警示——合理的建议和公关管理——如何，哈耶克将在 1977 年 11 月和几年后的 1981 年两次而不是一次前往圣地亚哥。与此

133　雅尔迪尼写道，兰德公司在1960年左右开始扩大其研究议程，将社会福利研究纳入其中。他认为1946—1960年是兰德公司研究的"黄金年代"。而到了20世纪60年代末/70年代初，兰德公司开始将研究范围扩大到了国内利益。见 David R. Jardini, *Thinking Through the Cold War: RAND, National Security and Domestic Policy* (Amazon Digital Services, LLC, Kindle edition, 2013), n.p.

134　Letter from Edward R. Crane, President, Cato Institute, to Hayek, January 30, 1985; Box 14: 20, Cato Institute, Hayek Papers, Hoover Institution Archives.

135　Valdés, *Pinochet's Economists*, 36. 关于智利公共研究中心（Centro de Estudios Públicos），见 Bruce Caldwell and Leonidas Montes, "Friedrich Hayek and His Visits to Chile," CHOPE Working Paper No 2014-12, Center for the History of Political Economy, Duke University, August 2014。

同时，朝圣山学社的一个区域会议将于后一年在比尼亚德尔马举行。而这位新自由主义思想团体的创始人将不会出席这场会议。

在我们上次提到这位经济学家后的几十年里，哈耶克的影响范围已经远远超出了20世纪40年代《读者文摘》的订阅人。他的行动轨迹也超过了与朝圣山学社有关的自由主义思想家的"研究小组"，而且这一轨迹在随后的几年里也保持着增长。一言以蔽之，他出名了，培养起了自己的网络。然而，前往皮诺切特的智利这一行程是他诸多旅行中特别有争议的一站，对他的反对者和支持者来说，这次访问都具有深刻的战略意义和象征意义。应瓦尔帕莱索一所商学院的邀请，他将接受费德里科·圣玛丽亚科技大学（Universidad Técnica Federico Santa María）颁发的荣誉博士学位，该校位于圣地亚哥以北风景如画的沿海地区，军政府就是从这里向阿连德发起进攻的。他的到来也将标志出其他一些事情。他在智利的出现实际上是对军事独裁者现在所走的自由市场经济道路的认可，正如弗里德曼所声称的那样，皮诺切特"别无选择"，只能跟随。

我们早些时候注意到，弗里德曼在1975年访问了智利，并将以相当严厉的措辞讨论皮诺切特的经济特权。尽管记录显示强大的外部力量正在削弱这个国家的经济系统，但"休克理论"仍被认为是这个因其医生总统的国家计划变得贫血的国家经济系统亟须的一个供血方案。与哈耶克的旅行相比，与弗里德曼访问智利相关的人造文物相对较多，有厚厚一沓发黄的剪报，其中许多来自芝加哥大学的学生报纸，抗议他的这一行程，还有这位经济学家关于智利火箭般的通货膨胀与国内经济真空的风趣的录音。请注意弗里德曼在1975年5月写给皮诺切特的一封引人注目的信。信中询问了不少费尔南多·弗洛雷斯的资金问题，他在来到帕罗奥图之前，在皮诺切特手下度过了三年残酷的政治犯生涯。[136]

136　Letter from Milton Friedman to Augusto Pinochet, August 7, 1976, Milton Friedman Papers, Box 188, Folder 13, Hoover Institution Archives, Stanford, CA.

而哈耶克的档案中关于他在智利的行程的内容则比较少，只有《水星报》（*El Mercurio*）上的十几篇文章对他的访问进行了赞美。（至于为什么是《水星报》，我们并不感到惊讶，它是阿连德总统任期内抨击其政府的强硬喉舌，接受了尼克松的白宫和中央情报局提供的大量资金。）[137]根据上面的官方说法，这次旅行非常成功，包括11月5日与皮诺切特的会面。[138]这位经济学家在智利获得荣誉学位的小插曲证明了他几十年来对历史的阅读中一直顽固地提出的成熟故事。然而这里的关键在于，这些事件是对另一个网络的补充和调和，这个网络在很大程度上已经被遗忘了，但哈耶克事实上长期徘徊在这个网络中，并帮助建立起了这个网络。当然，这个网络在知识和系统方面的影响以及对历史的影响比他个人定制的飞行计划要大得多。拉尔夫·莱科在他来自卡托研究所的信中提到了这个网络。在赞扬他的前导师时，这位年轻的历史学家将提到他的导师对社会经济和道德**体系**的研究。

就这一点而言，莫罗佐夫在他的文章《计划机器》之后的一篇博文中提到了哈耶克网络中一个令人不安的节点。现在我们可以理解莫罗佐夫是如何将美学视为对赛博控制的评价中起主导作用的了——至少与其创立背后的政治有着同等的影响（尽管有人认为这种趋势影响不大）。莫罗佐夫

---

137 《水星报》的出版方与亨利·基辛格、国家安全委员会和中央情报局之间的关系有据可查，如科恩布卢发布的档案：*The Pinochet Files*, 138–140。

138 智利媒体记录了哈耶克与皮诺切特的会面，如 "Premio Nobel Friedrich von Hayek: 'Es notable la recuperación económica de este país,'" *El Mercurio* (Santiago), November 8, 1977, Hayek Papers, Hoover Institution Archives, Stanford, CA。关于哈耶克对智利的两次访问以及朝圣山学社的会议，见 Caldwell and Montes, "Friedrich Hayek and His Visits to Chile." 考德威尔和蒙特斯反驳了先前围绕哈耶克访问的许多观点，其中一个例子就关于皮诺切特时期的智利宪法。为了透明性起见，考德威尔披露了他自2010年以来朝圣山学社的会员身份，而蒙特斯则是公共研究中心的理事会成员。关于这些冲突的观点（也就是考德威尔和蒙特斯所认定并试图证明的那些），可见 Klein, *The Shock Doctrine*; Greg Grandin, *Empire's Workshop: Latin America, the United States and the Rise of the New Imperialism* (New York: Holt, 2007); 以及 Corey Robbins's excellent series "When Hayek Met Pinochet," http://coreyrobin.com/2012/07/18/when-hayek-met-pinochet/。

更关注的是赛博控制的反乌托邦前景：它被设计来促成的社会主义革命很可能预示着一种由大数据驱动的阴险的经济，谷歌、亚马逊和脸书，而不是无产阶级，显然才是其独裁特质的继承人。作为当代资本主义的引擎，算法夸张的自动化有效地超越了控制论规划的社会主义事业，正如许多消逝的历史那样。

尽管如此，这并没有让我们为他的发现做好准备：哈耶克和比尔显然是**相互认识**的，而且关系好到足以让这位管理控制论者在他的日记中写下关于这位经济学家的几句话。[139]看看这张"自组织原则"会议中留下的合照，这是1960年6月由伊利诺伊大学主办的一次会议，其中，有许多人的名字在本章和本书中出现过：罗斯·阿什比、沃伦·麦卡洛克、阿纳托尔·拉波波特、路德维希·冯·贝塔朗菲。哈耶克和比尔也在那里，和他们的同事一起，摆出了这种学术聚会合照的标准姿势。图片下方的图例清楚地表明了这两人在控制论领域的地位。

关于新自由主义的本原，这张图片能够表明什么呢？这仅仅是冷战时期知识分子之间记录彼此摩肩接踵的纪念品吗？这是一个控制论的人造文物和迷信？这份文件起到了什么历史作用？毕竟，我们中的许多人都参加过这样的研讨会，以同样的方式在学术镜头前表演，与其他学者寒暄，之后便再也没有交集。另一方面，玛格丽特·米德和其艺术家同事保罗·拜尔斯阐述的一个世纪中叶的惯例为我们讨论的这个时期的这种仪式提供了一点启示。在《小型会议》中，米德和拜尔斯分析了"小型跨学科和国际会议"是如何成了一种特殊的"交流上的创新"。[140]拜尔斯是哥伦比亚大学艺术学院的一名摄影师和讲师，他拍摄了此类事件的许多照片，以记录他们的方法论创新以及其中的行动者在现场的行为和非语言交流。莫罗

---

139 Morozov, "Some Notes on My Cybernetic Socialism Essay."

140 Margaret Mead and Paul Byers, *The Small Conference: An Innovation in Communication* (Paris: Mouton, 1968).

图 3.21 参会者合影,"自组织原则"研讨会,1960 年 6 月 8 日至 9 日,伊利诺伊大学。

THE PARTICIPANTS AT ALLERTON HOUSE
1 Saul Amarel, 2 Gordon Pask, 3 Manuel Blum, 4 Kathy Forbes, 5 Peter Greene, 6 Ross Ashby, 7 Jack Cowan, 8 Heinz Von Foerster, 9 Alfred Inselberg, 10 Ludwig von Bertanffy, 11 Scott Cameron, 12 Murray Babcock, 13 John Tooley, 14 Cornelia Schaeffer, 15 Stephen Sherwood, 16 George Jacobi, 17 Hans Oestreicher, 18 John Bowman, 19 Jack Steele, 20 Friedrich Hayek, 21 Hewitt Crane, 22 Anatol Rapaport, 23 Raymond Beurle, 24 Jerome Elkind, 25 John Platt, 26 Charles Rosen, 27 Roger Sperry, 28 Frank Rosenblatt, 29 Joseph Hawkins, 30 Albert Novikoff, 31 Stafford Beer, 32 Paul Weston, 33 David Willis, 34 George Zopf, Jr., 35 Albert Mullin, 36 Warren McCulloch, 37 Marshall Yovits, 38 Leo Verbeek

图 3.22 参会者合影的流传版本,"自组织原则"研讨会,1960 年 6 月 8 日至 9 日,伊利诺伊大学。

佐夫重建的这一时期的历史文件使我们能够更深入地探究哈耶克的网络形象：可以肯定的是，它在结构层面上满足了这种知识和历史学创新的条件。毫无疑问，哈耶克的行动轨迹超越了学者通常的学科习惯，但同时又符合当时标准学术行为的那种仪式性的礼貌。而且，它还容纳了在这种知识分子聚会上产生的那些偶然的相遇。组织和有机体本身就将成为这种实践的关键。从新自由主义思想团体（朝圣山学社）的时代开始，哈耶克将有几十年的时间在这方面证明自己。

该网络培养了一种收集和理解信息的方法，扩大了一个人通常可以具有的知识视野，并作为一种比较分析的类型，对大量不同知识的输入和输出进行调解。这一网络在智利的事件被视为既成事实之前就已初步形成。回顾一下普莱威先前对朝圣山学社的观察，他讨论了它是如何促成了有效的多节点方法的：

> 朝圣山学社新自由主义知识分子并没有受到标准的（多元的、非政治化的）理念中对学术学科严格分离的理解的限制，也不受少数那些有限的单一问题领域发展知识的需要的限制。……
>
> 相反，这一群体的努力可以被描述为跨学科、跨领域……和跨学术的（尽管与公众的联系主要是通过智库和出版商间接组织的）。[141]

1947年，学会将这些跨学科的接触融入团体的结构中，形成包括科学家和历史学家在内的混合会员的机制，这其中就了包括了物理化学家迈克尔·波兰尼。波兰尼关于"自发秩序"的表述，源于20世纪20年代科学文化中的一场长期辩论，后者导致了他后来对"适应性系统"的处理，这一

141　Plehwe, "Introduction," in Mirowski and Plehwe, *The Road from Mont Pelerin*, 10.

概念与哈耶克自己的方法产生了共鸣。[142]在讨论哈耶克的网络与赛博控制和《多节点元游戏》的关系时，有一点需要强调：在与来自各学科领域的伙伴的对话中，哈耶克与系统思维建立了持续的接触，尽管这种接触与比尔和赛博控制的设计师们的意识形态目的完全不同。

以他1952年出版的《感觉的秩序》（*The Sensory Order*）为例，该书由海因里希·克鲁弗（Heinrich Klüver）作序，后者是梅西会议中的一位先驱心理学家，而这些会议则是控制论历史上的开创性会议。这本书的副标题是"探寻理论心理学的基础"，乍看起来似乎与他所关注的金融预测领域无关，但事实上，这个主题恰恰说明了哈耶克更大的方法论野心：正如他自己在序言中所说，这项工作始于20世纪20年代他在维也纳大学对心理学和行为主义的稚嫩研究，以及与他后来在朝圣山学社的同事迈克尔·波兰尼和处在统一科学运动范围内的相当大的群体之间潜移默化的对话。我们可以再看看他1952年的文章《在系统内和关于系统：关于通信理论中一些问题的声明》（*Within Systems and about Systems: A Statement on Some Problems of a Theory of Communication*）。这是一篇关于因果关系和精神现象的深奥分析，这篇文章从他的同胞路德维希·冯·贝塔朗菲的一般系统理论中获得了方法论上的启示。[143]

从1947年开始，哈耶克和贝塔朗菲之间就有书信往来，其中既有德语也有英语，从伦敦到蒙特利尔到萨里到渥太华到芝加哥到帕罗奥图再到弗

---

142 关于波兰尼和哈耶克对适应性系统的比较阅读，见 William N. Butos and Thomas J. McQuade, "Polanyi, Hayek and Adaptive Systems Theory," draft 2015, https://www.semantic-scholar.org/paper/Polanyi-Hayek-andAdaptive-Systems-Theory-Butos McQuade /d095107ce4b-2459fa7fbe56301d266b9d0dc814b。波拉尼后来将会把学习过程与这种系统联系起来进行理论化，可见于其著作 *The Tacit Dimension* (Chicago: University of Chicago Press, 1966)。而关于哈耶克职业生涯的严谨的教育故事，见 Bruce Caldwell, *Hayek's Challenge: An Intellectual Biography of F. A. Hayek* (Chicago: University of Chicago Press, 2003)。

143 可见于见塔朗菲和哈耶克从1947年到20世纪50年代中期的信件，见 Hayek Papers, Box 12, Folder 4, Hoover Institution Archives, Stanford University, Stanford, CA。

第三章　1973；或，新自由主义本原

赖堡。这不仅仅是一个令人印象深刻的信件档案，它还揭示出了一个在朝圣山学社和贝塔朗菲的一般系统理论中正式确定的跨学科原则的网络。此时的贝塔朗菲正沉浸于统一科学运动并广泛接受了格式塔理论（与沃尔斯泰特、米德以及我们在本书中早已遇到的其他冷战知识分子不同），从这一点出发，贝塔朗菲推动了对生物有机体的研究，进而引起了社会组织分析中长久的根深蒂固的反响，并被用以解决"不同领域中出现的结构相似性或同构性问题"。[144]

1955年，贝塔朗菲在帕罗奥图的行为科学高级研究中心（CASBS）——迈耶·沙皮罗等学者在世纪中叶也在此中心活动——写了一封信，邀请哈耶克成为一般系统理论促进会的创始成员，随信还有另外两位驻会研究员：经济学家K.E.博尔丁以及一位我们在这段历史追溯中在兰德公司和乌尔姆都曾遇到的数学家——阿纳托尔·拉波波特。[145]而哈耶克那里可以发现的关于这次具体交流的文物包括学社的第一份出版物以及一份从CASBS发出的介绍性小册子。文中的一幅插图很粗糙，但它所传达的信息却相当关键——以鲜明的视觉效果呈现了经济学家和生物学家的知识网络的网络。在本书的开头，我们已经介绍过这幅图（图0.9）。在接近结尾的时候，回过头来看，它扩大了我们对智库美学的理解，以及它一路走来所付出的历史代价。图片上方的横幅写着"适用于系统的法律或原则"。而在其下方，一个菱形图案中包含了一个抽象的多元宇宙，一个粗略勾画的跨学科星系。[146]而这里，就是哈耶克和无数其他人将要跟踪探索的在自然科

144　Ludwig von Bertalanffy, *General System Theory* (New York: George Braziller, 1968), 33.

145　Ludwig von Bertalanffy, University of Ottawa, to Friedrich Hayek, University of Chicago, May 21, 1954 in Hayek Papers, Box 12, Folder 4, Hoover Institution Archives, Stanford University, Stanford, CA.

146　Ludwig von Bertalanffy, "General System Theory," brochure, Center for Advanced Study in the Behavioral Sciences, Stanford, CA, reprinted from *Main Currents in Modern Thought* 11, no. 4 (March 1955): 75–83, in Friedrich A. Hayek Papers, Box 12, Folder 4, Hoover Institution Archives, Stanford University, Stanford, CA.

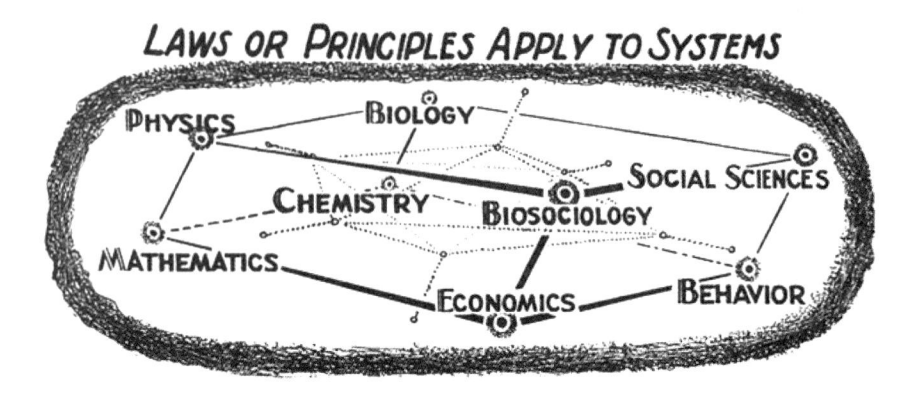

图3.23 路德维希·冯·贝塔朗菲，手册的细节，通用系统理论促进会，1954。由维也纳贝塔朗菲系统科学研究中心提供。

学和社会科学之间建立起无数联系的宇宙观，无数的矢量穿梭其间，时而向前延伸，时而又退回深邃的时空中去，形成一个封闭的、不断生成的、多节点的系统。在这个星系中，相互关联的学科都是加粗的：物理学、生物学、化学、生物社会学、数学、行为学、社会科学、经济学。法则和**第一原则**——也就是，一个**本原**——将构成这个系统的不同元素连接起来，就像星系中的一颗颗星星决定了在下方仰望的人类行动的方向。

另一方面，对于我们的解读来说，缺少的东西与表现的东西同样重要。历史，不出所料，在这张图表中没有任何位置。美学也不见踪影。而支撑这个宇宙的任何哲学也在其他的不知道什么地方，就像那个在世纪中叶智库的空间里循环往复的地下网络。同样地，意识形态在这个宇宙中如何容身的问题（更不用说像政治这样平庸的东西，也不用说像政变这样卑鄙的东西）更让我们崩溃。

本原是第一原则。它也是原始的物质：土地、天空以及二者之间。

人造文物 8：宇宙与骨头

> 信号传输需要时间。[147]
> ——加斯帕·加拉兹（Gasper Galaz），天文学家，帕特里西奥·古兹曼采访，刊载于《怀旧之情》

> 当下是一条细线。[148]
> ——帕特里西奥·古兹曼（Patricio Guzman），《怀旧之情》

本原是第一原则，是宇宙，是权力和命令。这就是哈耶克的行星网络默示的内容。新自由主义的**本原**，由行动室和《多节点元游戏》象征，目睹了时间和历史时而彼此调和，时而又走向分歧，二者在难以捉摸的加速与过时的循环中你追我赶。[149]那么，本原——宇宙、原始物质、权力和控制的混合体——是如何在智利，以赛博控制为其一个重要节点而被捕捉到的呢？鉴于"宇宙结构学"一词所带来的普遍化和永恒的联想，**本原**的术语又是如何适用于这个历史和场景特定的背景的呢？

由于赛博控制通常与老派美学相关，这可能是一个违反直觉的问题。我们可以看看描述太空竞赛的名录，它似乎证实了其完全过时的地位，在本章的大部分时间里，我们都对这些参考资料一笔带过，但现在对它们的讨论是不可避免的。这个讨论的名录里，我们会看到控制室那种不加掩饰的科幻乌托邦主义；评论家们习惯性地提到的《星际迷航》和库布里克的

---

147 Gaspar Galaz, interviewed by Patricio Guzmán in *Nostalgia de la luz* (2012).
148 Ibid.
149 "时间和历史的协调性"这一短语是我从大卫·斯科特关于 1979 年格林纳达社会主义革命失败的研究中借用的。斯科特描述了时间和历史在近来的后殖民时期、其当代后遗症和发展中世界这几种叙述中呈现出的纠缠又经常矛盾的价值。见 David Scott, *Omens of Adversity: Tragedy, Time, Memory, Justice* (Durham, NC: Duke University Press, 2014)。

《2001太空漫游》，或同一导演早期的《奇爱博士》（一部演绎核时代阴暗未来的电影，其主角被想象为阿尔伯特·沃尔斯特和赫尔曼·卡恩的混合体）。所有这些参考资料都非常符合他们的时代，与70年代早期息息相关。当然，许多参与设计控制室的人都会否认有任何这样的影响。有些人认为，"这个项目没有任何可供参考的对象"。[150]但这也等于承认这样的影射在技术上以及美学上似乎都已经被用尽了，完成了。它们与传统上为它们背书的历史事业一样，被消耗殆尽了。

这些参考资料是**那个时代**的产物，这样看来，似乎控制室的美学与其说是宇宙的，不如说是战后的媚俗。而随着赛博控制被扫入了历史的垃圾堆，阿连德的智利梦也一起被丢了进去。你可以把波西佩的控制室的照片拿给一个有技术想法的朋友看（就像我曾经做过的那样），而这有可能会引起对方的一阵笑声或嗤之以鼻，好像它曾经颇具未来主义风格的技术（对某些人来说是可笑的）仅仅让人回想起《星际迷航》的舞台设计。回忆起1968年的杰作，波西佩说："当然，我们都看过《2001太空漫游》。"但他并不认为这部作品直接影响了控制室的设计。[151]无疑，他注意到了大众对这件事的一般看法。但无论如何，模仿这些流行的材料并不是波西佩创作过程的一部分：相信这一点就是错误地认识了控制室的投机性美学以及它所颠覆的现代主义谱系。同时，这也是对那些它经常被拿来比较的好莱坞经典作品背后实际的制作设计的历史的误解。如果我们将目光转向这些设计师，我们会看到：肯·亚当斯，设计了《奇爱博士》和詹姆斯·邦德系列电影中与控制室风格类似的未来主义风格布景的传奇德国

---

150 举个例子，正如罗德里哥·沃克尔（Rodrigo Walker）所说，可见 Medina, *Cybernetic Revolutionaries*, 121。

151 Lee and Kaplan, interview with Bonsiepe, August 22–25, 2016.

布景设计师，是在柏林长大的，在成长过程中深受包豪斯的启发[152]；库布里克在设计HAL（译注：电影《2001奇幻漫游》中的超级电脑）的界面时与NASA一直保持了密切的沟通；《星际迷航》中企业号的设计师马特·杰弗里斯（Matt Jeffries）本人就是一名航空工程师。科幻小说本身在20世纪初的社会主义和先锋派圈子里享有一种非凡的时尚，成了一种对年轻的苏联而言颇为卓越的乌托邦文学类型——批评家达科·席文（Darko Suvin）称之为"认知疏离"的模式。[153]换句话说，这些流行文化的试金石非常依赖于他们各自时代的跨学科混合体，穿梭在技术、科学、设计、文学、艺术、建筑和美学之间。

在这些智库、小型会议、控制室、博物馆和画廊的墙外是另一个宇宙：那个真实存在的与这些机构有着抽象和同构关系的实际宇宙。但是，在冷战空间——不断生成的、创造性的、创新的、致命的——之外则是一片沙漠，充斥着赛博控制和今天对它的重新想象所提示出的历史，维系着那段历史的余波，庇护着它的遗迹。土地和天空一起构成了一个**本原**。艺术将把我们带到那里。

2005年，在ZKM这个数字包豪斯空间，伊登·梅迪纳与展览建筑师尼古拉斯·赫希和米歇尔·穆勒合作，在这块场地上布置了一场展览。这场展览是彼得·韦贝尔和布鲁诺·拉图尔的名为"将事物公之于众"的一场大型群展，在这个展览中，麦迪纳对赛博控制的研究通过媒体、事物理论和批判宣传相互交织的方式首次在艺术界亮相。[154]"除了展示这一项目的

152　关于科幻小说的场景设计和赛博控制之间的关系，见 Sebastian Vehlken, "Science Fiction vs. Science Fact—Interface-Visionen von Operations Rooms," 以及他的论文 "Environment for Design: Die Medialität einer kybernetischen Untersuching des Projekts Cybersyn in Chile 1971–3," 108–111。

153　见社会主义科幻小说评论家席文的形成性工作，Darko Suvin, "Cognition and Estrangement" (1979), reprinted in Suman Gupta and David Johnson, eds., *Twentieth Century Literature Reader: Texts and Debates* (London: Routledge, 2005), 187–193。

154　见 Medina, "Democratic Socialism, Cybernetic Socialism," 711。

简要历史，"麦迪纳表示，"我建议ZKM建造一个完整或部分复制的控制室，供公众探索和操作。"一个互动式的幻灯片将装载上两个显示器，放映"互相竞争的关于秩序和混乱的图像，挑战这个控制系统的功效"。通过这个模拟的控制室，一方面，观众可以看到"赛博控制试图控制的工业流程图"；另一方面，也可以看到"赛博控制模型中没有涉及的罢工、抗议和消费者短缺的图像"。[155]

当全面重建因预算被证明不可行后，赫希和穆勒合作实现了一个更经济的解决方案。这个方案就是控制室1973，这是对赛博控制的另一次致敬，以波西佩的照片作为其组织形象。它的表现形式比《多节点元游戏》更直接，但它对其原型的历史提出了与后者类似的问题，并必然（或更明确地）会深入那个时代的政治。该作品由一个放置着波西佩照片的平台（作为其水平面）、一些欢迎观众随时入座的垫子和一个放映解释赛博控制历史上的实际关切（"秩序"）幻灯片的分割显示器组成。但同时，它也展示了帕特里西奥·古斯曼（Patricio Guzmán）的三部曲电影《智利之战》（*La Batalla de Chile*）中的片段。《智利之战》在1975年和1979年之间发行，是一部关于阿连德领导下的大众团结的黑白纪录片，其内容令人揪心。它展示了短短三年内阿连德的乐观前景和凶险未来，从喧闹的学生游行，到街头采访，到中央情报局支持的卡车司机罢工，再到对拉莫内达宫的致命扫射。

几十年后，古斯曼将在《怀旧之情》（*Nostalgia de la luz*，2010）中以宇宙和文物为载体重新审视这个主题，这部令人印象深刻的电影通过对天文学和考古学领域的挖掘，为时间、集体记忆和那被皮诺切特的暴行击碎了的历史财富唱一曲颂歌。在系列电影开篇的一部中（"童年"），

---

155 梅迪纳与彼海特（Valérie Pihet）2003年8月7日就"将一切公之于众"的提议和ZKM对这一项目的接受进行的电子邮件交流，"Making Things Public," Archive, ZKM, Karlsruhe。

制片人就在革命和宇宙之间展开了平行对比。在谈到阿连德的智利和古兹曼作为圣地亚哥人在这段历史中的利害关系时，他宣称："一场革命浪潮将我们席卷到了世界的中心"，然后，"大约在同一时间，科学爱上了智利的天空。……一群天文学家……发现他们可以从阿塔卡马沙漠触摸到天空"。[156]触摸天空，正如电影继续叙述的那样，就是触摸历史。

影片的背景既不是圣地亚哥的街道，也不是维尼亚德尔马的港口，《怀旧之情》一路向北来到了偏远的阿塔卡马沙漠，那里空气稀薄，生命稀少。根据影片的叙述，"这里什么都没有，没有昆虫，没有动物"，"但它却充满了历史"。它还充斥着文学和流行的典故：想想沙漠中的摩西、阿瑞克斯、塔图因，这些异世界的风景让人想起圣经中的叙述和科幻小说。与此同时，在沙漠中，游客们乘车前往火山和原始盐滩，火烈鸟在闪闪发光的水晶中一动不动。但是，就一个目的地而言，阿塔卡马的天空是最为梦幻，让人流连忘返的。白天，天空是一个广阔无垠的蓝色穹顶；而晚上，没有任何的光污染，整个天空充斥着汹涌奔腾的银河。世界各地的天文学家都以阿塔卡马为家，因而在沙漠周围布满了最强大和最先进的望远镜，这些"宇宙之窗"可以让人瞥见空间和时间的深处。[157]

古兹曼采访了一位致力于这种宇宙观测的天文学家——加斯帕·加拉兹。他的语言听起来像一位诗人、哲学家和神学家，在1973年的事件发生很久之后，他提出了自己的跨学科主张：

> 我们从哪里来，我们在哪里，我们将要去哪里？这一直是我们文明的核心。科学界倾向于将科学与宗教分开，然而，（科学）提出的基本问题……都有着宗教的起源和动机。……所有这些关

---

156 Guzmán, *Nostalgia de la luz*.
157 Ibid.

跨学科研究中的美学：从世纪中叶的现代主义艺术到当下

图 3.24 伊登·梅迪纳（与尼古拉斯·赫希和米歇尔·穆勒合作）的"控制室 1973"安装视角，展于"将事物公开"展览，ZKM，卡尔斯鲁厄，德国，2005 年 3 月 20 日至 10 月 23 日。照片由弗兰兹·沃姆霍夫（Franz Wamhof）拍摄，版权属于 ZKM | Zentrum für Kunst und Medien Karlsruhe。（亦见图版 1）

图 3.25 帕特里西奥·古斯曼，《智利之战：布尔格西亚的保险》，1975 年。照片由伊卡洛斯电影公司提供，版权属于帕特里西奥·古斯曼（Patricio Guzman, Atacama Productions）。

- 228 -

图 3.26　帕特里西奥·古斯曼，《怀旧之情》，2010 年。照片由伊卡洛斯电影公司提供，版权属于帕特里西奥·古斯曼（Patricio Guzman, Atacama Productions）。（亦见图版 2）

于起源的问题，我们天文学家都试图去回应。[158]

在他的引导下，古斯曼问到了研究宇宙将会怎样改变对时间的认识。光速是驱动历史和时间意识的一个奇异的矢量。"我们所有的生活经历，包括这次谈话，都发生在过去，"这位天文学家回答说，"信号传输需要时间。""我们不是在看东西的那一刻就看到了？"古斯曼继续问道。"不，那是陷阱，"加拉兹毫不停顿地回答，然后笑着直言，"现在并不存在。"

在讨论太阳和视神经之间，突触发射和信息穿梭于神经网络之间的时间时，这位天文学家通过其科学领域的深层时间，引爆了当下的自我确定性。他说："过去是天文学家的主要工具"，"我们习惯于生活在时代的

158　Ibid.

后面"。就这样,加拉兹在同样驻扎在沙漠里的考古学家、历史学家和地质学家中找到了学术上的同构性。尽管他们工作的时间尺度大不相同,使用的工具和媒介也不同,但他们都在各自对时间和历史的调查中"操纵着过去"。

这种观察的规模和范围超过了哈耶克和冷战智库中的同僚们所建立的跨学科网络,同时却也标志出了《多节点元游戏》中的那种递归时间性。这是一种作为形而上学的物理学、作为哲学的科学、作为历史的天文学、贝塔朗菲的一般系统理论的图表中清除的那些节点。但最终,是宇宙的崇高美学促成了这些对时间和历史的思考,并承担起两者的升级、扩张,和谐和不和谐。而这又将有助于为我们的关注提供另一个重要的联系:考古学与政治。也就是说,作为政治的**本原**。

古斯曼告诉我们,时间在上面,但历史却落到了地上。沙漠里则有它的遗迹。阿塔卡马是如此干燥,以至于"前哥伦布牧羊人"的木乃伊可以以一种不可思议的保存状态静静地躺在沙子下面。在一个地区博物馆的储藏室里,就可以看到这样一个人物的哥特式遗体,它被裹在纸巾里,衣服还没有上色,头发松散地编在一起。另一方面,在同一个沙漠中,赛博控制开启了一段更接近的历史。它离当下更近,但不知何故,又似乎显得更遥远,不可触及。人类学家和考古学家劳塔罗·努涅斯(Lautaro Núñez)说:"我们一直藏匿着我们最近的过去。"他对阿塔卡马的思考紧随着那位天文学家。他提到了智利原住民马普切人的边缘化、流离失所和所经受的压迫,以及19世纪铜矿开采和硝酸盐工业这些帝国战利品,但很明显他也在谈论更近的历史。这段历史被认为是"后历史"或"历史的终结",哈耶克、弗里德曼和他们网络中的其他人可能很快就让我们忘记了这段历史,尤其是在智利的沙漠中。

而那些被皮诺切特杀害的人——学生、工人、抗议者、无数无名的被折磨和失踪的人——的骨头不时地从沙地上冒出来,看上去像是一些碎片

图 3.27　帕特里西奥·古斯曼，《怀旧之情》，2010 年。照片由伊卡洛斯电影公司提供，版权属于帕特里西奥·古斯曼（Patricio Guzman, Atacama Productions）。（亦见图版 3）

和残片。这些骨头碎片并不是受制于熵的规律而产生的自然降解风化，也不是旅游业或是采矿业导致的当代智利发展的意外结果。这些骨头之所以被发现，是因为那些曾经与卡拉马妇女组织结盟的女性们所做的不懈努力。[159]该组织"到2002年为止，共计花费了28年"去寻找被杀害、被埋葬、然后被发掘的亲人，他们的遗体被随便地扔到了沙漠里或海里，以掩盖皮诺切特的暴行。尽管卡拉马妇女组织已经正式解散，但少数曾经属于该组织的年迈参与者仍在继续，以哀伤而又不屈的考古学家身份不断挖掘着历史的真相。日复一日，年复一年，他们用最粗糙的工具在沙地上扫荡，寻找这些人造文物。何塞的妹妹维基·萨维德拉（Vicky Saavedra）找到了他的一些牙齿，他被子弹打碎的部分头骨，以及他还被包裹在一只穿带着酒红色袜子的鞋子里的脚。就在古斯曼的电影制作过程中，一具年轻

---

[159]　关于卡拉马妇女，见智利档案，可通过米格尔·恩里克斯研究中心获得，http://www.archivochile.com/Derechos_humanos/calama/Las_Mujeres_de_Calama.pdf。

图 3.28　帕特里西奥·古斯曼,《怀旧之情》, 2010 年。照片由伊卡洛斯电影公司提供, 版权属于帕特里西奥·古斯曼 (Patricio Guzman, Atacama Productions)。(亦见图版 4)

图 3.29　帕特里西奥·古斯曼,《怀旧之情》, 2010 年。照片由伊卡洛斯电影公司提供, 版权属于帕特里西奥·古斯曼 (Patricio Guzman, Atacama Productions)。(亦见图版 5)

女子的遗体——电影中的一个无名人物，很可能是一个学生——被发掘了出来。

在《怀旧之情》中，人类遗体是最严肃形式的历史证据，个人记忆和集体历史作为创伤上的同构体相互映照。这种关系的另一个同构被表达为宇宙反射，往复穿梭于天空和地面。维奥莱塔·贝里奥斯——在拍摄时，她已经 70 多岁了，正在悼念她近40年前因无故失踪而失去的马里奥——会这样说：

> 我希望望远镜不仅能看到天空，还能看穿地面，这样我们就能找到它们。我们可以用望远镜扫一扫沙漠，然后感谢繁星帮助我们找到它们。[160]

她用这些话将新自由主义的**本原**描述为了一个多节点的行星网络，一个庇护与压迫不断交替的宇宙。历史存在于地面，却又不在现场，既太近又太远。

人造文物 9: 最后一句话 / 最后的历史

> 为我们的伙伴们服务：
> 我们的人民，
> 所有在布拉沃河畔的人民，
> 都在争论着：
> 够了！
> 停止依赖！

160　Violeta Berríos in Guzmán, *Nostalgia de la luz*.

> 停止压迫！
> 停止干预！
> ——萨尔瓦多·阿连德，引自居伊·波西佩的《设计理论》封面，1974年。[161]
>
> 不知何故，关于赛博控制的这最后一句话似乎还没有写完。[162]
> ——劳尔·埃斯佩霍，在 or-am, Cybersyn,《网络协同效应》

对于所有关于控制室和《多节点元游戏》的文字来说，最后的历史都还没有写完。话语是有意义的。它们是新自由主义宇宙中的一些点，控制室将把这些点在历史中暴露出来。值得一提的是，**最后的**历史与历史的终结不是一回事。

在对弗朗西斯·福山论文的模仿性挪用中，丽莎·吉特曼写到了"新媒体历史的终结"，并追问了"今天的新媒体奇怪的常新性"。[163]她质疑了那些线性的媒体叙事——认为存在一条"连贯而有方向的"发展道路，指向"一个并不遥远的终点"。她所采用的方法明显地来自她总体的方法论研究课题，即通过引入媒体考古学的非目的论驱动和这一研究所促成的时间上的不对称性，将媒体视为一种历史主体。在当下，这样做就等于承认了当代媒体和自由主义民主之间的利益交织，而在这里，自由主义民主，说白了就是经济。（吉特曼说的"自由"很清楚，她指的是"一个开放的、自由放任的市场。"）[164]

> 今天，美国对终点的想象仍然不加批判地充满了对自由主义

---

161 Gui Bonsiepe, *Designtheorie 1: Design im übergang zum Sozialismus* (Hamburg, 1974).
162 Raúl Espejo quoted in or-am, *Cybersyn: sinergia cibernética*, 57.
163 Gitelman, *Always Already New*, 3.
164 Ibid.

民主的信心，而且其最为独特的特点就是：人们欢欣鼓舞地期望数字媒体全部向某种和谐的组合或全球协同效应靠拢。[165]

那种可以短暂地将控制论协同效应（Cybernetic synergy）凝聚起来的力量让人们产生了这种轻率的期待。《多节点元游戏》揭示出的时间上的不对称性是这一历史的基础。如果赛博控制就像比尔所说的那样，是罪恶的终结者，那又怎么会发生其他的那些事情呢？如果它有效，那说明它已经过时了？这也就是说，文字没有尽头，历史没有尽头，艺术没有尽头，它们都不能在当下调解所有这些不同的媒体形式。正如一位天文学家提醒我们的那样，现在并不真正存在。

另一方面，在新自由主义的一次次阵痛中，我们确实仍在忍受一些冷战遗留下来的**遗言**。没错，就是遗言，而且肯定还会有更多。

够了。

---

165 Ibid.

第四章
公开的秘密：介于披露与编校之间的艺术作品*

兰德是一个不一样的世界。除非往返于绝密信息控制办公室，你很少会拿着一份绝密文件走在大厅里。当你离开房间时，你不能把它放在你的桌子上，甚至也不能锁在你的秘密文件保险箱里。事实上，你根本就不能让它离开你的视线，除非你有一个绝密保险箱来保管它。然而，并没有多少人真的有这样一个保险箱。而那些没有的人则不得不在绝密信息控制办公室阅读这些绝密文件，并且在离开办公室时把它们放回去。所以，如果你需要经常与绝密文件打交道，那就很麻烦了，当然，大多数人并不需要；如果确实需要的话，他们就想办法得到自己的绝密保险箱。它们比普通的秘密保险箱更重，而且有不同的密码锁。对于所有有这个需要的那些人来说，保险柜总是不够用的。绝密保险箱是一种身份的象征。当你走进一个人的办公室的时候，你可以第一眼就发现它，因为它是黑色而不是灰色的。而且它们大多数都是两抽屉的。我的那个有四个抽屉，里面永远都是满的。

——丹尼尔·埃尔斯伯格，《秘密》[1]

---

[1] Daniel Ellsberg, *Secrets* (New York: Penguin, 2002), 300.

埃尔斯伯格的保险箱 / 阿桑奇的泄密事件

我们可以理解为什么丹尼尔·埃尔斯伯格（Daniel Ellsberg）将朱利安·阿桑奇（Julian Assange）称为他的继承人。2010年12月，这位前兰德公司的分析师为维基解密的创始人辩护，反对对后者的那项叛国指控，并将他自己的冷战历史与这位陷入困境的数字出版商的当代境况进行了比较。埃尔斯伯格曾经揭露了政府在东南亚战争中做出的系统性欺骗行为，也就是1971年五角大楼文件发布事件背后的最主要的催化剂——国防部关于麦克纳马拉战争的"秘密历史"。这一行为也为他赢得了双重的声誉：兰德公司最有原则的国防战略家以及国家的敌人。毕竟，他很早就作为"冷战民主党人"在兰德公司工作——回忆一下1959年《生活》杂志的那张专题照片"一群有价值的大脑"，里面那位俯身趴在桌前的年轻分析员就是他。他先在五角大楼与麦克纳马拉以及兰德公司的两位同事阿兰·恩托文（Alain Enthoven）和查尔斯·希奇（Charles Hitch）紧密合作，其后在南越南为国务院工作了两年，又在1967年返回了兰德。[2]多年来，埃尔斯伯格通过钻研理性选择和博弈论，为那种在军事上存在模糊性和较高风险的决策程序制定了严格的决策协议，甚至将讹诈策略也纳入谈判手段之中。[3]然而，到了1969年的时候，越南当地的情况已经没有任何模糊之处存在了。埃尔斯伯格对这场战争和对政府的信心都已经相继崩溃。他和另一位兰德驻扎在越南的政策分析师安东尼·J.鲁索（Anthony J. Russo）一起，复制并泄露机密信息给包括《纽约时报》和《华盛顿邮报》在内的多

2　Ellsberg quoted in Joe Sandler Clarke, "Edward Snowden's Whistleblowing Predecessors," accessed September 10, 2017, https://www.theguardian.com/usnews/2015/jun/04/edward-snowden-daniel-ellsberg-thomas-drake-whistleblowers.

3　Daniel Ellsberg, "The Theory and Practice of Blackmail," RAND Corporation, Santa Monica, CA, 1968.

家媒体。1973年，两人均被联邦政府指控为叛国罪和阴谋罪，但由于尼克松政府的腐败事件败露，这些指控最终均被撤销。

就阿桑奇的情况而言，他早在2006年就推出了维基解密，但直到2010年，他在该网站上公布了切尔西·曼宁（Chelsea Manning）泄露的伊拉克和阿富汗战争中的大量信息后，他才真正变得家喻户晓。其后，瑞典通过性侵犯的指控对阿桑奇提出了引渡请求；而他本人则在伦敦对这次引渡进行了抗争，并最终违反了法庭的保释规定。2012年，他得到了厄瓜多尔大使馆的庇护，这场庇护持续到了2019年4月。另一方面，当时间来到2017年，阿桑奇因自身作为数字时代代表性的"记者吹哨人"形象所获得的巨大尊重也逐渐因与其相关的负面消息和其自我膨胀的行为模式受到了不可挽回的损害。他与克里姆林宫的相关人员和特朗普追随者之间的密切联系，以及将自身置于信息战的指控中的行为（包括精心策划的旨在破坏希拉里·克林顿的美国总统候选人资格的泄密），使得他在过去那些支持者中也遭致不小的抵触。

尽管这样，埃尔斯伯格仍将阿桑奇视为信息自由理念坚定的十字军，继承了新一代的反保密倡导者的火炬，这也是合理的。但是，在本书接近尾声的时候，追踪他们各自所处的时刻之间的历史距离是有意义的。埃尔斯伯格和鲁索的揭秘活动反映出的是一种长期建立在传统媒体传播基础上的新闻丑闻。他们的解密最终呈现为一份绝密的、长达7000页的政府文件——一份不少于49卷的秘密历史。他们在鲁索女朋友管理的广告公司里一页一页地复制了这些文件。他们还设计了一种"通常印制着'最高机密'字样的，设置在页面顶部和底部的空白处位置"上的特制的纸板模板来掩盖这些智库私下进行的秘密。[4]

而就阿桑奇而言，他的数字泄密库，既不需要纸张，又不要求地点，

4　Ellsberg, *Secrets*, 300.

第四章　公开的秘密：介于披露与编校之间的艺术作品

自相矛盾地满足了媒体对内容的贪婪需求。换句话说，他的这种姿态与长期以来习惯于过度曝光的媒体文化是一致的。无论是对所谓24小时新闻周期的无尽吹捧，还是Twitter上不间断的发送，或是Facebook上层出不穷的暴论，以及当下已经成为一种特定的表现自白式模仿（confessional parody）的电视类型——所谓的真人秀，信息的大规模披露成了当代通信领域的规则，成了一种通例。如今，什么是真正的保密概念，必须用当下的这个世界来衡量，它就像一个透明的梦，在这个梦中，即时获取信息的神话支撑着对公共领域的初始信仰。

值得一提的是，这并不是要断然否定维基解密的贡献。曼宁和斯诺登的披露形成了关于21世纪无休止的战争的非法性的持续讨论，是颇具原则性的新闻、批评和活动的素材。但我们确实需要强调，披露和编校之间的关系并不仅仅对应着对秘密的泄露——也就是揭露那些被掩藏起来了的在世界各地掀起硝烟的阴谋。当代的秘密并不完全处在两种确定状态中的某一个：已知或未知，被展露或被遮蔽。相反，它正通过一种意识形态的把戏和表演性的姿态发挥着作用：它的"**可见的**隐瞒"的形式与这种隐瞒之下我们可以对其展开任意想象的内容同等重要。在我们对智库美学的解读中，我认为我们所讨论的视觉经济是一种奇特的类型，它将隐蔽性（concealment）和超可见性作为一种连续体，一枚硬币的两面，并以将自身作为一种权力信息的储存介质的方式提供了信息。**公开的**秘密，正如我所说的，凭借它的表象真切地宣称它隐藏了秘密，并在同时也推动了鼓吹信息自由的媒体幻想。这是一种从根本上困扰着公共领域的机制，因为这种机制不仅影响了披露的数量和质量，而且还影响到了控制这些披露的各个系统。

在这一意义上，可以说，当代的泄密文化与冷战时期的智库之间的关系不仅仅是同构的。历史上的案例通过一种矛盾的图像逻辑预示了近期的现象。我在本书的导言部分指出，冷战时期的智库在"神秘化和启蒙"之

- 241 -

间取得了平衡，以科学的透明性来描述隐蔽的和危险的秘密。它在那些可以看到的和不可以看到的东西的交界处运作，为战术和战略目的而充分利用了这种不确定性。就拿本章开头的这段例子来说，埃尔斯伯格对兰德公司的"不一样的世界"的看法提供了一个卡夫卡式的寓言，在可见性和不可见性的情感力量之间滑动，并最终还原为一个保险箱的形象。他观察到，在兰德公司，有"秘密"，也有"最高机密"。有一些桌子，你可以在这些特定的桌子上阅读秘密文件；还有一个专门用来调查和储存这些文件的绝密信息控制办公室。保险箱的持有与一个明确的等级制度挂钩，"秘密"版本表明了其使用者的一种情况，而"绝密"版本则意味着另一种情况，这在行走在兰德公司走廊上的分析人员中被视为一种地位象征。地位，作为一种权力的形态，将表象资本化，并认定这种表象可以在视觉上被充分识别。同样地，这种人为制造出来的表象与权力紧密连在一起，就像是保存着圣物的一个冷战圣匣，通过象征的方式被赋予了不可言喻的力量。对于这个最高机密保险箱，埃尔斯伯格在行使他自己对其拥有的吹嘘权利之前，先描述了它所具有的视觉冲击力："它可以在一个人的办公室里立即被发现，因为它是黑色而不是灰色的。而且它们大多数都是两抽屉的。我的那个有四个抽屉，里面永远都是满的。"

即使隔着相当远的距离，你也能立即发现位于同事办公室角落里的保险箱，它的颜色和抽屉的数量表明了里面的秘密的重要性。虽然你对这些秘密的接触受到限制，但你能相当清楚地意识到它们的存在。埃尔斯伯格的保险柜可以被解读为智库本身的一个隐喻，这个词组中的第二个词"库（tank）"预示着堡垒般的隐蔽性，而第一个词"思考（think）"则是对保险柜内所含材料的想象性预测。保险箱是一个智库；而智库则是其秘密的代理人。而埃尔斯伯格，那位冷酷的战士，则是秘密的保密人。

你可以说，这与艺术作品似乎没什么不同，它的美学介于披露与编校之间。

编校与反崇高

> 历史不是一个冷酷的案件调查。
> ——曼宁·马拉博,《马尔科姆·X：再造生活》[5]

让我们看看包括贾马尔·塞路斯（Jamal Cyrus）、吉尔·马吉德（Jill Magid）和特雷弗·帕格伦（Trevor Paglen）在内的当代艺术家们的独特实践是如何围绕着我们上面提到的这一逻辑进行融合的，她们的作品对智库的动机和协议进行拷问，而在这一过程中这些作品实质上也与冷战时期智库的那些研究形成了一种潜在的关系。[6]她们都将当代的保密机制看作当代权力机制的一个象征，也都把对形式的兴趣当作了调解这些关系的方式。在《蜡上的文化行动》（*Cultr-Ops on Wax*, 2015）中，塞路斯对"反间谍计划"（COINTELPRO）的监视技术做出了一种图像/背景分析（figure/ground analysis）。最初，FBI的非法反间谍计划是被建立来破坏和渗透国内的颠覆活动的，其后这一计划才走向了对民权和种种黑人解放运动的关注。2008年，在伦敦泰特现代美术馆展出的《删除的权力》（*Authority to Remove*）中，马吉德描述了她与荷兰特工部门AIVD（Algemene Inlichtingen-en Veiligheidsdienst）之间的长期合作。她根据多年来对情报人

5　Manning Marable, *Malcolm X: A Life of Reinvention* (New York: Penguin, 2011), 13.
6　其他值得注意的关注保密和监视的美学问题的当代艺术家中，最突出的或许应该包括马克·隆巴迪（Mark Lombardi），他的"互锁"画细致地记录了政府、公司和跨国金融之间的联系，以及劳拉·波伊特拉斯（Laura Poitras），她对本章中描述的许多行动者——包括斯诺登和阿桑奇——进行了一系列有原则的电影制作，刺激了自身视觉艺术的实践。关于隆巴迪，见Patricia Goldstone, *Interlock: Art, Conspiracy and the Shadow Worlds of Mark Lombardi* (Berkeley, CA: Counterpoint, 2015); 关于波伊特拉斯则可见 Poitras and Jay Saunders, *Astro Noise: A Survival Guide for Living under Total Surveillance* (New York: Whitney Museum of American Art, 2016)。更早的一代艺术家，其中包括许多女权主义者，为围绕美学和监控技术的讨论铺平了道路。其中包括朱莉娅·舍尔（Julia Sche）和林恩·赫什曼·利森（Lynn Hershman Leeson）等人。关于更长的历史和实践，见 *Ctrl [Space]: Rhetorics of Surveillance from Bentham to Big Brother* (Karlsruhe: ZKM, 2001)。

员的采访，编辑了一部小说。而帕格恩在实验地理学方面的工作则挖掘了可见和不可见之间的标准，他将目光投向美国军队在地面和空中设置的隐秘装置，将它们与图像生产和秘密法联系了起来。这些艺术家提出的含蓄论点是：正如埃尔斯伯格的保险箱一样，秘密拥有一种形式——甚至可以说是一种美学——如果不是拥有表象本身的话。在这些作品中，艺术家们认真地解读了秘密的组织结构、其表演的逻辑、在这一过程中产生的那些不清白的程序性技术，以及在公开和秘密之间的反复交替……以上这些都是秘密偶尔出现在公众视野中的原因。但这些作品最终揭示的，虽然是以各自不同的方式，或许正是谎言和真相在经由媒体进行的编校和披露后，二者占据了令人惊异的近似领域。并且，在与关乎当代的公共宣传、夸张的媒体和秘密三者的模糊问题上，作为"事实"的证据概念发生了一个根本的变异。

　　本书追溯了智库美学所涉及的大量方法和维度。而最终，我将通过讨论不同艺术家对赋予秘密以形式这一问题本身的反应作为总结。对于一些艺术家来说，将编校这种审查姿态视觉化就相当于将这种遮蔽的姿态纪念碑化，将其升级并作为一种代表暴露在清晰的日光之下。珍妮·霍尔泽（Jenny Holzer）于2005年开始的《涂改画》（*Redaction Paintings*）系列是这一类项目的象征性代表。大型画布上丝印着通过《信息自由法》获取的经编校的政府文件。这些文件的内容涉及"反恐战争""爱国者法案"及"后9·11时代"的那些秘密行动。其中，语言充分地融入了抽象。绘画被呈现为一种由污浊的墨水和黑色条块构成的场域；Courier字体被放大到肖像比例，以表明其传递官方记录的作用，尽管其大部分内容仍然是被掩盖着的。罗伯特·贝利（Robert Bailey）通过唐纳德·拉姆斯菲尔德（Donald Rumsfeld）的"未知的已知"——关于"反恐战争"的逻辑的痛苦表述——这个乍看起来不合逻辑的修辞令人信服地讨论了霍尔泽的作品与历史画派的关系。[7]简而言之，霍尔泽展示了编校行为本身与绘画具有共同的披露形式。

另一方面，本节所考察的艺术混淆了编校和揭露之间的严格对立，正如"智库空间"通过利用模糊性获得了其力量，进而使跨学科和跨机构成了其研究议程的结构性必然一样。在这一节中，这种倾向被视为一种反崇高的理念，这种理念虽然看上去与对智库的严格分析背道而驰，但实际上却符合后者灵活多变的行动模式。但是，在利用这个颇为令人激动的哲学美学构想时，我也抑制住了它能带来的那些浪漫联想。同样，我也不会采用关乎崇高性的术语的那些冷战标语，比如罗伯特·奥本海默在1945年7月看到第一颗原子弹在三一点（Trinity Site）爆炸时，引自《薄伽梵歌》的那句："现在我成了死亡，世界的毁灭者。"另一方面，按照康德美学的特定文学处理方式，我的兴趣在于将这种现象把握为一种思想的客体，一种表现——准确地说，对恐怖的表现——的相对能力。这种能力拒斥了图像本身以及与之相伴的图像所能提供的清晰性。[8]崇高性考验了可以被代表和感知的极限，因而也体现出了一种与主体间的**权力**关系，而这种关系又将进一步巩固一种视觉印象，使之成为一种可读的、有内涵的图像。回顾一下康德《第三批判》中那个关于崇高的著名寓言，寓言中，"伊希斯的面纱"不仅是这种权力的附属品，也同时是使其运作得以成立的原因：这个寓言提供了一个关于我们可以如何在智库这一框架下构想这种机制的模型。[9]作为自然和道德法则的化身，女神伊希斯被笼罩在一层面纱中，凡

7　Robert Bailey, "Unknown Knowns: Jenny Holzer's Redaction Paintings and the History of the War on Terror," *October* 142 (Fall 2012): 144–161.

8　举例来说，可见 Jean-François Lyotard, *Lessons on the Analytic of the Sublime* (Stanford, CA: Meridian: Crossing Aesthetics, 1993); 亦见于文集 Jeffrey S. Librett, ed., *Of the Sublime: Presence in Question* (Albany: SUNY Press, 1993)。

9　"也许没有什么比伊希斯神庙上那著名的铭文更崇高的说法和更崇高的思想了：'我是过去、现在和未来之一切，任何凡人都不能解开我的面纱。'"见 Immanuel Kant, note 43, *The Critique of Judgment* (London: Dover Philosophical Classics, 2005), 120。

图 4.1　珍妮·霍尔泽，《涂改画》系列，2005 年至今。
图片版权属于 Artists Rights Society(ARS), New York。

人的手永远无法掀开这层面纱。换言之，尽管主体总是试图去揭开它，但权力的形象在面纱后面始终是不可触及的。

　　编校是一种充斥着负面力量的遮蔽模式。它所制造的取消是以编辑的形式实现的。因此，它的工作既是生产性的，也是审查性的。在文本批判这一传统中，"编校"一词具有明确的神学内涵。正如康德对伊希斯神力的隐喻那样，"编校批判"可以被看作一种注释方法，在这种方法中，编校者可以被视为事实上的作者，例如圣保罗的叙述或是詹姆斯国王版圣经中的几行。冷战时期，权力表现为一种大不相同的形式，编校者的公开曝光会被视为一个政治问题和一种关于透明性的极有保留的推测。林登·约翰逊（Lyndon Johnson）在1966年勉强签署的《信息自由法》被普遍认作

第四章 公开的秘密：介于披露与编校之间的艺术作品

一部"让公民知情的法律"——但也**只是**在一定程度上。在那些与我们有关的文件和艺术中，黑色条块依然阻止了对某些信息的获取，同时也在页面上印上了编校者的权威。

我们将在本章末尾回到法律和保密的问题；而在这里，反崇高的结构维度已经为我们初步展示了其带来的可能性。这一点为艺术家提出的问题是：这种审查机制在多大程度上反过来允许了一种隐秘的反应？这种反应表现为一种暗示性的创造性和政治参与在压制的逻辑下蓬勃发展。在塞路斯关于"反间谍计划"的作品《文化行动》（*Cultr-Ops*，2008年）和《蜡上的文化行动》（*Cultr-Ops on Wax*，2015年）中，那种使被编校的内容清晰可辨——也就是揭开面纱——的意愿因这两部作品的制作和构成而显得很复杂。它们表明了一种不同的，却又与从冷战时期至今的非裔美国人文化的种种历史相一致的，揭示秘密的策略。塞路斯在他的艺术中挖掘了黑人文化民族主义的传统，强调了对音乐的兴趣，而事实证明，这种遗产与冷战时期的秘密这一概念有着不小的关系。[10]

《蜡上的文化行动》由画纸上的黑色蜡笔组成，尺寸为111.76厘米×76.2厘米。这是一幅相当大尺寸的画，但它却似乎没有给观众带来任何关于它的主题的显而易见的提示：塞路斯将这件作品设想为"一个乐谱"。《文化行动》和《蜡上的文化行动》都是基于联邦调查局的反间谍计划文件中关于马尔科姆·X的经编校的那些部分创作的。通过对60年代黑人文化美学的联想性暗示，最终呈现出的作品远远超出了对这些文件的重现。为了理解塞路斯试图展现于其中的反转姿态，我们可以参照一小段联邦调查局关于反间谍计划的在线简报，这段简报中包含了一小段

---

[10] 关于黑人身体和监视之间的关系——这种关系对围绕着泛神论的通常呈现为福柯式的陈词滥调投下了较早的历史关注，见 Simone Browne, *Dark Matters: On the Surveillance of Blackness* (Durham, NC: Duke University Press, 2015)；以及克里斯蒂娜·夏普对奴隶船、中间通道和监视的描述：Christina Sharpe, *In the Wake: Blackness and Being* (Durham, NC: Duke University Press, 2016)。

图 4.2　贾马尔·塞路斯，《蜡上的文化活动》，2015 年。图片由艺术家本人及英曼画廊（Inman Gallery）提供。

这一项目的历史活动：

> 联邦调查局于 1956 年开始实施"反间谍计划"以破坏美国共产党的活动。在 20 世纪 60 年代，它被扩大到了一些其他的国内团体，如三 K 党、社会主义工人党和黑豹党。所有"反间谍计划"行动都于 1971 年结束。尽管范围有限（在 15 年的时间里约占联邦调查局总工作量的十分之二），但后来"反间谍计划"因剥夺了第一修正案赋予人民的权利以及其他的一些原因，被国会和美国人民正确地进行了批判。[11]（图 4.2）

11　FBI records: The Vault, "COINTELPRO," accessed September 11, 2017, https://vault.fbi.gov/cointel-pro.

虽然保密的"反间谍计划"产生了灾难性的恶性影响，但联邦调查局对其工作的描述口吻则是平淡无奇的。这一描述有意地削弱了反间谍计划的实际作用，认为该计划相对于联邦调查局的其他各项工作而言"规模有限"，并且没能实现其所主张的"揭露、破坏、误导、抹黑或以其他方式消除"民权和黑人民族主义团体目标，例如该计划在1967年"正式扩展"到所谓的"黑人民族主义仇恨团体"[12]。纵观其历史，反间谍计划对共产主义和社会主义组织进行了渗透和监视，并在后期将其行动对象扩大到包括反战和女权主义团体、左派知识分子，甚至三K党在内的众多团体。但其最恶劣和最具破坏性的活动是针对黑人解放运动的一系列行动，有数千页的材料专门点名提及了（或是涉及了）马丁·路德·金、马尔科姆·X、休伊·牛顿（Huey Newton）、安吉拉·戴维斯（Angela Davis）、斯托克利·卡迈克尔（Stokely Carmichael）、弗雷德·汉普顿（Fred Hampton）、H.拉普·布朗（H. Rap Brown）、阿萨塔·沙库尔（Assata Shakur）等数千人。同样的，南方基督教领袖会议（SCLC）、黑豹自卫党、非洲裔美国人团结组织、全国各大学的无数黑人学生会，都受到了反间谍计划的监视、干扰和暴力干预。1968年4月，马丁·路德·金被暗杀前一个月，胡佛的一份臭名昭著的联邦调查局备忘录——其中已经被删去了适当的名字，概述了反间谍计划的五个长期目标，包括"防止一个能够统一和激起激进的黑人民族主义运动的'救世主'的崛起"。有人指出，"马尔科姆·X"和"马丁·路德·金"这两个名字"正好可以填入这一文件被遮挡的部分中"。[13]

胡佛的种族主义中表现出的显而易见的恶意提醒了我们一个无可争议的事实：对许多社会活动家而言，冷战是在肤色这一前线和铁幕上进行

---

12 Clayborne Carson, *Malcolm X: The FBI File* (New York: Skyhorse Publishing, 2012), 26.
13 Nelson Blackstock, *Cointelpro: The FBI's Secret War on Freedom* (New York: Pathfinder, 1988), 28–29.

的，黑人激进分子深受毛泽东哲学的影响，抗议被认定为帝国主义最后一搏的越南战争，并声援卡斯特罗、尼赫鲁、恩克鲁玛、苏加诺和卢蒙巴等当代和历史上的革命者。[14]美国的有色人种激进分子采取了一套与20世纪初的泛非主义传统相一致的"第三世界主义"话语，并将其与战后非殖民化运动的政治和实践充分融合。[15]事实上，马尔科姆·X就曾呼吁"在哈莱姆举行一次万隆会议"，这也从另一方面证实了1955年这次亚非会议的重要性。这场会议上，来自29个非洲和亚洲国家的代表齐聚一堂，在西爪哇讨论了经济、文化和政治合作，以及建立跨民族的团结体来反对共同的殖民主义历史。[16]就马尔科姆·X而言，1964年他在非洲和中东的旅行，以及他全球形象的提升，使他接触到了这个时代最引人注目的第三世界的一些政要，包括塞古·杜尔、加马尔·阿卜杜勒·纳赛尔和切·格瓦拉。

通过冷战时期的技术与马尔科姆·X的生活影射二者之间的碰撞，赛勒斯的画作有意地将我们直接带回这段历史，而不借道于编校者布下的那些黑色条块之下的文本基底。这幅作品拒绝描绘这些黑色条块，拒绝赋予它们存在感。与此相反，他通过一组巧妙的图像与背景的颠倒，扩大了我们对编校机制——以及对反崇高的理解；他将其他形式的记号纳入构图，明确指向了60年代的黑人音乐及其对现在的嘻哈音乐的持续影响；并就此建立起了一个图像层，以重建出编校行为中所需的体力劳动并直观展示出这一过程中积累的那些文件的实际重量，以及录音背后的物质文化。因此，与其说这一系列作品意在说明马尔科姆·X文件的被编校部分，不如说它试

---

14 有关非裔美国人与冷战关系的大量文献包括：Thomas Borstelman, *The Cold War and the Color Line* (Cambridge, MA: Harvard University, 2003); 以及从文学视角进行的研究 Vaughn Rasberry, *Race and the Totalitarian Century* (Cambridge, MA: Harvard University Press, 2016). 关于亚非团结的更多历史，见 Vijay Prashad, *Everybody was Kung Fu Fighting* (New York: Beacon Press, 2002)。

15 关于第三世界运动和跨国团结，见 Vijay Prashad, *The Darker Nations: A People's History of the Third World* (New York: New Press, 2007)。

16 Marable, *Malcolm X*, 120.

图表明这一编校过程需要种种不同的编辑模式，而不是直截了当地取消：切割、切除、合成、蒙太奇。塞路斯首先研究了黑豹组织的历史，由此遇到了关于反间谍计划的文件，这又使他在网上找到了联邦调查局的信息自由法案阅览室。正是在那里，他开始接触马尔科姆·X的备忘录，并被这些扫描文件中可读和不可读之间呈现出的紧张关系所震撼。[17]然后，他从文本中分割出这些标志着编校的黑色条块，"把它们排列成一种乐谱，用黑色蜡笔在整个纸上涂抹，然后把剪下的部分去掉"。[18]剩下的是一个黑色的领域，白色的抽象形式似乎漂浮其上，这种安排颠覆了分配给图像和背景的传统构成特点。图像，通常被想象为更靠近观众的那一部分，一般也被视为作品的主体，而在这里，它却表现为一种缺席，一种字面意义上的抽离。而一般用以表明距离和场景设置的背景，在这里则承担着某种仿佛近在咫尺的东西所带来的物质和视觉上的重量。其结果，乍一看，是一个充斥着艺术的历史性投射的抽象领域。对一些观众来说，它极可能让人想起抽象表现主义的作品，介于形态和色域绘画之间，勾勒出一种夜间的和无言的氛围。可以毫不意外地说，那正是一种通常被认作是"崇高"的美学。

　　从图像到背景，从文本到抽象：这些颠倒意味着什么？我们在前面指出过，"信息的大规模披露是主导着当代通信世界中那些例外的规则"。但披露本身并不经常或完全意味着透明性或启蒙；而这一现象带来的负面情况——自反黑人种族主义就已出现的大规模监视——从根本上又在不断加剧自身带来的危害。1971年3月，公民委员会在调查联邦调查局期间发现了反间谍计划的存在。在五角大楼文件被泄露的同一年，这群和平活动家在哈弗福德学院（Haverford College）的物理学教授威廉·戴维森

17　Jamal Cyrus, email exchange with the author, September 15, 2017.
18　Undated press release (circa 2015) on Jamal Cyrus, Inman Gallery, Houston, courtesy Kerry Inman.

（William Davidson）的带领下，闯入了宾夕法尼亚州当地的联邦调查局媒体办公室，带着大约1000份机密文件离开了，其后它们向外界公开了这些文件。[19]1973年，社会主义工人党和青年社会主义联盟对联邦调查局提起诉讼，迫使其公开反间谍计划的档案。近五十年后，随着成堆的被编校文件浮现于互联网（仅关于马尔科姆·X的档案就有大约3600页），这些文件变得无处不在。它存在，它就在那里，它是联邦调查局犯罪行为的不朽记录，但文件的数量并不能保证其可读性，更别说保证正义或真相了。毕竟，今天我们对马尔科姆·X被刺杀事件背后的细节仍然没有达成共识，特别是联邦调查局在这件事上究竟参与到哪种程度。[20]我们仅仅知道马尔科姆·X被三名伊斯兰裔杀害，但具体来看，1965年2月21日下午，留在奥杜邦舞厅的人和逃离现场的人彼此之间相互矛盾的说法却越来越多。让情况甚至更加混乱的是，纽约警察局对马尔科姆·X的监视报告并不受联邦《信息自由法》的约束，这些报告仍然被封存，对于调查者而言他们甚至无法得到被编校了的版本。因此，我们上面提到的主导这些例外情况的这种规则实际上仍然仅仅赋予了我们一种高度受限的、极有保留的对这些庞大的信息库的访问权限。对于任何一份文件来说，其编校和披露之间的尺度受制于它们是否会被大规模曝光，这也是当下运行着的这个日益壮大的媒体生态的一项功能。

这并不是说塞路斯的作品相较于其所包含的秘密而言采取了某种静态的立场，或者说这一作品仅仅是为了将其结构逻辑美学化，构成一种形式实践。同样，这也并不是说形式在这里没有重要性，特别是当它向黑人和

19　关于反间谍计划的发现及其非法活动，见 Betty Medseger, *The Burglary: The Discovery of J. Edgar Hoover's Secret FBI* (New York: Vintage, 2014)。

20　可见 Garret Felber, "Malcolm X Assassination: 50 Years On, Mystery Still Clouds Details of the Case," *Guardian*, February 21, 2015, accessed September 12, 2017, https://www.theguardian.com/us-news/2015/feb/21/malcolm-x-assassinationrecords-nypd-investigation。

黑人艺术、美学和关于代表性与可见性的辩论这些东西放置在一起的这种图像逻辑提出质疑时。[21]通过将编校者的行为提炼为一种模式，一种对图像和背景的颠倒以及一种明显的沉默（或至少是非语言的形式），塞路斯对文化的**操作**层面和60年代的黑人艺术运动的历史进行了深入的阐释，而所有这些都是受到卷入反间谍计划的马尔科姆的启发。[22]毕竟，《蜡上的文化行动》这个标题本身就表明了将行动美学置入它自身的政治复合体之中。它敦促我们重新思考这些编校行为可能造成的——除去遮盖信息之外的——不同的历史可能性，正如我们依然可以看到这样的行为在今天仍在不断重复。

在这方面，塞路斯与实验音乐和当代音乐——芝加哥的多代创意音乐家促进会（AACM）以及嘻哈音乐——的接触是至关重要的。创意音乐家促进会由穆哈尔·理查德·阿布拉姆斯（Muhal Richard Abrams）、乔迪·克里斯蒂安（Jodie Christian）、史蒂夫·麦考（Steve McCall）和菲尔·柯兰（Phil Cohran）创立，AACM在自由爵士乐运动中起着关键的作用，将60年代末到70年代出现的黑人文化民族主义不同分支的凝结在了一起。它在1965年5月的第一次会议是在马尔科姆·X被暗杀的几个月后举行

21　例如，可以参考这一部重要作品：Huey Copeland, *Bound to Appear: Art, Slavery, and the Site of Blackness in Multicultural America* (Chicago: University of Chicago Press, 2013)。科普兰在这里写到了四位当代艺术家的批评策略——格林（Renée Green）、利根（Glenn Ligon）、辛普森（Lorna Simpson）和威尔逊（Fred Wilson），他们共同质疑了将身份和象征的稳定类别作为"反肖像画"的种种模型进行。正如他所写的，"黑人性（blackness）的功能……既是一种自由流动的东西，也是一种自由的表现。……既是一个不受个人主体束缚的自由流动的痕迹，又是权力关系的具体指标"（Copeland, *Bound to Appear*, 11）。

22　在最臭名昭著的例子中，可以看看由联邦调查局线人达萨德·佩里对沃茨作家工作室（The Watts Writers Workshop）进行的反间谍计划渗透。沃茨作家工作室是在1965年的沃茨起义后成立的，旨在支持黑人文化民族主义。围绕这一事件的文件和佩里在其中的参与，可见 Harold Weisberg, "FBI Perry Darthard M E," accessed September 10, 2017, https://archive.org/stream/nsia/FBIPerryDarthardME/nsia/FBI%20Perry%20Darthar d%20M%20E%2001_djvu.txt。

的，仿佛在宣称他的被沉默一定会得到艺术团体的应答。[23]

就塞路斯试图达到的目的而言，安东尼·布拉克斯顿（Anthony Braxton）的作品提供了关于这些联系的关键性指引，虽然可能是间接的。这是因为它填补了AACM的"一个全新的视觉身份的强烈意识"，也因为它重新编码了沉默的美学。[24]正如他的大作《三轴写作》（*Tri-Axium Writings*）和献给作曲家的一首单曲所暗示的那样，或许我们可以说布拉克斯顿与约翰·凯奇（John Cage）的长期对话使得他意识到沉默可以变得**可操作化**，并与黑人的创造力和文化政治联系起来。[25]布拉克斯顿的图形乐谱——复杂的音乐符号系统，在象形文字代码和大开大合的草书之间交替出现——将视觉和听觉的优势结合在了一起。一个神秘的维度支撑着这些记号。就像许多代码一样，它们拒绝简单的可读性，但却也反对编校者的审查姿态。对塞路斯来说，把编校图画"当作乐谱"，部分地是受到了布拉克斯顿、瓦达达·利奥·史密斯（Wadada Leo Smith）和凯奇的启发，通过这种方式把黑人文化的历史运动与COINTERLPRO"揭露、破坏、误导、抹黑或以其他方式抵消"黑人解放运动的议程联系了起来。

而乐谱的工作并没有停留在反间谍计划与马尔科姆·X和AACM碰撞的那一刻。蜡质的媒介将绘画与其记录的物质联系了起来——历史和文化的重演在当下引起了新观众的共鸣。曼宁·马布尔（Manning Marable）认

---

23 事实上，在马尔科姆·X死后，黑人艺术运动方面的涌现包括由AACM的合伙人柯兰（Philip Cohran）和艺术遗产乐团录制的致敬专辑（《纪念马尔科姆·X：音乐致敬》）、雕塑作品（Barbara Chase-Riboud的同名抽象作品系列），以及许多文学献词和诗集。可见于"Malcolm" in John H. Bracey, Jr., Sonia Sanchez, and James Smethurst, *SOS— Calling All Black People: A Black Arts Movement Reader* (Amherst: University of Massachusetts Press, 2014), 309–327。

24 Dieter Roelstraete, "The Way Ahead: The Association for the Advancement of Creative Musicians and Chicago's Black Art Revolution," in *The Freedom Principle: Experiments in Art and Music, 1965 to Now*, exh. cat. (Chicago: University of Chicago Press, 2015), 25.

25 关于AACM，不可或缺的历史叙述来自 George Lewis, *A Power Stronger Than Itself: The AACM and American Experimental Music* (Chicago: University of Chicago Press, 2009).

为"90年代初马尔科姆的复兴""主要是由于'嘻哈民族'的兴起",这种兴起将"公敌"和"帮派"的形象吸纳进了管理部门的视觉表象中。[26] 联邦调查局持有的关于90年代两个最具传奇色彩的嘻哈艺术家("图帕克"[Tupac Shakur]和"比吉"[Biggie Smalls])的档案也表明,这种担忧直到最近依然存在。[27]

《蜡上的文化运动》描绘出了编校者的动作姿态,就像一张照片或是底片。它向反崇高施加压力,追踪其力量的轮廓的同时又不给予它可理解的形式,以此指出它在披露该信息方面的局限性。它将文化呈现为一种实际的政治——**特别地**,它从根本上颠覆了宣告着编校者的权力的图像/背景逻辑,使背景本身浮出水面。而这个背景恰恰就是被遮盖的黑人文化政治的历史。它在当下维系着那段历史,哪怕是在一种消极的意义上。

从铁山报告中学习

反崇高教育我们一切过往皆是序章,冷战时期的保密机制在今天仍然发挥着作用。正如《蜡上的文化运动》所表明的,当代艺术中,公开的秘密的前历史与监视工作有着重要的关系,国内间谍活动监视着我们日常和非日常的往来。正如反间谍计划的历史所表明的,这种活动中最极端的和最具惩戒性的事件绝大多数都是针对黑人的。今天,通过我们的智能手机、在线搜索、乐活(Fitbits)和所谓的物联网进行的种种监视,已经成为理所当然的事,是新世界的一道风景线。有人说,隐私的丧失是人们为安全或便利所付出的代价,相应地,隐私则被当作一种神秘的东西,一种前数码时代的遗物而被甩到了过去。一段复杂的历史支撑着这种说法。在

26　Marable, *Malcolm X*, 8.
27　"图帕克"的档案可见 FBI, "the vault," https://vault.fbi.gov/Tupac%20Shakur%20Tupac%20Shakur%20Part%201%20of%201/view, accessed September 12, 2017。

20世纪的80年代末到90年代初，大量监控视频探头的出现形成了一个爆炸性的景观，同时一种被称为"间谍软件"的阴险的新数字工具也出现在这一时期，这些变化似乎证实了控制社会的阴暗预言。一方面，我们已经在福柯的《规训与惩罚》中得到了预警；而另一方面，新一代的赛博朋克理论家也做了同样的警示。

就智库美学所关注的问题而言，一个更早的例子，即所谓的《铁山报告》，对过去几十年来批评家们所关注的监视主题具有指导性的意义。有些人可能很难认同这个例子是关于"艺术"的。不过，我们依然可以说，在这一报告于1967年出版后引发的激烈争论为探讨当代保密机制的**艺术性**奠定了基础。事实上，围绕《铁山报告》的争论完全符合智库美学的话语体系：就管理这些秘密机构的协议而言，什么可以被看到而什么不可以被看到的规则合理性及它们对自身的权威和权力的想象性投射。在这里，冷战编年史中的一个不起眼的小插曲，为处理近代艺术中的披露和编校之间的动态平衡建立了一个参考系。

在埃尔斯伯格揭露兰德公司以及宾夕法尼亚的联邦调查局档案的四年前，一本令人震惊的书由广受尊敬的拨号出版社（Dial Press）出版了，这本书的题目叫《铁山报告：关于和平的可能性和可取性》（*Report from Iron Mountain: ON the Possibility and Desirability of Peace*）。该报告由记者伦纳德·C.卢因（Leonard C. Lewin）撰写，据说是由一位不愿透露姓名的学者（"无名氏"）在良知的刺激下泄露出来的。一个跨学科的特别研究小组——由国防战略家、政策专家和学者组成的隐秘委员会——在1963—1966年间召开了数次会议以编写这份文件。该小组在一个未指明的联邦机构的要求下被召集，其后在"纽约的铁山"（靠近哈德逊河的某个地方）进行活动。其任务是对战争与和平对美国经济和社会的影响进行系统性分析。

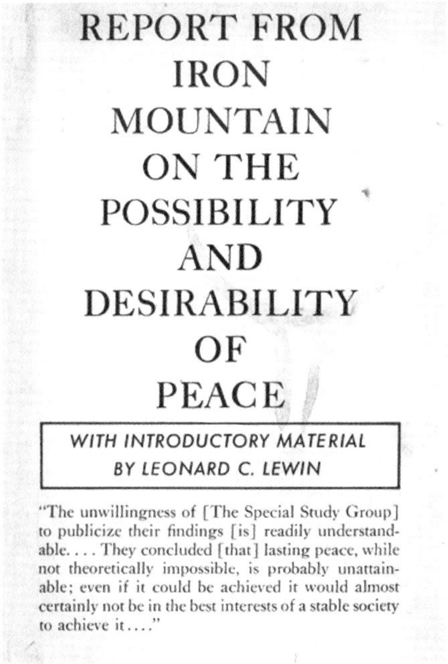

第四章　公开的秘密：介于披露与编校之间的艺术作品

> REPORT FROM IRON MOUNTAIN ON THE POSSIBILITY AND DESIRABILITY OF PEACE
>
> WITH INTRODUCTORY MATERIAL BY LEONARD C. LEWIN
>
> "The unwillingness of [The Special Study Group] to publicize their findings [is] readily understandable.... They concluded [that] lasting peace, while not theoretically impossible, is probably unattainable; even if it could be achieved it would almost certainly not be in the best interests of a stable society to achieve it...."

图 4.3　伦纳德·C. 卢因，《铁山报告》封面，1967 年。（亦见图版 6）

　　换句话说，特别研究小组满足了一个冷战时期智库的所有要求，是一个集中了一群国防知识分子——逻辑学家、计算机科学家、工程师、数学家、系统和博弈论理论家、行为科学家、符号学家和人类学家的温室。正如我们一直以来注意到的那样，他们的联合是为了从一系列学科的角度出发，共同解决对国家安全而言最紧迫的问题。但是，虽然这些机构的雄心表面上是为更大的利益服务的，而且其创新是深刻的，但智库本身的隐秘性及其研究计划的秘密性却向更广泛的公众传达出一种阴险意味。

　　这一背景预示着《铁山报告》所产生的丑闻是该智库内部产生的一种最接近于告密的东西。这份报告中，该智库提出了一个带有宿命论色彩的观点："持久的和平虽然在理论上并非不可能，但可能无法实现；即使能够实现，也几乎可以肯定，它并不符合一个稳定社会的最佳利益。"[28]它所透露的总体信息是：和平在经济上不可持续，并且在意识形态上也不可取。并且，如果当代生活的军事化随着武装冲突的结束而被消除，其结果将是全球性的灾难。而其所提出的解决方案同样是乌托邦式的。只有一个同等激进的社会现象——比如契约奴役——可以弥补预计在经济领域产生的损失。

该书在越南战争的高峰期发行，几乎瞬间就引起了媒体的关注，直接登上了1967年11月《纽约时报》周日版的封面。[29]该报两次对该书进行了评论，将其放置在畅销书排行榜上普通兴趣类的第六位，夹在约翰·肯尼思·加尔布雷思（John Kenneth Galbraith）的《新工业国》（*The New Industrial State*）和艾森豪威尔的《逍遥游：我给朋友讲的故事》（*At Ease: Stories I Tell to Friends*）之间。人们对它的反应从感到羞愧——它被认为是"轰动性的丑闻"——逐渐变为完全的困惑。其分析中奥威尔式的基调使得许多人质疑这一智库的动机；其他人则对其作者的身份进行了猜测。而更多的人则认定这是一个骗局。但如果说这不过是个骗局或仅是一部讽刺文学的话，它似乎显得太接近于兰德公司或哈德逊研究所所采用的研究方法和表现出的研究兴趣了。据国务院军备控制和裁军署的新闻发言人说："不管做这件事的人是谁，他对其中所涉及的学科显然有充分的把握。"华盛顿政策研究所的一位研究员则很惊讶地看到书中提到了"他的一份私下递交的报告"，他认为也许中情局有人在这件事中起了一些作用。赫尔曼·卡恩一再否认他参与了该报告，并表明整个事件是"阴险的"。[30]也许最直白的评价是由一个以国家机密为业的人给出的。据报

---

28 *Report from Iron Mountain: On the Possibility and Desirability of Peace*, with an introduction by Leonard Lewin (New York: Dial Press, 1971), 1.
29 John Leo, "'Report' on Peace Gets Mixed Reviews," *New York Times*, November 5, 1967, 1.
30 Ibid., 40.

道，亨利·基辛格（Henry Kissinger）说："写这份报告的那个人，管他是谁，是个白痴。"[31]

实际上，《铁山报告》是卢因精心策划的一场骗局。这位作者最终在1972年承认了这是他的一场骗局。即便如此，这场关于"泄密"的骗局依然引出了其背后的一个问题："铁山"所效仿的那些机构中究竟隐藏着怎样的秘密？正如卢因所指出的，"政府发言人在否认这本书或他们在书中所扮演的角色时，措辞非常谨慎"。一位智库成员说，虽然他不同意该书的总体论点，但这仍是 "我读过的另一方的最佳案例。……它提供了非常难以回应的论据"。分析家们不得不做出这样的声明，更不用说对报告中那些令人发指的说法照单全收（甚至更冷酷无情地干脆不把它们当回事），这本身就是对被编校或隐瞒的信息的性质的尖锐指控；是在这一语境下，构成"真相"和"虚构"的那些元素之间存在着令人不安的接近。而约翰·肯尼思·加尔布雷斯——一位富有传奇色彩的哈佛大学经济学家，一些人猜测，他是写作这本书的幕后推手——则尝试从另一个角度来看待这个问题。他认为："有些事情与我们的现实相距甚远……使得我们不能对它们进行评论。"事实上，不是这些秘密与"现实"之间的距离太远，而恰恰是它们之间的**距离太近**，这一事实构成了卢因这一行动的重点。

秘密机构

《铁山报告》已经预示出了马吉德和帕格恩所关注的问题，并将其呈现为一部文化寓言。其中，秘密的存在要求对其生产、管理和流通的每个

31　Leonard Lewin, "The Guest Word: 'Report from Iron Mountain,' " *New York Times*, March 19, 1972.

环节进行分析。报告竭力突破想象力的局限性——作为一种自身的反崇高，在安全相关的问题上，究竟什么是可以被思考、被视觉化地呈现的，什么又是不可以的。作为一部虚构作品，这份报告揭露出了那些我们习以为常地认作是事实的东西常常是虚假的。而马吉德与荷兰特勤局（AIVD）的合作也同样令人不安，因为它同样没能最终揭示出其中的那个秘密。走在艺术和保密情报的利益之间那根细细的钢丝上，她有力地质问了编校和审查之间的等价关系，以及保密和代理之间的相对张力。在泰特现代美术馆，助理策展人艾米·迪克森（Amy Dickson）策划了《删除的权力》（*Authority to Remove*）这一展览，将其作为对马吉德与AIVD的工作以及二者在其后达成的偶然合作关系的延伸思考。

马吉德和AIVD之间的合作关系始于2005年，当时这位来自布鲁克林的艺术家受雇为后者在海牙的新总部制作一批艺术品。这种安排并不像它乍听起来那样不合常理：荷兰每座公共资助的建筑的预算之中都允许有一小部分用于委托制作新的艺术作品。在AIVD的例子中，她们的任务是制作出能满足其"调查对'民主秩序'的威胁的任务"以及"发现组织中的人性面孔"这样要求的作品。[32]马吉德利用《荷兰王国法案、法规和法条》（*Kingdom of the Netherlands Bulletin of Acts, Orders and Degrees*）第12条作为她创作的基础，该条款限制政府关注其雇员的宗教、健康状况和性生活。她创作的这一多媒体项目关注了雇员个人的私生活和他们所从事的秘密活动之间的特定动力机制，通过对这些人员的长访谈建立起一种密切的对话关系。这些信息以报告和小说的形式发布，从这些信息中产生的艺术作品将在海牙新楼和该市的斯特鲁姆画廊（Stroom Gallery）现场展示。当然，条件是艺术家将隐瞒被采访者的身份，而且她既不能拍照也不能记

32　Kelly Crow, "An Artist Delves into the Lives of Spies," *Wall Street Journal*, September 19, 2009, http://online.wsj.com/article/SB10001424052970204518504574420790269804328.html, accessed October 18, 2010.

录他们的个人信息。

对于一些人来说，这种描述可能会让人想起标准的机构批判，这是20世纪60年代概念主义的遗产，机构委托艺术家来刺激一种内部的自我反思。艺术家在其中扮演参与者—观察者的角色，采访特定机构的员工。并且，似乎是为了展示该机构对批评的开放性，并将这一特性延伸到其公众形象之上，该机构可以展示这些交流的结果。然而，当被审查的机构是一个情报机构时，特别是对于一个致力于保护"民主秩序"的组织来说，这种"公开性"的概念就从根本上受到了严峻考验。马吉德的工作恰恰试图展示这种机制。有趣的是，其工作展开的细节无意中讽刺了开始这一工作的动机，即所谓的试图"发现组织的人性面孔"。

很大意义上，这一"面孔"究竟长什么样子是无关紧要的——用经典推理小说的语言来说就是一个幌子（red herring）。因为那是一张拒绝直接的或具象的表现的面孔，与马吉德的实践中的匿名倾向相一致，是一种拒绝揭开面纱的反崇高的形象。以马吉德提取情报员信息的过程为例，在通过AIVD获得安全许可后（她自己要求进行审查），她在该机构的内部网络上发布了招募志愿者的通知。通过第三方的安排，艺术家将和情报人员会面，从咖啡馆到酒店大堂到机场休息室，后者在各种不显眼的场合与她会面。这些安排的表演性一面使艺术家立刻就可以模仿和（并）过渡到她的采访对象的角色，她自己参与扮演的角色远远超过了艺术家职业本身所具有的危险性：字面上看，这甚至是生与死的问题。马吉德作为艺术家的代理身份现在受制于荷兰情报部门的协议，成了一种**保密**代理，而此处的这种双重意味也恰恰捕捉到了个体表面上的自主性和秘密行动所提出的机构要求之间的那种临界点。就在马吉德吸收了与这种工作相关的特殊修辞（例如，"烧毁一张脸"意味着暴露间谍的身份）的同时，她也开始了解到采访对象生活上更多个人化的细节。

也正是由于这个原因，这种互动最终呈现出的对象既是极度直白的，又是令人沮丧的不在场的，而这又恰恰是最合适的状态。名为《我可以烧掉你的脸》（*I Can Burn Your Face*）的作品由一系列发光的红色霓虹灯雕塑构成，用马吉德自己的草书再现了采访中获得的笔记：它们是对她在几年时间里遇到的特工的简要描述。这些霓虹灯被直接放置在了地板上，共同构成了一个非图像的肖像画廊，从中暴露了关于每个特工的足够信息，即使没有指示性，也是暗示性的。例如，"响亮、尖锐的声音"和"深色、蓬松的波浪"，是关于"组织的人性"的两个描述。在这里，马吉德的美学呼吁了切尔西·曼宁，又仿佛借鉴了布鲁斯·瑙曼（Bruce Nauman）。关于这些特工的实际信息并没有被"泄露"，而是通过一种自觉的影射与观众进行了交流。

2008年，马吉德在斯特鲁姆画廊举办的"第12条"（"Article 12"）展览中首次展示了这一作品，同时展出的还有素描和版画，AIVD的官员在开幕前参观了这一作品并进行了相应的审查。如果说他们在这次的提前参观中已经发觉了这些作品在他们特工的身份问题上展现出了一种见不得人的自由，那么二者这场合作在历史上的最后一幕则会进一步加强这种怀疑。事实上，马吉德用来作为创作基础的大量笔记也得到了一种不同形式的转化。这些信息将通过其作为海量原始数据的特征，"卧底"到一部小说中。马吉德的野心是在一本名为《成为塔顿》（*Becoming Tarden*）（小说的名称来源于考辛斯基1975年的小说《座舱》的主人公，前中央情报局特工塔顿）的书中以前中央情报局特工/主角的身份讲述她自己与特工的互动。在这部小说中她对自己参与的这些互动的性质越来越怀疑（她真的有"安全许可"吗？）。考虑到围绕《铁山报告》爆发的争议，马吉德从"事实"到虚构的反向转变对公开的秘密这一逻辑至关重要。秘密依赖于这样的边界，以保持其隐秘的力量。

马吉德给了官员们一份书稿供他们审阅，结果收到了一系列充满了对荷兰刑法的晦涩参考和不那么隐晦的指责的邮件。回到纽约后，艺术家被

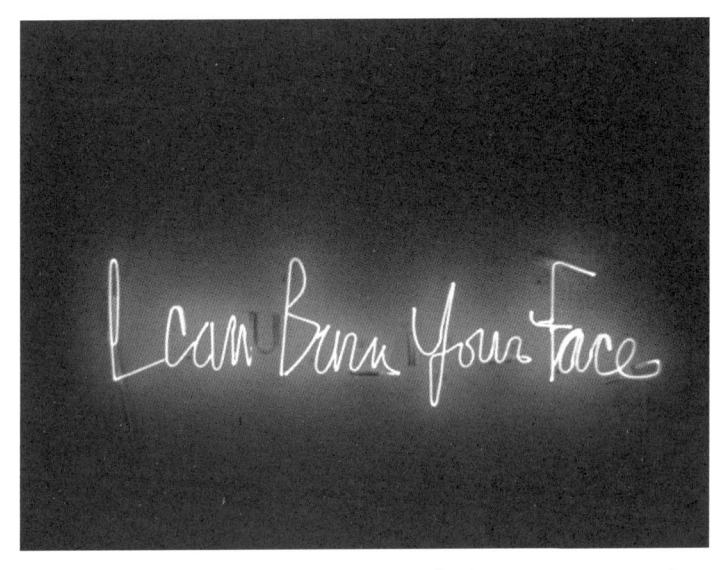

第四章 公开的秘密：介于披露与编校之间的艺术作品

图 4.4 吉尔·马吉德，《我可以烧掉你的脸》（*I Can Burn Your Face*），2008 年。照片由艺术家提供。（亦见图版 7）

图 4.5 吉尔·马吉德，"第 12 条"（"Article 12"）的安装图，霓虹灯和变压器，斯特鲁姆画廊，海牙，2008 年。照片由艺术家提供。（亦见图版 8）

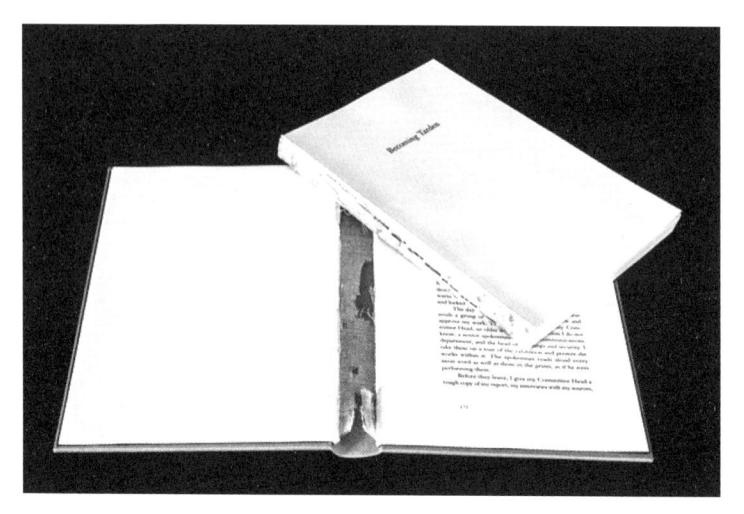

图 4.6　吉尔·马吉德，细节图，《黑客书》以及《成为塔顿》的未编校本，在玻璃下展出，"移除的权力"展览的一部分，泰特现代美术馆，2009 年。照片由艺术家提供。（亦见图版 9）

指控有可能泄露特工的身份，从而危及国家机密。因而她被禁止出版这本书。并且，她在《18个间谍》（*18 Spies*）系列中的一些印刷作品被没收。2008年8月，荷兰大使馆的一名代表乘坐一辆黑色轿车拜访了她在布鲁克林的家。他把手稿装在一个不显眼的棕色信封里带给了艺术家。其中，40%的内容被删节，签名被从书卷的装订处撕下。大片的文字都被挑衅性地删除了。

虽然从所涉及的信息来看，对《成为塔顿》进行编校可能是有必要的，但这一姿态的实际处境也许并不像它乍看起来的那样明朗。在这个例子中，编校与艺术审查是密不可分的，正如马吉德在数据与虚构、艺术家与代理人、可见与不可见之间的摇摆。当马吉德和AIVD还在讨论手稿时，艾米·迪克森从泰特现代美术馆发出的邀请为她提供了一个更大的舞台，使她可以在这个舞台上展出那些从定义上看本应是拒斥展出的作品。最终，马吉德和AIVD之间达成的协议仅仅是将这一展出项目的表演维度进行

- 264 -

了充分的戏剧化：在一个黑暗的画廊里，手稿被陈列在一个玻璃橱窗里，打开它则是无法阅读的页面，向观众呈现了一种物理上的隐瞒。展览结束后的一天，AIVD有效地完成了这个表演。在参观泰特美术馆时，他们拿走了这本书，然后这本书就成了AIVD的财产。

带着一个好的间谍故事所应具有的所有曲折和反转，马吉德的项目以一个公开的秘密的形式达到了高潮。一份手稿在泰特现代美术馆展出，这是一个象征着公共奇观的博物馆，但手稿的内容被渲染成不透明的，尽管作品的展览看起来好像是透明的一样。

保密法

> 我们可以在《美国法典》第5篇第552节找到《信息自由法》（FOIA），该法条于1966年颁布，规定了一般而言任何人都有权要求获取联邦机构的记录或信息。美国政府行政部门的所有机构在收到书面请求后都必须披露其记录，但那些受《信息自由法》的九项豁免和三项排除条款保护的记录（或其部分）除外。获取权可在法庭上强制执行。然而，《信息自由法案》并不提供对州或地方政府机构或私人持有的记录的查阅。
>
> ——美国司法部[33]

> 不道德的人不会通过使用保密法而变得道德。
>
> ——爱德华·斯诺登[34]

33　Progressive Management, US Department of Justice, "21st Century Pocket Guide to the Freedom of Information Act (FOIA) and the Privacy Act," 3.

34　Edward Snowden, statement to human rights groups at Moscow's Sheremetyevo airport, July 12, 2013, https://wikileaks.org/Statement-by-Edward-Snowden-to.html, accessed August 20, 2017.

从根本上来说，马吉德与AIVD的合作开启了一种人种学的，同样也是地点特定的机制。她花了很长时间采访她的荷兰线人，并生产了具有文化上的重要影响的研究。同时，为政府建筑中的艺术委托提供担保的法律反映出了荷兰的自由价值观，这一点似乎表明了公共性的视觉艺术作品不仅仅承担着装饰的作用。政府和法律索求艺术的视觉宣传效果，甚至对于一个专门从事隐秘情报的机构来说也是如此。马吉德从这种矛盾中汲取了力量。而另一方面，秘密特工的人性面孔仍然隐藏在面纱之后。

同样，在特雷弗·帕格恩的案例中，一个关于法律和监视的问题——它的军事化、机械化和保密性——在可获取和不可获取之间以及大规模披露和大规模监视这两个同等但又相反的情况之间来回滑动。这一问题的背景可以追溯到冷战时期，当时监视问题获得了法律和制度上的保证，而它在美国的帝国编年史中甚至还要发生得更早。《信息自由法》是在越战即将全面沸腾的这一时期通过的，它允许公民查阅联邦记录，这些记录可能涉及或不涉及官方记录中描述的活动，只要文件不符合"信息自由法的九项豁免和三项排除"的标准。并且，这种查阅是"可在法庭上强制执行的"。我们可以注意到，林登·约翰逊抵触将这一冷战法案签署为法律。自50多年前颁布以来，它经历了多次修订，最近一次是在9·11和"反恐战争"之后针对数字隐私进行的修订。这种豁免和排除通常是通过国家安全利益或是在其中被提及或被牵连的人的"隐私"来实现的。但在塞路斯的工作的推动下，我们已经直觉到至少有两个名字可以被视为那些编校标志下的幽灵般的痕迹——马丁·路德·金和马尔科姆·X，这标志出了围绕这种隐私所构成的法律和道德之间的冲突。

信息自由法——公民的"知情权"——本身就被与联邦调查局合作从事大规模监控的军事机构严重破坏：特别是国防部的国家安全局（NSA）。在这里，司法部和国防部交织在一起，产生了一个难解的结：法律与战争的结合。国家安全局于1952年在杜鲁门时期成立，是冷战的一项发明。它从军方的密码分析部门演变而来，在其历史上经历了相当多的争议，其中就包括水门事件牵涉到的非法监控。当然，今天，这三个字母已经因国家安全局的承包商爱德华·斯诺登在2013年6月披露出的政府监控而展示出了自身所具有的极端广度，其中包含的海量数据涉及美国公民的数百万次电话以及他们通过谷歌或雅虎检索的未加密信息。斯诺登通过维基解密做出的这一贡献向公众揭露了保密法背后深远而恶劣的利益链条。里根总统时期的一项遗产——12333号行政命令授权了各情报机构大规模扩大数据收集的范围。

借助于帕格恩的工作，我们可以考察公开的秘密是如何围绕着保密法被扭曲的，而保密法又是如何嵌入到了秘密的军事行动中。可见性和公共性的关切在这种颠倒的关系中起着关键作用。斯诺登的非法行为是透明的，作为一种公民不服从的行为在互联网上广为流传，而**法律**则通过其隐蔽性发挥着作用。正如威廉·舍尔曼（William Scheuerman）所指出的。

> 斯诺登断言，与他的行动的公开性形成鲜明对比的是，国家安全局活动的保密性"腐蚀了正义的最基本概念——**必须让人看到它的存在。不道德的事情不可能通过使用保密法而变得道德**"。公开是法治和宪法政府的根本。[35]

帕格恩的作品不同程度地与这些联想纠缠在了一起，甚至在对他的艺术的描述中暗示了对一种更坦率，或至少是更顽固的主题的考虑。这些联想包括了西部风景的图片，传说中的美国沙漠；生硬的军事武器以及它们嵌入其中的场景；天文和航空仪器，如卫星和无人机及其技术。帕格恩因

35　William E. Scheuerman, "Taking Snowden Seriously: Civil Disobedience for an Age of Total Surveillance," in David P. Fidler, ed., *The Snowden Reader* (Bloomington: Indiana University Press, 2015), 98–99（作者强调）.

其对这种隐蔽景观"黑点",以及机密航天器通过这些与其密不可分的地面设施实现了的全在(omnipresence)的监控的探索而闻名。但与此同时,他也强调了这些技术所带来的视觉的机械化,以及与这些图像的构成有关的人类能动性问题。

在将军事景观的那些阴暗角落暴露给更多观众的过程中,帕格恩的作品似乎表明了一种不折不扣的视觉披露姿态,其目的与通常所说的"再现的政治"相一致。如果否认其艺术描绘这些地点的动机,那将是颇为刻意的:它的力量在很大程度上来自它对解析这些阴暗世界的激进承诺,无论是通过对解密记录的严格的档案研究,还是通过对这些场景的生产者的展示。然而,这只是整个构成中的一部分——也是最容易把握的部分。事实上,作品的这种冲突的视觉经济为表象的自明性和直接性带来了麻烦,同时,它也通过不断地指向谱系学和摄影媒体美学研究的方式表明了一种主张沟通透明性的意识形态。总而言之,一旦我们触及了与监管相关的某种接近于法律的东西的时候,所有的这些研究与关切就会集中到公开的秘密的视觉机制之上。

以艺术家创作过程中所运用的基本要素以及在表层图像之外建立起的关系网为准绳,社会学家尼可拉斯·卢曼(Niklas Luhmann)把帕格恩所做工作的称为一种"二阶观察"——也就是观察观察的行为,在这一过程中,尽管他再现了观察的机制,这一工作也必然会打断其所观察的这一过程本身所应具有的连续性。举例来说,帕格恩的《极限远距离拍摄》(*Limit Telephotography*)系列作品对美国西南部的机密军事设施进行了观察。这些地点本身的不可接近性要求艺术家使用高功率的双筒望远镜和望远镜组来捕捉远处的那些图像,这些引人注目的朦胧的图像几乎没有提供每个地点内部运作的任何细节证据。有一些飞机库、试车场或飞行测试中心的照片是从42公里外拍摄的。对于这种图像来说,其内涵多于外延,在唤起性和指导性之间转换。在这一意义上,帕格恩的作品不仅仅是在披

图 4.7　特雷弗·帕格恩，《分队 3》（*Detachment 3*），《极限远距离拍摄》系列展览，2008 年。照片拍摄于空军 2 号飞行测试中心，格鲁姆湖。照片由艺术家和大都会摄影（Metro Pictures）提供。（亦见图版 10）

露信息——这远不是任何新闻意义上的报告文学。但你也不能把它称为当代监控艺术编年史的一个最新篇章，后者的叙事往往简化为对权力和支撑其政治的"凝视"修辞的单一分析。

然而，保密法的**形象**（appearance）恰恰是由图像的模糊感所记录的。称这种图像"引人注目的朦胧"就是为了突出存在于其中的生动的矛盾性。帕格恩的努力既是神秘的、抽象的，又是富有启示性的，既是美丽的，又是威胁性的。在图像所披露的军事信息和帕格恩的媒介所唤起的美学传统之间，出现了一种令人不安的张力，在这段历史中，摄影的视觉呈现与设备的机械过程是不可分割的。正是帕格恩所观察到的这种进退两难的现象，表现出了这项事业本身所具有的不稳定性质。举例来说，一张没有标题的拍摄"收割者"无人机的彩色相片，是对绽放的红色的精致表达，这种效果可以被看作色域绘画。而在其他作品中，比如他正在进行的机密航天器系列《另一片夜空》（*The Other Night Sky*），一大片地球的静止轨道卫星静静闪烁着，它们的路径弧线与星星发出的死冥之光交相辉映。这幅作品将传统的星空表现形式替换成了一种冰冷的视觉效果，让人联想到"崇高"这个词。如前所述，这个词又让人联想到自然界的奢华景致和艺术史中的那些璀璨试金石，无论是在现代主义、抽象主义还是在19世纪的浪漫主义景观中——帕格恩的作品同时参考了这两种风格。但更重要的是，这种对崇高感的影射是他创作的主题中那个**难以捉摸**的东西，是照片无法完全捕捉的东西，即使它们声称描述了这个世界上的实际现象。这又是一个公开的秘密中由于这些内容可以或不可以被表现，什么可以或不可以被许可去思考的问题。围绕着崇高这一传统，如果从哲学上来说，从朗基努斯（Longinus）到康德到利奥塔再到让-吕克·南希（Jean-Luc Nancy）都谈到了其本体论的局限性以及想象力无法弥合理性与感性之间的差距的问题，帕格恩则沿着这一脉络将这一问题展现为一个试图始终与法律保持一致的军事审美综合体的功能问题。这是一种面向那种"只能是

图 4.8 特雷弗·帕格恩，《无题》（死神无人机），2010 年。照片由艺术家和大都会摄影提供。（亦见图版 11）

图 4.9 特雷弗·帕格恩，《另一片夜空》，2010—2011 年。照片由艺术家和大都会摄影提供。（亦见图版 12）

部分的，未能完全披露的，围绕着保密的要求而被组织起来的"情况的展示。

　　这样的情况在一幅可以名为《人造文物》（*Artifact*）的双联画中找到了一个谱系上的试金石：这幅作品摆脱了摄影史本身的桎梏，呈现为锚定帕格恩的这些当代观察的一种手段。其左边是一张亚利桑那州奇利峡谷（Canyon de Chelly）的阿纳萨齐（Anasazi）悬崖住宅遗迹的黑白图像。这一图像指向了19世纪摄影的开端时刻，似乎在呼唤蒂莫西·奥沙利文（Timothy O'Sullivan）的幽灵，后者在西南地区拍摄的经典图像支撑起了摄影对艺术地位的逐步要求。而其右边则是一张能够引起更多当代人的联想的图片：夜空中显示着"地球同步轨道"的机密航天器。追踪这些仪器所需的长曝光时间产生了一个黑色的领域，其中夹杂着发光的白色条纹，颠覆了左边图片的形式特征和拓扑学志趣。奇利峡谷的地质条纹，光亮中夹杂着阴影，在夜空的照片中找到了一个自身的图像/背景反转。同样地，地面上的图像也反映了它在地外世界（extraterrastrial）中又将如何呈现。

　　然而，我们同样可以注意到，前面反复出现的交织现象依然存在，这幅双联画同样唤起了使这些图像得以呈现并构成了其生成逻辑的特定历史和时间。究其根本，奥沙利文的作品是由美国地质调查局赞助的，试图合理化西方对迄今为止的"未知"领土的扩张。而到了今天，这些图像在美学层面已经很大程度上超越了彼时它们在"预示命运"和种族灭绝方面的那些动机；它们凝结成了一种像是奇利峡谷那些不朽的岩壁一般的自明的视觉图像。就这一意义而言，右边的这一幅图像可以看作是通过新的技术媒介再现了这一过程，仿佛将这一过程放在慢动作或慢放轨道上一样。作为一幅描述天文过程的图像，他所表现的内容延续了早先历史的足迹——甚至可以说是提升了历史——并将摄影的工作交给了没有人类参与的仪器。

　　帕格恩的作品之中并不涉及马吉德与AIVD项目中的那种表演性的虚

图 4.10　特雷弗·帕格恩，《人造文物》，2010 年。照片由艺术家和大都会摄影提供。（亦见图版 13）

构，但它对摄影证据及其真实性主张表现出一种特殊的态度，他也通过这种态度宣示了自己的一种虚构模式。近年来，艺术批评一直徘徊在当代艺术和政治这一虚构维度上，并求助于雅克·朗西埃（Jacques Rancière）的形式分析，认为美学是对空间和时间的一种特殊划定，使可能的那些东西变得可见，通过这种美学，历史本身就成了"一种虚构的形式"。公开的秘密展现了这些支持进步政治和集体想象力的有力说法的阴暗底面。正如《铁山报告》所展示的，以及塞路斯、马吉德和帕格恩最近的工作所表明的那样，秘密本身的存在与这种虚构完全是共谋的。

　　试图隐藏在面纱和那些黑色条块之后的，正是前面提到的保密法。它表现出了与智库相同的形象，像保险箱一样密不透风，却又像照片一样透明。那么，这些秘密的运作机制可以揭示出什么呢？在我们所处的这个历史时刻，如果信息不能够以资本化了的剩余价值的形式被过度利用的话，揭露便显得微不足道。而对于塞路斯、马吉德和帕格恩来说，他们以各自的方式试图共同阐明：那些一直保持不在场状态的制度性历史实际上来源于早已被公众遗忘了的冷战特权，而这些历史在今天依然在清澈的阳光下不断续写着新的秘密。

结　语

大都会艺术博物馆中的卡托

I

纽约大都会艺术博物馆中并没有罗马政治家小卡托（Cato the Younger，公元前95—46年）的画像。至少，一眼看过去肯定是找不到的。你可能会期待在古典雕塑展厅中遇到他的肖像，但是，这里实际展示的则是与我们前面在第三章中提及的有所不同的另一种拱门，一种用大理石和青铜打造出的权力宇宙论，一种亘古不变的权力媒介。这些房间里有奥林匹亚人和贵族，有理想化的青年和帝国的野心家，但却没有那些著名的共和者的明显迹象。他在博物馆中的这种不在场恰恰提出了此时此地的智库美学问题，在艺术奇观的领域里，秘密行动似乎也消失了。卡托（Cato）因其反对暴政的传奇故事、对税收的根本性的抵制、反对政府腐败的激昂演讲而被誉为跨世纪的人物。[1]互联网会告诉你卡托是自由的象征。并且，卡托还是自由主义的追随者，其作为共和者的美德对当代新自由主义的形成有

---

1 关于历史上的卡托和他历来的声誉，见 Rob Goodman and Jimmy Somi, *Rome's Last Citizen: The Life and Legacy of Cato: Mortal Enemy of Caesar* (London: St. Martin's, 2014)。

着不可磨灭的影响。[2]近五十年来，他一直在为冷战智库提供灵感。

即使这样，如果你尝试上网去检索大都会博物馆的收藏品数据库并输入"卡托"一词，你大概会找到23个结果。而所有这些物品目前都没有展出，而且除了名字上的巧合，其中有一些展品似乎与这位参议员并没有什么关系。比如说英国肖像画家洛伊斯·卡托·狄金森（Lowes Cato Dickinson）——维多利亚女王的指定雕刻师。（或许这个古罗马人还是狄金森的一位部分同名人，不过，卡托后来被资本主义的广泛征引或许很难与狄金森的社会主义倾向相互协调。）几乎所有与"卡托"有关的作品都是纸质的，大多数都是17世纪到19世纪的作品。这也是有道理的。18世纪初，卡托的名字作为政治启蒙运动的特殊化身被辉格党人持续地使用。1712年，约瑟夫·艾迪生（Joseph Addison）写了《卡托，一个悲剧》（*Cato, a Tragedy*）这一剧目，该剧讲述了以这位政治家在乌提卡反对恺撒的那场失败的运动，这场运动也造成了他自己的悲剧性灭亡。该剧在欧洲和大西洋彼岸取得了巨大的成功：正如我们在第三章中所了解到的，自由主义者约翰·特伦查德和托马斯·戈登在该剧之后写下了《卡托的信》。与此同时，乔治·华盛顿正在熔炉堡准备一场演出，而正如这个地点的名字那样，这场演出也将成为美国革命的熔炉。卡托的自杀——罗马人版的"切腹"，一种可怕的开膛破肚的仪式——将激发艺术家们进行冷酷的肖像画创作，当你在大都会的数据库或是互联网上的任何地方去检索那些极度紧张的死亡场景时，你依然还能看到这类创作的影子。这类图像的特点是，被夸张地撕裂的议员——新古典主义的嗜好，当今的形态学——在他的后代惊恐的目光中痛苦地挣扎着。就美学而言，我们在这里所能实际感受到的离大都会博物馆最著名的个人和政治革命寓言中的庄重感相去甚远。雅

---

2 如果说自由主义和新自由主义都推进了自由市场意识形态，那么自由主义也可以包容传统上与保守主义背道而驰的各项社会议程；卡托研究所的社会保守主义和自由主义平台之间越来越大的分歧因此而来。

- 275 -

图 5.1　皮埃尔-纳西斯·格林（Pierre-Narcisse Guérin），《乌蒂卡的卡托之死》，1797 年。图片版权属于 Beaux-Arts de Paris, Dist. RMN-Grand Palais / Art Resource, NY。（亦见图版 14）

克-路易·大卫（Jacques-Louis David）的《苏格拉底之死》（1787）在楼上的欧洲展厅中占据了很重要的位置，冷峻地预示出了我们可以在《法国大革命》（*le quatorze julliet*）中看到的那种风格。

也就是说，大都会博物馆中，可以找到的对卡托的实际描绘是相当有限的。与卢浮宫的斯多葛雕塑，或哥本哈根嘉士伯美术馆（Glyptotek）的大理石半身像相比，卡托在大都会的存在简直是平淡的。它就像那些18世纪的大字报一样稀少而单薄，这些大字报一方面将他的名字传递给那些受教育的精英们——全世界的精英们，比如说，著名的埃德蒙·伯克（Edmund Bruke）——另一方面也激励了当时正在形成的美国革命：包括帕特里克·亨利（Patrick Henry）、内森·黑尔（Nathan Hale）这些人。仅从这一点来看，卡托的博物馆学遗产似乎陷入了一个冲突的、夹缝中的空间。这些图像本身在数据库、档案和存储之间循环，公众却很少会像艺术史学家那样访问这些材料。那么我们又该如何看待这个将卡托的形象表现得相当模糊的，甚至是被淹没了的阴暗世界呢？又是什么让他在大都会的可见性比其他那些在博物馆的虚拟空间的深渊中旋转往复的成千上万的古人更重要呢？

最后，这与冷战智库又有什么关系？或许是因为智库在新自由主义的当下持续在进行的那些工作？

在本书中，我们将智库的空间视为一种动态的、"结构性的模糊"（托马斯·梅德韦茨），这表现为一种由不同的关联构成的动态场域，这些关联将形态转化的高超技能资本化，并使得这一场域介于封闭的知识堡垒和虚无缥缈的防御工事之间。它是一个权力的场域，其边界在跨学科的意义下不断扩张，与政府、大学和其他此类机构毗邻运作。也正是基于这一点，在大都会艺术博物馆，卡托将展示他的手，而不是他的面孔，这与将他放置于印刷品、纺织品和陶瓷中的肖像完全不同。因为卡托将矛盾地利用艺术的公开性——也就是其**被观看**的能力——并将其同时作为矛和盾。他从智库的隐蔽墙后浮现在了当下的视野之中。

||

新闻发布

大卫·H. 科赫（David H. Koch）当选为大都会艺术博物馆的理事

（纽约，2008 年 11 月 13 日）——大卫·H. 科赫已被选为大都会艺术博物馆的董事会成员，这是博物馆主席詹姆斯·R. 休敦（James R. Houghton）今天宣布的。针对科赫先生的选举是在 11

月12日的董事会会议上进行的。

科赫先生是位于堪萨斯州威奇托的科赫工业公司的执行副总裁和董事会成员……

他的慈善工作包括癌症研究、医疗中心,以及艺术、教育和文化机构……

此外,他还积极参与公共政策,在卡托研究所和理性基金会的董事会任职——这些组织将市场概念应用于和平、繁荣和社会问题……[3]

2012年,卡托研究所将经历一场地震,董事会和科赫兄弟之间陷入了诉讼。[4]双方主要就该智库的意识形态问题产生了分歧。科氏兄弟将与其他该基金会的创始人就其控制权和优先权展开争夺。但这是若干年后的事了,此刻我们仍在关注2008年11月发生的事情。此时,大萧条正"如火如荼"地进行着,艺术是任何人都不关心的问题。当你的退休金、生活储蓄和保险,以及你的工作、住房和医疗福利瞬间消失时,美学就显得毫无意义了。然而奇怪的是,2008年远不是大都会博物馆最糟糕的时期——再过几年,它将被迫裁掉几十名员工,又再过几年,它将开始将曾经"如你所愿"的金额不限的门票转为固定的25美元门票。而此刻,博物馆至少还可以享受到其新当选理事——亿万富翁大卫·科赫的相当夸张的资金支持。

科赫在财政上的慷慨让博物馆的其他董事会成员印象深刻。自1982年以来,他一直活跃在大都会,是主席委员会的几个创始人之一。其间,大

---

[3] Press release, "David H. Koch Elected a Trustee at The Metropolitan Museum of Art," November 13, 2008, https://metmuseum.org/press/news/2008/david-h-koch-electeda-trustee-at-the-metropolitan-museum-of-art.

[4] Eric Lichtbau, "Cato Institute and Koch Brothers Reach Agreement," New York Times, June 25, 2012, accessed June 25, 2012, https://thecaucus.blogs.nytimes.com/2012/06/25/ cato-institute-and-koch-brothers-reach-agreement/。

量的资金支付给了纺织物保护实验室、服装研究所、收购基金,以及博物馆科学研究部的一个新的捐赠职位("大卫·科赫主管科学家")。你可以想象,最后一个角色对这位慈善家有着相当大的吸引力,尽管我们必须质问他的这些慈善兴趣在其他的地方将如何运作。虽然大卫曾在麻省理工学院接受过化学工程师培训,但在市场的铁律之下,他最终将会转而诋毁科学的严格客观性。科氏工业公司销售石油和纸制品,将成为反气候变化运动中最伟大的"慈善家"之一,向各种恶劣的否定气候变化问题的智库捐赠数百万美元。[5]

这位亿万富翁在大都会的一个大手笔,是几年后在2014年9月10日开放的大卫·科赫广场,这一项目耗资约6500万美元,全部由大卫·科赫提供。翻新后的广场被吹捧为一个"开放"的空间——一个供公众享受的地方,闪亮的新喷泉衬托着历史悠久的布杂艺术(Beaux-Arts)建筑的立面,亲切的小巷和树丛欢迎着登上第五大道的游客[6](法国文化是大都会博物馆宣传的一部分,这一思路无疑试图给人带来一种欧洲的优雅气息)。科赫的名字在两个喷泉的侧面闪烁着金色的光芒。金色代表着严肃的意图和金钱的承诺,以及至少同等的财阀的野心。不过,根据新闻稿,科赫与这种镀金的姿态毫无关系,他没有要求博物馆对公众进行如此奢华的喊话。恰恰相反,据说这只是博物馆在偿还一笔巨大的慈善债务。正如大都会博物馆的前馆长托马斯·J.坎贝尔(Thomas J. Campbell)所指出的:"考虑到大卫的慷慨及他为我们的事业做出贡献的程

---

5 关于科氏家族政治利益的最广泛讨论,见 Jane Meyer, *Dark Money: The Hidden History of the Billionaires behind the Rise of the Radical Right* (New York: Anchor, 2017)。

6 Press release, "Metropolitan Museum's New David H. Koch Plaza Opens to the Public, September 10," September 8, 2014, accessed June 1, 2017, https://www.metmuseum.org/ press/news/2014/plaza-opening.

图 5.2 大卫·H.科赫广场，纽约大都会艺术博物馆。照片由杰夫·卡普兰提供。（亦见图版 15）

度，董事会认为这样做是正确的。"[7]

什么是"正确的"呢？这就是当下智库美学运作的方式，所谓**正确的事情**受制于认识论、意识形态和文化的种种因素，这些因素纠缠在一起形成了一个大而不倒的网络。这个网络一方面表现为大都会体现出的那种皮埃尔·布迪厄所说的作为一种可见的空间的社会隔离，同时又在另一方面表现为像托马斯·梅德韦茨所说的那样统摄我们社会生活的其他方面的那种战略性的**无差别**。我们可以肯定地说，作为一个历史人物的卡托并不容易映射到这种模糊的条件上。卡托具有那种孤注一掷的性格，是一个具有坚定意志和顽固原则的人。他的信念是如此坚定，以至

---

[7] 坎贝尔引自 Julia Friedman, "In Response to Controversial Funder, Protestors Rechristen Met Museum Plaza," September 14, 2014, accessed June 3, 2017, *Hyperallergic*, https://hyperallergic.com/148205/in-response-to-controversial-funderprotestors-rechristen-met-museum-plaza/。

结 语

于他可以把剑吞到自己的肚子里。也正是这种姿态激励着后世的叛乱者，"要么给我自由，要么给我死亡"。当然，无论是暴力还是这场原则性的戏剧都不会发生在大都会，相反，科赫在那里的所有金钱交易都没有被编校。没有人名被抹去。广场的开幕式就是这样的"开放"，由一个合唱团为尊敬的客人们演唱法瑞尔（Pharell）的《欢乐》（Happy）。所有的人都置身于清澈的阳光下，那种集体氛围就像广场上刚刚翻新的喷泉所喷出的水弧一样振奋人心。

然而另一方面，在现实生活和网络上举行的抗议活动却在这个欢乐的氛围之外形成了与之相对应的一场悲愤的合唱。占领博物馆成了这场活动的核心，煽动、教育着公众们去了解科氏工业对环境的破坏。同时，博客圈对该广场进行了抨击，认为它是为1%的人准备的浮华。在广场开幕后的几年里，随着学者、艺术家、记者和活动家们不断地联系起并追踪到新自由主义本原的多节点，这种声音变得成倍地响亮，而且也越来越显出自身的紧迫性。鉴于当前地球的灾难，一位记者在《华盛顿邮报》上写道："艺术团体不能再忍受科氏兄弟的资金了。"[8]

而在科赫的意识形态武器库中，还有其他太多迫在眉睫的灾难同样被提及。它们来自分散着的，远远超出了卡托的历史遗产的当代智库网络，这些智库共同组成了一支倡导放松管制的虚拟军队。"团结起来的公民"（Citizens United）被奉为一种信条。而网络中立性的不断被削弱则伴随着像联邦通信委员会附近的梅卡图斯中心（Mercatus Center）这样的接受广泛的资金赞助的智库的兴起。在这样的环境下，削减医疗保险和社会保障的企图与破坏环境的行为并行不悖。弗林特的水是有毒的，被那些贫穷

---

[8] Philip Kennicott, "With the Planet in Peril, Arts Groups Can No Longer Afford the Koch Brothers' Money," *Washington Post*, June 5, 2017, accessed June 5, 2017, https://www.washingtonpost.com/entertainment/museums/with-the-planet-in-perilarts-groups-can-no-longer-afford-the-koch-brothers-money/2017/06/05/3e0307b4- 4a07-11e7-a186-60c031eab644_story.html?utm_term=.7bfa66c5c9f5.

的有色人种占据的社区所饮用。[9]这个问题很大程度上要由科赫赞助的智库麦基纳克中心（Mackinac Center）负责，同时，在这一事件中还有其他的一些亿万富翁，比如德沃斯（DeVos）家族，也参与到了其中。

这类灾难的清单还在不断地延长。看看迈克·彭斯的崛起吧，他是代表着科氏兄弟的帝国主义企图的最新人物。

看吧，在民主的后代惊恐的注视下，民主正被开膛破肚。

III

你可以说，发生在大都会博物馆的事情不算什么新闻。自从博物馆在历史上被确立为启蒙运动最卓越的机构——既是一块美学的飞地，又是民族国家文明使命的平台——以来，艺术洗涤（art washing）一直是一种值得信赖的技术，可以为其赞助者的形象加分。如果我们去考察那些著名的所谓家族的历史，比如说摩根家族、卡内基家族和洛克菲勒家族的历史，我们都能发现各种毁誉参半的，甚至是负面的叙述，包括对镀金时代和冷战的深刻冲突的叙述，对国内劳工和金融形势恶劣状况的叙述，更不用说早期的奴隶制历史和恶劣的殖民剥削。但我们依然在参观他们捐赠的博物馆和机构，就像我们将持续地被大都会博物馆展出的那些艺术品所启发和刺激。我们可以一方面在不断延长的机构批判编年史中去欣赏和赞叹这样的工作，又同时在另一方面抱怨我们在**真实世界**里面因这些家族而遭遇的那些不公的规则。我们还可以进一步对这种抗议展开想象。如果有人碰巧为癌症研究事业捐赠了数百万美元，而同时又捐钱给博物馆粉饰门面的：在这种情况下，所有这些关于美学的指手画脚或是敝帚自珍则都只能被看

9　关于这些联系，见绿色和平组织的新闻稿，http://www.greenpeace.org/usa/what-do-the-koch-brothers-have-to-do-with-the-flintwater-crisis/。

作是一种特权，一种在重要的、生死攸关的问题面前的那种无礼的，甚至是无关紧要的抱怨。艺术爱好者有着意识形态的偏好，人类社会也需要有人做善事。也许正是这个原因，大都会博物馆的新闻稿在吹嘘科赫的慈善事业的同时，还看似不合时宜地简要提了一嘴卡托研究所："此外，他还积极参与公共政策，在卡托研究所和理性基金会的董事会任职——这些组织将市场概念应用于和平、繁荣和社会问题。"

让我们稍作停留，解析一下这段话。智库在这里仅仅是一个"组织"，而不具有党派性，这绝对是一种冷战意义上话语。基于市场概念推动和平的发展与社会的进步，这一声明被深埋在博物馆的新闻稿中，以免引起人们对其辛辣讽刺的注意：**公共**广场成为了一个避难所，让亿万富翁**免受**公共概念本身的苛责。然而，当智库的运作逻辑被还原到真正的复杂历史之中时——也就是说，当它被认定为一种具有长期目标、议程和影响，以及持续的审美互动的东西时候——事情就又变得更加复杂而阴险。换句话说，这并不是一个拥有雄厚财力并且行事光明正大的正直的行动者的故事。这不是简单的沃尔斯泰特和他对勒柯布西耶、包豪斯和艺术史的热爱（如果不是对国防战略推演的热爱的话）那种故事，一种将卡托的叙事延续到当下将会呈现出的故事。这也不是米德或本尼迪克特试图通过追踪世纪中叶抽象主义的模式来从绝对主义中拯救世界的那种故事，正如卡托研究所提出的"基于市场的解决方案"被认定能够解决和平以及社会进步的问题。更加可以确信的是，这也远不是比尔或波西佩在集体努力实现乌托邦的过程中转向前卫运动的故事，即使控制室的决策技术已经在算法资本主义的贪婪和当代数据集的大规模捕捉中被颠覆。

这是另一个乌托邦。

它在程度上和种类上都不同于早期的冷战智库，尽管卡托研究所就在它的轨道上孵化，在它的修辞中得到指导，在它的历史遗产中得到洗礼，最终形成了一种自由的精神。更具讽刺意味的是，它提出了一个既病态又相当根本的问题：如何将自由工具化，也就是武器化。更不用说如何将言论自由武器化了。卡托现在已经走到了博物馆这栋建筑的台前。博物馆现在成了一个实验室；这个实验室又成了一所大学；政府毗邻于智库；智库现在成了媒体的仲裁者。智库成了一种在全球规模上显而易见的，无处不在的、环境性的状态———一种**感性**。

这种感觉究竟应该叫作什么？它不仅仅是一个模式或网络，它是一种美学。

致 谢

本书的写作始于我在斯坦福大学的一系列工作，也正是靠着斯坦福的慷慨支持，这本书才得以最终呈现。得益于斯坦福大学的胡佛战争、革命与和平研究所（Hoover Institution on War, Revolution and Peace）保存下的那些极棒的档案，我们得以一窥冷战期间斯坦福在不同层面上发挥出的层层叠叠的复杂作用。而斯坦福给我的帮助远不止这些。在这里，我还要感谢包括斯坦福大学艺术与艺术史系同僚们在内的所有与我共事了二十多年的朋友和同事们。1997年，我在内森·卡明斯（Nathan Cummings）艺术大楼认识了迈克尔·迈瑞南（Michael Marrinan）和乔迪·麦柯希明（Jody Maxmin），他们为我这个新同事提供了许多支持和建议。同样，还要感谢现任系主任亚历克斯·内梅罗夫（Alex Nemerov）、前任系主任南希·特洛伊（Nancy Troy），以及帕夫勒·列维（Pavle Levi）、理查德·迈耶（Richard Meyer）、斯科特·布卡特曼（Scott Bukatman）和简·马（Jean Ma）带给我的友谊和引领。感谢埃利斯·英博登（Elis Imboden）以及许多艺术与艺术史系的工作人员们通过各种各样的方式慷慨地帮助了我这项研究。非常感谢黛布拉·萨茨（Debra Satz），前副院长、现任人文和科学学院院长。感谢斯坦福反战职工组织中的许多同僚，特别是大卫·帕隆博·刘（David Palumbo-Liu），他与我进行了许多关于理性选择理论与人性的讨论。感谢已故的斯坦福大学经济学家和国家安全专家亨利（"哈里"）·罗文（Henry Rowen，1925—2015），他曾在兰德公司最艰难的年头里担任该公司的主席。哈里慷慨地与我分享了他回忆中的那些智库同事们以及他们所具有的审美倾向，并且欣然接受了一位艺术史学家提出的一连串听起来就颇为古怪的问题。

而在"农场"的其他地方（斯坦福被我们称为"农场"），我要特别向通信系的弗雷德·特纳（Fred Turner）致敬，感谢他的友谊、精神和志同道合——无论是在对诺伯特·维纳（Norbert Wiener）工作的欣赏上还是在对硅谷的抱怨上。弗雷德是我在帕罗奥图（Palo Alto）任职期间的一位极其宝贵的对话者。多年来，我们共同开设了两个研究生研讨班：冷战时期的媒体文化和媒体技术理论。我们在这两个研讨班上尝试着采用了一种跨学科的教学方法，而对跨学科的研究也恰好将要呈现在这本书所试图追踪的这段历史中。因此，我也要感谢参加这些研讨班的博士生们。他们中有些人在这本书漫长的成形过程中担任了我的研究助理；也有一些人就课堂内容的某一部分做了专题论文，随后又逐渐形成了他们自己的作品。他们包括：约翰·布莱克尔（John Blakinger）、凯特·考彻（Kate Cowcher）、悉尼·西蒙（Sydney Simon）、奥利弗·舒尔茨（Oliver Schultz）、凯尔·斯蒂芬斯（Kyle Stephans）、艾伦·塔尼（Ellen Tani）、詹姆斯·托马斯（James Thomas）和格雷戈尔·夸克（Gregor Quack）。格雷戈尔为这本书的图像版权以及艺术品的复制件提供了宝贵而及时的帮助，非常感谢他的善意、组织能力和尽责的查证。

本书最终成书于耶鲁大学，因此，我同样要感谢耶鲁大学艺术史系的学生、同事和工作人员们的热情帮助。在系里，我要感谢妮可·查戴尔特（Nicole Chardiet）在后勤上提供的种种帮助；在院长和教务长办公室，我要感谢塔马尔·金德勒（Tamar Gendler）、艾米·汉吉尔福德（Amy Hungerford）和艾米莉·贝克梅尔（Emily Bakemeier）的帮助，正是她们使我能够顺利过渡到耶鲁。特别要提到的是艺术和建筑史系的主任蒂姆·巴林杰(Tim Barringer)，他用他惊人的慷慨、开放与绝佳的幽默感把我从这个国家的一端带到了另一端，并在这边为我准备好了一切。当然，像斯坦福大学一样，耶鲁大学也有一段盘根错节的冷战历史。而对我来说，颇有讽刺意味的是，我本科就读耶鲁期间恰好处在冷战末期，那时我曾经在这里参加了一些关于核战略的讲座（并在课后为裁减核军备进行了游说）。

最后，我还要向麻省理工学院表达感谢，麻省同样是一所有着冷战历史的学校。在这里，罗杰·科诺弗（Roger Conover）和他所在的麻省理工学院出版社已经支持了我二十余年。而本书则是我在罗杰的管理和指导下出版的第四本专著。如今，在他结束这四十年在艺术和建筑出版领域耕耘之际，我要感谢他对我诸多项目一贯而坚定的洞察、鼓励和信心。我还要代表这本书感谢出版社的其他许多人，包括加布里埃拉·布埃诺·吉布斯（Gabriela Bueno Gibbs）、马修·阿巴特（Matthew Abbate）和艾琳·海尔希（Erin Hasley），感谢他们的知识、耐心和为本书所做的诸多努力。

在写作这本书的早期阶段，创意资本（Creative Capital）的艺术写作者资助金慷慨地为我提供了支持。为此，我要特别感谢玛格丽特·桑德尔（Margaret Sundell）和普拉迪普·达拉勒（Pradeep Dalal），感谢她们的鼎力支持以及由此而促成的对这个项目的首期资助。

同样，在出现在这本书中的诸多艺术家、策展人、设计师和电影制片人中，我要向这些人致谢：居伊·波西佩（Gui Bonsiepe）、贾马尔·赛勒斯（Jamal Cyrus）、帕特里西奥·古兹曼（Patricio Guzmán）、吉尔·马吉德（Jill Magid）、特雷弗·帕格伦（Trevor Paglen）、or-am（卡特琳娜·奥萨·霍姆格伦[Catalina Ossa Holmgren]和恩里克·里韦拉·盖拉多[Enrique Rivera Gallardo]）和彼得·韦贝尔（Peter Weibel）。同样，我还要向那些已在这一领域发表了重要工作的学者们致敬，她们包括：彼得·加利森（Peter Galison）、莎朗·加马里–塔布里齐（Sharon Ghamari-Tabrizi）、莱因霍尔德·马丁（Reinhold Martin）和伊登·梅迪纳（Eden Medina）。感谢许多档案馆中的档案员和工作人员为我的研究提供的便利，分别是：华盛顿的国会图书馆，纽约的哥伦比亚大学，圣莫尼卡的兰德公司，斯坦福大学的胡佛战争、革命与和平研究所档案馆，利物浦的约翰摩尔斯大学特藏馆，圣地亚哥的拉莫内达宫文化中心（Centro Cultural Palacio de la Moneda），华盛顿的美国艺术档案馆，以及德国的卡尔斯鲁厄艺术与媒体中心（感谢费利克斯·米特尔伯格[Felix Mittelberger]）。特别要感谢兰德公司的薇薇安·阿特伯里（Vivian Arterbury），她使我得以查阅圣莫尼卡档案馆。另外，感谢菲利普·沃尔斯泰特（Philip Wohlstetter）提供的关于他叔叔阿尔伯特·沃尔斯泰特（Albert Wohlstetter）（这本书第一章的主角）的洞见、观点和回忆。

从十多年前开始做这个项目以来，我在许多大学、艺术学校和博物馆做了关于这个主题的报告，其中包括：芝加哥大学、鹿特丹的皮特·兹瓦特学院（Piet Zwart Achademy）和魏特·德·维茨（Witte de With）当代艺术中心、伦敦大学学院、加州大学洛杉矶分校、斯德哥尔摩大学、纽约市立大学研究生院、丹麦汉勒贝克的路易斯安那博物馆、普林斯顿大学、耶鲁大学、洛杉矶加州艺术学院批评研究硕士项目、加州大学圣克鲁兹分校、伯尔尼的伯尔尼美术馆（Kunsthalle Bern）和艺术史研究所（Institut für Kunstgeschichte）、法兰克福的歌德大学和施泰德学院（Städelschule）、哈佛大学、约翰·霍普金斯大学、纽约惠特尼博物馆（Whitney Museum）独立研究项目、斯德哥尔摩当代美术馆（Moderna Museet）以及阿姆斯特丹市立博物馆（Stedelijk Museum）。在这里，我要感谢这些同事们的邀请以及他们的评论和建议。很遗憾我不能一个不落地提到每一个人的名字，但我确实马上想到了这些名字：西蒙·拜尔（Simon Baier）、乔治·贝克（George Baker）、丹尼尔·伯恩鲍姆（Daniel Birnbaum）、夏洛特·比德勒（Charlotte Bydler）、比克·范德波尔（Bik Van der Poel）、斯蒂芬·J.坎贝尔（Stephen J. Campbell）、伊娃·艾宁格（Eva Ehninger）、詹妮弗·冈萨雷斯（Jennifer Gonzalez）和沃伦·萨克（Warren Sack）、伊莎贝尔·格劳（Isabelle Graw）、斯蒂芬尼·贺兰斯（Stephanie Heraeus）、托尼·希尔德布兰特（Toni Hildebrandt）和克里斯蒂安·汉德伯格（Kristian Handberg）、瓦莱里·诺尔（Valérie Knoll）和詹姆斯·威尔特根（James Wiltgen）以及弗雷德里克·廖夫（Fredrik Lieuw）。

  这本书的写作始于斯坦福终于耶鲁，跨越了旧金山与纽黑文，在这段漫长的旅途中，我的朋友、家人和同事们以各种各样的方式支持着我。我在这里要向他们致以感谢：亚历克斯·阿尔贝罗（Alex Alberro）、格文·艾伦（Gwen Allen）、蒂姆·艾伦（Tim Allen）和库尔特·罗德（Kurt Rodhe）、多迪·贝拉米（Dodie Bellamy）和已故的凯文·基利安（Kevin Killian）、伊夫-阿兰·博伊斯（Yve-Alain Bois）、里兹瓦娜·布拉德利（Rizvana Bradley）、朱莉娅·布莱恩-威尔逊（Julia Bryan-Wilson）和梅尔·Y.陈（Mel Y. Chen）、玛丽·艾伦·卡罗尔（Mary Ellen Carroll）、瑞秋·乔纳（Rachel Churner）、阿普萨拉·迪·昆西奥（Apsara di Quinzio）、文斯·费克托（Vince Fecteau）和斯科特·卡塔法（Scott Catafa）、西尔维娅·费尔南德斯（Silvia Fernández）、哈尔·福斯特（Hal Foster）和桑迪·泰特（Sandy Tait）、安德烈·弗雷泽（Andrea Fraser）、玛丽亚·戈夫（Maria Gough）、史蒂夫·哈茨格（Steve Hartzog）和奥利维亚·尼尔（Olivia Neel）、史蒂夫·因康特罗（Steve Incontro）、朱丽叶·考斯（Juliet Koss）、郭怡慧（Michelle Kuo）、蒂尔萨·拉蒂默（Tirza Latimer）、菲利希亚·李（Felicia Lee）、弗雷德·李和玛格丽特·李（Fred and Margaret Lee）、詹妮弗·李（Jennifer Lee）、塞丽娜·李（Serena Lee）和约翰·沃恩（John Vaughn）、桑德拉·李（Sondra Lee）、萨姆·鲁伊特（Sam Lewitt）、Catherine Lord（凯瑟琳·洛德）和金·索姆森（Kim Thomsen）、伊丽莎

致　谢

白·曼基尼（Elizabeth Mangini）和乔丹·肯托尔（Jordan Kantor）、克里斯汀·梅林（Christine Mehring）、达纳·佩特曼（Dana Peterman）、凯瑟琳·皮卡德（Katherine Pickard）、布莱克·雷恩（Blake Rayne）、卡里萨·罗德里格斯（Carissa Rodriguez）、博·罗斯洛克（Beau Rothrock）和乔·埃文斯（Joe Evans）、萨利·斯坦恩（Sally Stein）和已故的阿兰·塞库拉（Allan Sekula）、盖尔·斯万隆德（Gail Swanlund）、艾伦·特普费尔（Ellen Tepfer）、伊格纳西奥·瓦莱罗（Ignacio Valero）和安妮·沃尔什（Anne Walsh）。我还要特别感谢杰夫·普利斯（Jeff Preiss）、泽纳·帕金斯（Zeena Parkins）以及勃朗特（Bronte）——那位无可匹敌的防御战略家，是你们在我和杰夫定居纽约时，慷慨地分享了你们的空间。以及，杰夫，正如往常那样，感谢你所有的一切。

本书献给大卫·乔斯里特（David Joselit）和史蒂文·纳尔逊（Steven Nelson），你们是我的另一个家庭；同时，也希望我可以用这本书来纪念卡琳·希加（Karin Higa）。

图 版

跨学科研究中的美学：从世纪中叶的现代主义艺术到当下

图版1　伊登·梅迪纳（与尼古拉斯·赫希和米歇尔·穆勒合作）的"控制室1973"安装视角，展于"将事物公开"展览，ZKM，卡尔斯鲁厄，德国，2005年3月20日至10月23日。照片由弗兰兹·沃姆霍夫（Franz Wamhof）拍摄，版权属于ZKM | Zentrum für Kunst und Medien Karlsruhe。

图版2　帕特里西奥·古斯曼，《怀旧之情》，2010年。照片由伊卡洛斯电影公司提供，版权属于帕特里西奥·古斯曼（Patricio Guzman, Atacama Productions）。

图版 3　帕特里西奥·古斯曼，《怀旧之情》，2010 年。照片由伊卡洛斯电影公司提供，版权属于帕特里西奥·古斯曼（Patricio Guzman, Atacama Productions）。

图版 4　帕特里西奥·古斯曼，《怀旧之情》，2010 年。照片由伊卡洛斯电影公司提供，版权属于帕特里西奥·古斯曼（Patricio Guzman, Atacama Productions）。

图版 5　帕特里西奥·古斯曼，《怀旧之情》，2010 年。照片由伊卡洛斯电影公司提供，版权属于帕特里西奥·古斯曼（Patricio Guzman, Atacama Productions）。

图版 6　伦纳德·C. 卢因，《铁山报告》封面，1967 年。

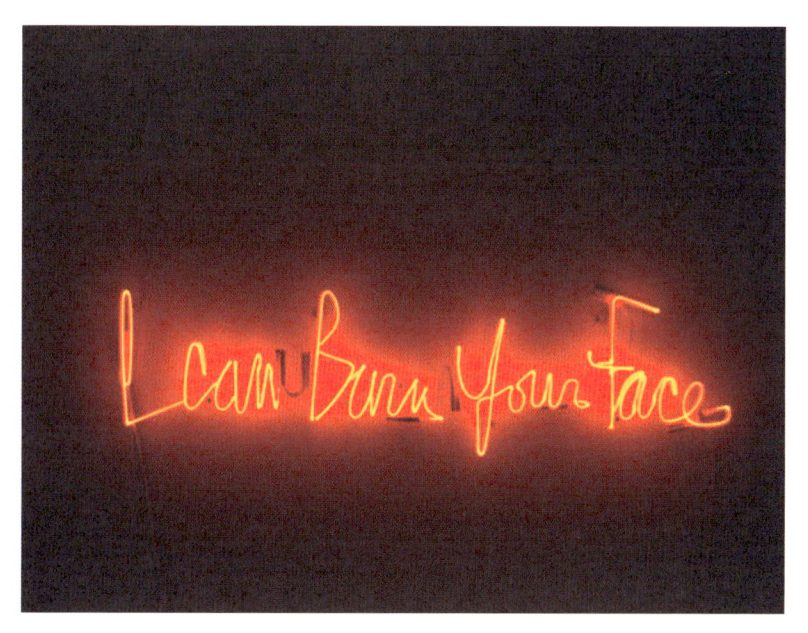

图版7　吉尔·马吉德，《我可以烧掉你的脸》（*I Can Burn Your Face*），2008 年。照片由艺术家提供。

图版8　吉尔·马吉德，"第 12 条"（"Article 12"）的安装图，霓虹灯和变压器，斯特鲁姆画廊，海牙，2008 年。照片由艺术家提供。

图版9 吉尔·马吉德，细节图，《黑客书》以及《成为塔顿》的未编校本，在玻璃下展出，"移除的权力"展览的一部分，泰特现代美术馆，2009年。照片由艺术家提供。

图版10 特雷弗·帕格恩，《分队3》（*Detachment 3*），《极限远距离拍摄》系列展览，2008年。照片拍摄于空军2号飞行测试中心，格鲁姆湖。照片由艺术家和大都会摄影（Metro Pictures）提供。

图版

图版11 特雷弗·帕格恩,《无题》(死神无人机),2010年。照片由艺术家和大都会摄影提供。

图版12 特雷弗·帕格恩,《另一片夜空》,2010—2011年。照片由艺术家和大都会摄影提供。

图版 13　特雷弗·帕格恩，《人造文物》，2010 年。照片由艺术家和大都会摄影提供。

图版 14　皮埃尔-纳西斯·格林（Pierre-Narcisse Guérin），《乌蒂卡的卡托之死》，1797 年。照片版权属于 Beaux-Arts de Paris, Dist. RMN-Grand Palais / Art Resource, NY。

图版 15　大卫·H.科赫广场，纽约大都会艺术博物馆。照片由杰夫·卡普兰提供。

© 2020 Massachusetts Institute of Technology
All rights reserved. No part of this book may be reproduced in any form by any electronic or mechanical means (including photocopying, recording, or information storage and retrieval) without permission in writing from the publisher.

Simplified Chinese edition copyright©2024 China Academy of Art Press
浙江省版权局著作权合同登记号　图字：11—2024—152号

责任编辑：何晓晗
封面设计：刘舸帆
版式制作：胡一萍
责任校对：杨轩飞
责任印制：张荣胜

图书在版编目（CIP）数据

跨学科研究中的美学：从世纪中叶的现代主义艺术到当下 /（美）帕梅拉·M.李（Pamela M. Lee）著；刘晨等译. -- 杭州：中国美术学院出版社，2024.9.（边界计划）. -- ISBN 978-7-5503-3494-6

Ⅰ. B83
中国国家版本馆CIP数据核字第2024PV1414号

边界计划·批判或规训

跨学科研究中的美学：
从世纪中叶的现代主义艺术到当下

[美] 帕梅拉·M.李 著　刘晨 叶诗盼 陈国森等 译

出 品 人：祝平凡
出版发行：中国美术学院出版社
地　　址：中国·杭州市南山路218号　/　邮政编码：310002
网　　址：http://www.caapress.com
经　　销：全国新华书店
印　　刷：杭州捷派印务有限公司
版　　次：2024年9月第1版
印　　次：2024年9月第1次印刷
印　　张：20
开　　本：787mm×1092mm　1 / 16
字　　数：490千
书　　号：ISBN 978-7-5503-3494-6
定　　价：118.00元